Kleine Schriften aus dem Stadtarchiv Münster
Band 19



Herausgegeben vom Stadtarchiv Münster
Philipp Erdmann und Peter Worm

Michael Jung

# Im Netz der Rechten

## Das deutschnationale Professorenehepaar Krückmann und die Stadtgesellschaft in Münster

Bibliographische Information der Deutschen Bibliothek:
Die Deutsche Bibliothek verzeichnet diese Publikation in der Deutschen Nationalbibliographie; detailliert bibliografische Daten sind im Internet über http://dnb.ddb.de abrufbar.

Einbandabbildungen:

Portraits von Anna Krückmann aus den 1920er Jahren (Stadtarchiv Münster, Deutscher Hausfrauenbund Nr. 2, bearbeitet) und von Paul Krückmann als Rektor der Universität 1912 (Universitätsarchiv Münster, Bestand 68 Nr. 1895); im Hintergrund Postkarte des Prinzipalmarkts mit Rathaus Mitte der 1930er Jahre (Stadtarchiv Münster, Postkarten Nr. 3960, Ausschnitt, Reichsflagge nachträglich koloriert).



www.aschendorff-buchverlag.de



Printed in Germany

Gedruckt auf säurefreiem, alterungsbeständigem Papier

ISBN 978-3-402-13125-1

# Inhalt

# I. Ein Juraprofessor schreibt der Reichskanzlei

Es war kurz nach der Schlacht von Stalingrad, als den Leiter der NS-Reichskanzlei, Hans Heinrich Lammers, ein Schreiben aus Münster erreichte. Der Autor teilte mit, er habe „den Eindruck, als ob das Zentrum sich allmälig [sic] wieder neu belebt."[1] – Zwar werde kein Aufstand geplant, aber doch die Zeit nach dem Krieg bereits in den Blick genommen. Und er mahnte nach längeren Vergleichen mit der Situation im Ersten Weltkrieg: „Unterschätzen Sie die Zentrumsflüsterei nicht!"[2] Damit traf der Brief das Regime an einem sensiblen Punkt: War es nicht immer eine Obsession der Nationalsozialisten gewesen, eine Wiederholung der Situation von 1917/18 zu verhindern? Drohte sich die Geschichte zu wiederholen? Jedenfalls nahm man in der Reichskanzlei den Hinweis aus Münster so ernst, dass man die Eingabe nicht nur direkt dem Minister vortrug, sondern auch umgehend an das Reichssicherheitshauptamt und an das Propagandaministerium weiterleitete.[3]

Die Zuschrift stammte von Paul Krückmann, emeritierter „Professor der Rechte" an der Universität Münster, der sich schon seit 1933 immer wieder mit innen- und außenpolitischen Anregungen an Lammers und seine Mitarbeiter gewandt hatte. Die Bekämpfung der politischen Macht der katholischen Kirche und der Reste der ehemaligen Zentrumspartei war Krückmann dabei schon zuvor ein zentrales Anliegen gewesen: Während einer Phase intensiver Spannungen zwischen katholischer Kirche und dem NS-Regime in Münster 1935 hatte Krückmann sich bemüßigt gesehen, der Reichskanzlei deutliche Hinweise zu geben, wie man mit dem politischen Katholizismus in der Stadt umgehen müsse: „Aus intimster Kenntnis des Zentrums und seiner Methoden", so schrieb Krückmann am 3. Juli 1935, dürfe er sagen, „dass der Versuch, das Zentrum in offener Schlacht zu erledigen wenig Aussichten, wenn überhaupt irgendwelche, hat." Offensichtlich bestehe der Plan, „hier die Hochburg des Zentrums zu stürmen". Das werde aber mit den Methoden der Nationalsozialisten, also dem offenen Angriff auf die katholische Kirche, nicht funktionieren, denn jede solche öffentliche Attacke auf den politischen Katholizismus werde von den Pfarrern in den Kirchen „in unaufhörlicher Einzelarbeit" abgewehrt. Krückmann empfahl dem Regime

1 Brief Paul Krückmann an Heinrich Lammers vom 30.3.1943, BA R 43, 4085, 63.

2 Ebda.

3 Ebda., 64.

eine andere Vorgehensweise in Münster: „Nur die Abbröckelungsarbeit verspricht Erfolg", so resümierte Krückmann und plädierte dafür, die moralische und politische Integrität der Kirche in Frage zu stellen, um Schritt für Schritt deren gesellschaftliche Dominanz in der Stadt zu brechen.[4] Der emeritierte Hochschullehrer unterhielt eine umfangreiche Korrespondenz mit der Leitung der Reichskanzlei und gab paternalistische Ratschläge, wie die Nationalsozialisten vorgehen sollten. Nachdem Lammers die ersten Eingaben immer direkt persönlich beantwortet hatte, holten bei späteren Briefen seine Mitarbeiter nähere Erkundigungen über Krückmann ein, und sie erhielten dessen Biographie und Haltung nachgezeichnet: In allen Eingaben komme dessen „gegnerische Einstellung den demokratischen Parteien des Reichstages gegenüber zum Ausdruck".[5] Das war richtig, aber sicher zu wenig: Krückmann war eine Schlüsselfigur der extremen politischen Rechten in Münster, eine zentrale Person in einem ganzen Netzwerk. Die Eingaben an die NS-Reichskanzlei, die er kurz vor und nach seiner Emeritierung als Jura-Professor an der Universität Münster absetzte, waren nur das Finale eines langen politischen Lebens in Münster, das dem Kampf gegen den politischen Katholizismus und die liberale Demokratie gewidmet war. Zusammen mit seiner Frau Anna war Paul Krückmann über mehrere Jahrzehnte eine in der Stadtgesellschaft fest etablierte und zentrale politische Größe, die allerdings erstaunlich wenig Aufmerksamkeit der lokalhistorischen Forschung auf sich gezogen hat.

Es ist bemerkenswert, dass Krückmann, der über drei Jahrzehnte als Ordinarius an der Juristischen Fakultät wirkte (1902–1935), dennoch in zwei wesentlichen Studien zur Geschichte dieser Fakultät allenfalls am Rande auftaucht.[6] Zwar ist bekannt, dass er auch dem Professorennetzwerk um Otto Hoffmann während des Ersten Weltkriegs angehörte, das für weitreichende Annexionen und einen „Siegfrieden" eintrat und Verbindungen

4 Brief Paul Krückmann an Heinrich Lammers vom 3.7.1935, ebda., 37.

5 Vermerk der Reichskanzlei vom 20.12.1934, ebda., 25.

6 L. Steveling, Juristen in Münster, 114, bringt eine knappe Skizze weniger biographischer Daten und 149–160 eine unzureichende Darstellung der Weltkriegsaktivitäten ohne Erschließung der Quellenbasis. S. Felz, Recht zwischen Wissenschaft und Politik, kann Krückmanns Tätigkeiten ausschließlich auf der Basis universitätsinterner Protokolle rekonstruieren, was seine Aktivitäten nicht ansatzweise erfasst. Auch in dem Sammelband von T. Hoeren, Münsteraner Juraprofessoren zur Fakultätsgeschichte, findet sich nichts zu Krückmann außer dem ephemeren Hinweis auf ein Habilitationsgutachten bei H. Holzhauer, Von der Sache zum Recht, 150.

zur rheinisch-westfälischen Schwerindustrie pflegte, doch ist auch hier der Forschungsstand prekär. Seit 1974 Dankwart Guratzsch in seiner bei Fritz Fischer erstellten Dissertation die Verbindung dieses Netzwerks zur Schwerindustrie anhand der Quellen beschrieben hat,[7] fand keine quellengestützte Analyse mehr statt.[8] Nachdem damals die Aktivitäten vor allem aus Sicht der Industrie untersucht wurden, fehlt bis heute eine grundlegende Beschreibung der Tätigkeit dieses Netzwerks. In Zusammenhang mit der umfangreichen Studie zur Geschichte der Universität Münster im Nationalsozialismus 2012 wurde das Netzwerk („Hoffmann-Kreis") erneut erwähnt, aber es wurden grundlegende Quellenbestände wie die Briefe Hoffmanns nicht eingesehen, dafür aber konstatiert, es gebe „nur wenige Anhaltspunkte für seine konkreten politischen Vorstellungen".[9] Auf dieser unzureichenden Basis gelang dann auch nur eine sehr unvollständige Darstellung der Aktivitäten.[10] So mag das Netzwerk auch für die Errichtung universitärer Sportanlagen in der Weimarer Republik verantwortlich sein[11] – den Kern der Tätigkeit trifft eine solche Beschreibung sicher nicht. Dennoch stößt eine quellengestützte Analyse der Arbeit Krückmanns und seines Netzwerks durchaus auf das Problem verlorener Quellenbestände. Paul Krückmann starb während des Bombenangriffs auf Münster am 10. Oktober 1943, und dabei ging auch sein gesamter Besitz verloren. Allerdings hat er in einem langen Leben so viele Spuren in gedruckten und ungedruckten Quellen hinterlassen, dass eine Rekonstruktion seiner politischen Tätigkeit gelingen kann. Zum einen kann seine umfangreiche publizistische Aktivität auf der vorhandenen Quellenbasis ebenso gut rekonstruiert werden wie seine Arbeit für die radikale Rechte in Münster und im Münsterland. Auch die Wirkung des Professorennetzwerks kann mit Hilfe der Briefe Hoffmanns sehr viel genauer erschlossen werden als das bisher in der Literatur erfolgt ist.

7 D. Guratzsch, Macht durch Organisation, 139–151; 165–177; 345–363.

8 Zuletzt S. Felz. Recht zwischen Wissenschaft und Politik, 250–254, ohne Quellenbelege ausschließlich aus der älteren Literatur; ebenso S. Felz, Im Geiste der Wahrheit?, 351, desgleichen J. Schäfer, Eine wirkliche Landesuniversität schaffen, 88f.

9 Ebda., 90.

10 So ist die Darstellung ebda., 87–95, über die Gründungszusammenhänge der Fördergesellschaft der Universität Münster in wesentlichen Teilen verkürzt bzw. falsch, weil mit den Briefen Hoffmanns entscheidende Quellenbestände gar nicht ausgewertet wurden.

11 M. Krüger, Leibesübungen, Sport und Sportwissenschaft, 906–909.

Paul Krückmann war allerdings auch mit einer politisch hochaktiven Frau verheiratet. Für Anna Krückmann ist der Forschungsstand noch prekärer. Obwohl in Münster eine Straße und eine Familienbildungsstätte nach ihr benannt sind, gibt es bis heute keine wissenschaftliche Publikation, die sich mit ihrem Wirken beschäftigt. In einer Untersuchung zu den Organisationsstrukturen der radikalen Rechten in Münster in den 1920er Jahren taucht ihr Name einmal auf,[12] aber zu weiteren Forschungen gab das keinen Anlass. Dabei hat sie, ebenso wie ihr Mann, eine breite publizistische Spur in den Quellen hinterlassen. Auch wenn die eigentlichen Ego-Dokumente aus denselben Gründen wie bei ihrem Mann rar sind, kann ihre politische Arbeit auf dieser Basis gleichwohl gut erschlossen werden.

Die Krückmanns waren über Jahrzehnte öffentliche Personen in der Stadt Münster, und sie standen fest verankert in den Netzwerken der „alten", vornationalsozialistischen Rechten. Bei seiner Ankunft in Münster 1902 gehörte das Professorenehepaar Krückmann unzweifelhaft zur gesellschaftlichen Elite der Stadt. Als einer der ersten rechtswissenschaftlichen Ordinarien an der jetzt voll ausgebauten Universität Münster war Paul Krückmann eine wichtige Figur des Bildungsbürgertums. Wie aber wurde aus einem Paar, das im Wilhelminischen Kaiserreich zu den staatstragenden und überaus privilegierten Gruppen gehörte, Mitglieder einer radikalen Rechtsopposition? Wie entstand unter ihrer überaus aktiven Beteiligung ein Netzwerk, das demokratische Bestrebungen grundsätzlich und unversöhnlich bekämpfte? Wie konnte ein gesellschaftlich so arriviertes Paar wie die Krückmanns zu zentralen Figuren der „alten", vornationalsozialistischen Rechten in der Stadt werden? Die bisher nicht erschlossene Wirkungsgeschichte dieses Paares kann einen Beitrag zum Verständnis leisten, welche Rolle die Alldeutschen und Deutschnationalen im späten Kaiserreich, im Ersten Weltkrieg und in der Republik spielten. Die Krückmanns stehen für eine ältere Generation der Rechten, die zu Beginn der Republik in zentralen gesellschaftlichen Positionen etabliert war. Ihre politische Wirkungsgeschichte kann ein Beitrag zur Erschließung einer Geschichte sein, die bei der Fokussierung auf das „katholische Milieu" und die jüngere Generation des Rechtsextremismus in der Weimarer Republik allzu oft nur am Rande betrachtet worden ist. Allein das lohnt eine grundlegende Beschäftigung mit den politischen Lebenswegen Anna und Paul Krückmanns. Nicht zuletzt nimmt diese Studie damit auch erstmals mit Anna Krückmann eine Frau in den Blick, die politisch

12 G. Krüger, Treudeutsch allewege, 145.

nicht auf Seiten der Republik stand und deren Wirkungsgeschichte nicht mit einem Fortschrittsparadigma verknüpft werden kann und die deswegen bei den bisherigen Arbeiten zur Frauengeschichte in der Stadt Münster unbeachtet geblieben ist.[13] Umso erstaunlicher ist es, dass im Jahr 2023 eine Familienbildungsstätte und eine Straße nach einer Frau benannt sind, deren Engagement im radikal antisemitischen „Deutsch-Völkischen Schutz- und Trutzbund" bekannt ist.

13 Exemplarisch ist der Beitrag von R. Link, Mit ihrem sozial warm empfindenden Herzen, die die weiblichen Stadtverordneten in Münster zu Beginn der Weimarer Republik untersucht und dabei den Untersuchungszeitraum so definiert, dass mit Anna Krückmann die einzige Frau der radikalen republikfeindlichen Rechten im Gremium außerhalb der Betrachtungen bleibt und nur die Mandatsträgerinnen der prinzipiell republikbejahenden Parteien zum Gegenstand werden.

# II. Ein Professorenehepaar an der neuen Universität: Der Aufbau politischer Netzwerke im Wilhelminischen Kaiserreich

Im Jahr 1902 erhielt der Jurist Paul Krückmann einen Ruf an die juristische Fakultät der gerade zur Universität aufgewerteten Hochschule in Münster. Der gebürtige Mecklenburger hatte bis dahin in Greifswald akademisch gearbeitet,[14] er hatte sich auf das Bürgerliche Recht spezialisiert – angesichts der damals gerade laufenden Kodifizierung des neuen Bürgerlichen Gesetzbuches ein lohnendes Feld wissenschaftlicher Profilierung. Besonderen Wert hatte Krückmann dabei stets auf eine Verbesserung der akademischen Lehre gelegt. Sein Versuch, sich als ein neuartiger Didaktiker der universitären Rechtslehre zu profilieren,[15] hatte sich nicht nur in einem Grundlagenwerk, den „Institutionen des bürgerlichen Rechts" niedergeschlagen,[16] sondern auch – was wichtiger war – die Aufmerksamkeit Friedrich Althoffs gefunden, des Ministerialdirektors im preußischen Kultusministerium, ohne dessen Segen keine akademische Karriere in Preußen gelingen konnte. Mit Althoff hatte Krückmann bereits seit 1895 einen persönlichen Kontakt aufgebaut,[17] der sich zunächst in der Berufung nach Greifswald als außerordentlicher Professor, und dann schließlich 1902 zum ordentlichen Professor an der neu eingerichteten Rechts- und Staatswissenschaftlichen Fakultät in Münster auszahlte. Krückmanns Dankbarkeit seinem Förderer gegenüber war groß, und auch seine Frau war glücklich, in Münster ein neues Leben in außerordentlich gesicherter Stellung beginnen zu können.[18] Der neue Hoch-

14 Ein tabellarischer Überblick zum Werdegang und zur Karriere B. Haunfelder, Die Rektoren, Kuratoren und Kanzler, 169f., im Wesentlichen auf der Basis der Personalakte Krückmanns UAMS Bestand 10, Nr. 4171.

15 Krückmanns umfangreiche Absichtserklärungen und seine Polemik gegenüber älteren Lehrstuhlinhabern in mehreren Briefen an Althoff, in: GStA PK, VI. HA, NL Althoff, F. T., Nr. 811, 9–12.

16 Das Werk erschien erstmals 1898 und wurde in den folgenden dreißig Jahren immer wieder neu aufgelegt, was seine hohe Bedeutung für die Hochschullehre widerspiegelt.

17 Die ersten direkten persönlichen Treffen 1895 sind dokumentiert in GStA PK, VI. HA, NL Althoff, F. T., Nr. 811, 2–5.

18 Die verhältnismäßig prekäre und unsichere Stellung in Greifswald wurde offenbar immer wieder durch direkte finanzielle Zuwendungen auf Althoffs Veranlassung verbessert, GStA PK, VI. HA, NL Althoff, F. T., Nr. 811, 12f. Das Dankschreiben für die Bestallung in Münster 1902 ebda., 14. Es gibt aus dem jahrzehntelangen Briefwech-

schullehrer brachte seine Patchworkfamilie mit: Mit seiner Frau Anna war er seit einem Jahr verheiratet, und deren Tochter aus erster Ehe lebte mit im Haushalt.[19] Seine Frau stammte aus einer mecklenburgischen Gutsbesitzerfamilie, hatte aber nach dem frühen Tod ihres ersten Mannes in Wernigerode eine Pension betrieben.[20] Dort hatte das Paar auch geheiratet. Die beiden teilten nicht nur ihre Herkunft aus dem damals noch immer nach ständestaatlichen Prinzipien verfassten Mecklenburg, sondern auch die evangelische Konfession, die sie in ihrer neuen Heimat gleich zu Angehörigen einer allerdings stark privilegierten Minderheit machen sollte. Der neue Professor für römisches und deutsches bürgerliches Recht und seine Frau kamen in eine Stadt, die sich nicht zuletzt mit der Aufwertung der Universität gerade daran machte, die Brüche des Kulturkampfes zu überwinden und in der die Zeichen auf Integration in das Wilhelminische Reich standen. Familie Krückmann war in der ersten Zeit mit der Etablierung in der bürgerlichen Gesellschaft beschäftigt – und anfangs deutete wenig auf das politische Potential der beiden Eheleute hin, obwohl Paul Krückmann sich bereits in Greifswald für die freikonservative Partei im Wahlkampf exponiert hatte.[21] Eine repräsentative Wohnung im Kreuzviertel,[22] die Suche nach dem Hausangestelltenpersonal zur Bewirtschaftung,[23] ein Jagdschein als Eintrittskarte in die „besseren Kreise" der Stadt,[24] der Sport unter Akademikern[25] – all das schuf über das Professorenamt hinaus auch Netzwerke, aber es war noch nicht politisiert.

Schnell wurde allerdings deutlich, dass Paul Krückmann kein Mann des Elfenbeinturms war, sondern dass er seine fachwissenschaftlichen Erkenntnisse auch einer breiteren Öffentlichkeit bekannt machen wollte und zu diesem Zwecke öffentliche Vorträge und Reden zu halten bereit war, wobei Honorare dafür auch wirtschaftliche Anreize dargestellt haben dürften. So

sel Krückmanns kaum andere Schreiben, die derart persönlich gehalten sind wie die Dankschreiben an Althoff im Kontext seiner Berufung nach Münster.

19 Abschriften der standesamtlichen Urkunden zur Eheschließung und zur Übernahme der Vormundschaft in StdAMS Deutscher Hausfrauenbund Nr. 32.

20 Aussagen Anna Krückmanns, Westfalenspiegel 1 (1952), zitiert nach StdAMS Deutscher Hausfrauenbund Nr. 32.

21 GStA PK, VI. HA, NL Althoff, F. T., Nr. 811, 23.

22 Münsterischer Anzeiger 52, 80 (11.2.1903).

23 Münsterischer Anzeiger 53, 92 (14.2.1904); 54, 58 (27.1.1905); 54, 539 (29.8.1905); 55, 278 (26.3.1906); 391 (10.6.1906).

24 Münsterischer Anzeiger 52, 217 (11.4.1903).

25 Münsterischer Anzeiger 54, 794 (11.12.1905).

begann Krückmann, Vorträge zur Fortbildung von Volksschullehrkräften anzubieten.[26] Schon bald weitete er seine Aktivitäten aus: Als Fachvertreter des bürgerlichen Rechts waren seine populären Vorträge über Fragen des damals gerade neu kodifizierten Bürgerlichen Gesetzbuches gefragt. Den Anfang machte der evangelische Frauenverein als Einlader – möglicherweise ist hier zum ersten Mal ein Zusammenspiel mit seiner Frau zu sehen.[27] Die Referententätigkeit wurde bald noch umfangreicher, und er richtete sich bald an das gesamte, nicht nur das evangelische Bürgertum der Stadt. Verhältnismäßig hohe Eintrittsgelder und die Auswahl schichtenspezifisch interessanter Themen wie Erbrecht oder Eherecht sorgten dafür, dass der Adressatenkreis bürgerlich blieb und er sich in diesem städtischen Milieu zunehmend bekannt machen konnte.[28]

Dass Paul Krückmann auch bereit war, sich für einen bürgerlichen politischen Konsens in der Stadt zu engagieren, zeigte sich kurz nach der Revolution im Zarenreich 1905. Hier trat er zum ersten Mal als Mitunterzeichner einer politischen Initiative auf, die zu humanitärer Hilfe für die im Russländischen Reich notleidenden „Deutschen" aufrief.[29] Er unterzeichnete den Spendenaufruf zusammen mit einer breit gefassten Gruppe städtischer Honoratioren, an deren Spitze der Oberbürgermeister und der Kommandierende General standen. Hier war das Bürgertum jenseits von parteipolitischen Zuordnungen geeint und wurde beispielsweise vertreten von dem Kaufhausunternehmer Theodor Althoff und dem Verleger des Westfälischen Merkur. Neben vielen weiteren Repräsentanten des Bürgertums waren seitens der Universität nur der Rektor und drei Professoren unter den Unterstützern, einer davon war Paul Krückmann. Er war also zu diesem Zeitpunkt in Münster in der bürgerlichen Gesellschaft bereits zu einer so bekannten Figur geworden, dass seine Unterschrift gefragt war, und es ist bemerkenswert, dass

26 Münsterischer Anzeiger 53, 628 (9.10.1904); Westfälischer Merkur 83, 509 (9.10.1904); Münsterischer Anzeiger 54, 16 (9.1.1905); Westfälischer Merkur 84, 15 (9.1.1905), danach auch im Rheinland z.B. Kölner Lokalanzeiger 20, 245 (7.9.1906).

27 Münsterischer Anzeiger 54, 686 (29.10.1905); 54, 693 (1.11.1905). Eine Mitgliedschaft Anna Krückmanns im evangelischen Frauenverein ist nicht nachweisbar zu diesem Zeitpunkt, aber nicht unwahrscheinlich.

28 Münsterischer Anzeiger 55, 645 (3.10.1906); Westfälischer Merkur 85, 493 (3.10.1906); 535 (26.10.1906); 543 (30.10.1906). Münsterischer Anzeiger 60, 745 (24.10.1911); Münstersche Zeitung 31, 295 (25.10.1911).

29 Münsterischer Anzeiger 55, 103 (15.02.1906); 703 (26.10.1906); 151 (7.3.1906); Münsterischer Anzeiger 58, 221 (4.4.1909); 58, 244 (14.4.1909); Westfälischer Merkur 88, 170 (4.4.1909); 184 (14.4.1909).

sich dies erstmals in einem auf ethnisch definierte „Deutsche" außerhalb der Reichsgrenzen bezogenen, erkennbar überkonfessionell und national integrativ angelegten Aufruf dokumentiert. Noch politischer wurde Krückmanns Mitarbeit im Verein der Bodenreformer.[30] Hier waren seine Stellungnahmen, die bald auch ihren Weg in die Presse fanden,[31] zwar bereits von scharfer Kritik an der Reichstagsmehrheit geprägt, blieben aber auf einer Fachebene. Er zielte hier am Beispiel des Bausektors mit deregulatorischen Forderungen auf einen Schulterschluss zwischen traditionellen Kleinselbstständigen und Großbürgertum. Diese Sammlung des Bürgertums im Zeichen nationaler Integration war zu diesem Zeitpunkt noch sehr allgemein und wenig pointiert und konnte noch einen breiten Konsens formulieren. Insofern dienten öffentliche Auftritte zu solchen Themen vorrangig der weiteren Profilierung als auch öffentlich wirksamer Jurist. In seinem Einsatz für die Deregulierung des Bausektors trat Krückmann auch zusammen mit seinem Fakultätskollegen Hubert Naendrup auf[32] – eine Allianz zeichnete sich ab, die für die Zukunft wichtig werden und die auch die beiden Ehefrauen eng zusammenführen sollte.

Doch die Netzwerke gingen bereits über den akademischen und bürgerlichen Rahmen hinaus, er suchte auch von Anfang an den Kontakt zur Militärführung. Seine Besuche bei den jährlichen Herbstmanövern zahlten sich auch mit dem Roten Adlerorden aus, aber wichtiger dürften erneut die Kontakte gewesen sein, die hier geknüpft werden konnten und die auch zeigen, dass die enge Symbiose zwischen der neuen Universität und dem Generalkommando schon vor dem Ersten Weltkrieg begann.[33] Krückmann hatte sich also in nur fünf Jahren in Münster in der Stadtgesellschaft einen Namen gemacht und dabei den engeren Kreis der Universität hinter sich gelassen. Er hatte alles getan, um ein großes Netzwerk in Richtung bürgerlicher Öffentlichkeit, Militär, Sport und Universität zu spinnen, er war deutlich auf der protestantisch-konservativen Seite beheimatet, aber er zielte auf bürgerliche

30 Münsterischer Anzeiger 56, 218 (12.5.1907); Westfälischer Merkur 86, 338 (10.7.1907).

31 Dreiteilige Serie im Münsterischen Anzeiger von Krückmann in 56, 399 (16.6.1907); 403 (18.6.1907); 405 (19.6.1907).

32 Münsterischer Anzeiger 56, 460 (14.07.1907).

33 Kölnische Zeitung 1.9.1907; Münsterischer Anzeiger 56, 569 (1.9.1907); Westfälischer Merkur 85, 438 (2.9.1907). T. Richter, In jeder Weise volles Verständnis, 62, beschreibt als Beispiel für die Zusammenarbeit von Universität und Militär vor dem Ersten Weltkrieg nur „frühe Netzwerke", die aber außerhalb des Untersuchungszeitraums dieses Beitrags liegen.

Integration. Allzu scharfe oder polemische öffentliche Angriffe auf politisch Andersdenkende, insbesondere aber das Zentrum oder die katholische Kirche, hatte Krückmann daher stets vermieden. Er trat als Fachgelehrter auf, der über den engeren fachlichen Horizont der Universität hinaus aktiv den Austausch mit der Stadtgesellschaft suchte. Das aber war nur die eine Seite von Paul Krückmann. Eine ganz andere zeigte er jenseits der Stadtgrenzen – und das war kein Zufall. Krückmann definierte seine Rollen sehr genau, und er pflegte außerhalb Münsters ein ganz anderes Profil als in der Stadt.

In der außerhalb Münsters erscheinenden Presse und insbesondere in den Leitmedien der nationalen Ebene entfaltete er nämlich eine umfangreiche publizistische Tätigkeit, die ihn später zum regelmäßigen Autor der Kreuzzeitung werden ließ. Hier trat Krückmann politisch viel pointierter hervor als in der Stadt, er zeigte sich hier als kämpferischer Stichwortgeber der radikalisierten Konservativen: So forderte er in der Deutschen Zeitung acht Monate nach der SPD-Niederlage bei den Reichstagswahlen noch mit scheinbar juristischen Argumenten, dass die Repression gegen die Sozialdemokratie am besten durch Rechtsnormen zu verschärfen sei, die nicht mehr nur zur Verhaftung von Redakteuren führen sollten, sondern vielmehr sozialdemokratische Verleger mit dem Vermögensentzug bedrohen sollten.[34] Krückmann war bereit, den Kampf gegen die Sozialdemokratie auch jenseits der bestehenden rechtlichen Grenzen zu führen. Erst das Echo dieser Debatte erreichte Münster, aber der Westfälische Merkur als Zentralgestirn der Münsterschen Zentrumspresse kommentierte negativ – zu deutlich war, dass dieser Angriff auf die Pressefreiheit problemlos auch gegen das Zentrum und damit gegen die Münsterschen Zeitungen hätte gewendet werden können.[35] In der SPD-Presse des Ruhrgebiets erwarb Krückmann sich damals bereits den Ruf eines „Scharfmachers"[36] – ein Profil, das er in Münster noch sorgsam zu vermeiden suchte. Hier erlaubte er sich nur einen kleinen Akzent. Er wurde bei den Preußischen Landtagswahlen 1908 als Wahlmann für die Freikonservativen gewählt, was zwar erstmals auch öffentlich gegen das Zentrum gerichtet war, aber den übergeordneten bürgerlichen Konsens nicht grundlegend in Frage stellte.[37]

Auswärts aber klang alles schärfer: In der juristischen Fachzeitschrift „Das Recht" ließ Krückmann, der in Münster so gern populäre Vorträge hielt, eine

34 Dortmunder Zeitung 80, 489 (26.9.1907); Echo der Gegenwart 59, 227 (26.9.1907).

35 Westfälischer Merkur 86, 485 (27.9.1907).

36 Arbeiter Zeitung Essen 1, 225 (28.9.1907).

37 Westfälischer Merkur 87, 279 (4.6.1908).

scharfe Attacke auf „Juristenproletariat und Winkelgymnasien" folgen,[38] in der er gegen jede Form der Bildungsexpansion polemisierte. Seine Kritik bezog sich vor allem auf den angeblichen Verfall gymnasialer Bildung vor allem in Klein- und Mittelstädten, und er riet zu schärferen und zentralen Abschlussprüfungen, um den Zugang zu gymnasialen Abschlüssen deutlich zu erschweren. Das Thema war Krückmann ein zentrales Anliegen, und es dokumentierte den elitären Anspruch des Hochschullehrers zum ersten Mal auch öffentlich. Bemerkenswert ist, dass diese Polemik zwar außerhalb Münsters medial rezipiert wurde, aber in Münster erst mit einer Verzögerung von zweieinhalb Jahren in der Presse auftauchte.[39] Hier wird deutlich, dass die lokale Zentrumspresse den Professor politisch abschirmte, zugleich aber seine politische Wirksamkeit durch ihren Filter auch effektiv begrenzte. Krückmanns politische Aktivitäten erreichten die Stadtgesellschaft so nicht und verhallten in Münster weitgehend ungehört. Dass aber Krückmanns Strategie deutlich weiter zielte, verbarg er zu diesem Zeitpunkt auch selbst noch aktiv vor der Öffentlichkeit. In einem bezeichnenderweise an die Privatadresse Friedrich Althoffs verschickten Schreiben mit dem offenbar schon deutlich früher erstellten Manuskript enthüllte Krückmann, worauf er mit solcher Polemik wirklich zielte: „Man kann beinahe sagen, dass Ausbildung auf einem katholischen Gymnasium identisch ist mit demokratischer Verseuchtheit und die geschichtliche Entwicklung der Zentrumspartei bestätigt dies." Deswegen wollte er – im Sinne „aristokratischer Weltanschauung"[40] – selbst als Jura-Professor in die nach unten hermetisch abzuschließende höhere Schulbildung einsteigen[41] – ein Ansinnen, das Althoff jedoch kurz und bündig verhinderte.[42] Diese Auseinandersetzungen, die abseits der Münsterschen Medienöffentlichkeit geführt wurden, zeigten Krückmann als einen entschiedenen Gegner aller Demokratisierungs- und Bildungsexpansionstendenzen und als einen sozialkonservativen, antiliberalen, politischen Po-

38 P. Krückmann, Juristenproletariat und Winkelgymnasien.

39 Ratinger Zeitung 38, 39 (15.5.1909). Die Rezeption in Münster erst zweieinhalb Jahre später: Münsterischer Anzeiger 60, 875 (12.12.1911).

40 Krückmanns schrieb an die Privatadresse Althoffs, „weil ich nicht wollte, dass diese Mitteilung im Ministeriumsgebäude dienstlich behandelt würde". Krückmann berichtet in dem Brief auch, wie er versuche, in seiner Hochschullehre katholischen Studierenden die Gedanken an „die allein selig machende Demokratie" auszutreiben, GStA PK, VI. HA, NL Althoff, F. T., Nr. 811, 18.

41 Ebda., 19f.

42 Ebda., 22.

lemiker und entschiedenen Gegner des politischen Katholizismus.[43] Auch in weiteren Stellungnahmen ließ Krückmann keinen Zweifel daran, was er von Parlamenten und Demokratisierungsideen hielt: Das gerade neu eingeführte Privileg der Reichstagsabgeordneten, kostenfrei Eisenbahn fahren zu können, zog Krückmann durch juristische Spiegelfechtereien ins Lächerliche und warf den Abgeordneten des Reichstags vollständige Inkompetenz vor.[44] Das war eine genau kalkulierte Attacke. Die kostenfreie Eisenbahnfahrt war der Einstieg in die Zahlung von Diäten, die auf Reichsebene lange verhindert worden war. Dahinter stand die Perspektive, dass die Mitglieder des Reichstags in Zukunft in ihrer Unabhängigkeit gestärkt wurden. Hier setzte Krückmanns Polemik an. Außerdem wollte er auch Abgeordnete, die beim Hoch auf den Kaiser nicht eingestimmt hatten, vor Gericht gestellt sehen und kritisierte die Regierung für fehlendes Durchgreifen gegenüber dem Parlament.[45] Gewerkschaften und ihre Arbeit waren dem Juristen Krückmann ein solches Ärgernis, dass er ganze Artikelserien verfasste, in denen er Streiks und andere gewerkschaftliche Aktivitäten verurteilte und juristisch auszuschließen suchte.[46] All diese Stellungnahmen trugen dazu bei, dass die sozialdemokratische Presse im Ruhrgebiet ihn zunehmend als Gegner wahrnahm.[47] In Münster kam davon allerdings wenig an. Die allermeisten radikalen Polemiken Krückmanns drangen nicht durch den Filter der zentrumsdominierten Presse in Münster. Das hatte nicht nur Nachteile: Krückmann blieb in seinem medialen Bild in Münster ein Hochschullehrer, der populäre Vorträge

43 Allzu irenisch und zu positiv für die Katholiken wertet S. Felz, Recht zwischen Wissenschaft und Politik, 28–33 die Besetzung der Jura-Lehrstühle. Aus den vertraulichen Schreiben Krückmanns an Althoff geht klar hervor, dass er diesen als Gesinnungsgenossen bei seinen scharfen Wendungen gegen das Zentrum ansprach.

44 P. Krückmann, Die Freifahrkarten der Reichstagsabgeordneten, 596: „Die Auffassungen (...) beweisen wieder einmal, wie wenig oft die einfachsten rechtlichen Fragen selbst von Angehörigen gesetzgebender Körper verstanden werden." Rezeption in: Rhein- und Ruhrzeitung 64, 487/88 (23.9.1911). Rezeption in Münster Westfälischer Merkur 90, 474 (26.9.1911); Münstersche Zeitung 41, 266 (26.9.1911).

45 Nach einem Beitrag Krückmanns „Der Kaiser hat sein Recht verloren" in der Kreuzzeitung vom 9.6.1914 folgte die Kritik der demokratischen Kräfte, Volkswacht 25, 132 (10.6.1914); Hörder Volksblatt 58, 160 (11.6.1914); General-Anzeiger für Dortmund und die Provinz Westfalen 27, 158 (11.6.1914); Arbeiter-Zeitung 8, 133 (11.6.1914). Die Münstersche Presse nahm diesen Vorgang erst nach einer Welle der Kritik einen Tag später auf, Westfälischer Merkur 93, 295 (12.6.1914), die anderen Zeitungen griffen das Thema gar nicht auf.

46 Dortmunder Zeitung 87, 103 (25.2.1914); 112 (2.3.1914), 123 (8.3.1914).

47 Arbeiter-Zeitung 8, 73 (27.3.1914); Der Gemeinnützige 45/46, 132 (9.6.1914).

über rechtliche Fragen hielt. Ein dezidiert politisches Profil gewann er in der Öffentlichkeit noch nicht. Hauptgrund dafür war sicherlich die Tendenz der lokalen Leitmedien, mit dem Zentrum konkurrierende politische Konzeptionen zu marginalisieren. Zugleich war dieses Bild zumindest teilweise aber zu diesem Zeitpunkt wohl auch Ausweis einer gezielten Strategie Paul Krückmanns selbst: Er vermied die offene und öffentliche Konfrontation in der Stadt, er arbeitete im Sinne seiner späteren „Abbröckelungsstrategie" vorerst aus der Deckung professoraler Reputation dennoch am Ziel einer nach unten sich abschließenden, preußisch-nationaldeutschen Integration des Bürgertums in die Wilhelminische Klassengesellschaft. Seine gezielt in überregionalen Medien platzierten Polemiken ließen ihn dennoch ein klares politisches Profil gewinnen, ohne dass das zu diesem Zeitpunkt seiner Integration in die bürgerliche Gesellschaft Münsters geschadet hätte. Erkennbar wird, dass Krückmann darüber Netzwerke schaffen konnte – ein Honoratiorennetzwerk des anerkannten Hochschullehrers in der Stadt, und ein überregionales des scharfzüngigen rechten Polemikers in der Medienlandschaft außerhalb der Stadt. Für den Moment war das kein Gegensatz.

Während ihr Mann seine Netzwerke breit knüpfte, war Anna Krückmann zunächst mit der Organisation eines standesgemäßen bürgerlichen Haushalts beschäftigt. Die Personalsuche dafür erwies sich als anspruchsvoll,[48] aber auch sie knüpfte mit am Netz der sozialen Kontakte in die Stadtgesellschaft. Hypothetisch muss bleiben, inwiefern die ehrenamtliche Tätigkeit der Professorengattin Anna Krückmann ihren Anfang beim evangelischen Frauenverein nahm. Sicher belegt ist dagegen, dass auch ihr Engagement schnell politisch wurde. Dabei zeigte sich, dass die beiden Eheleute auch einen politischen Konsens teilten. Anna Krückmanns Ehrenamt verdichtete das Netz ihres Mannes auf der weiblichen Seite, und es sollte sich später unter veränderten politischen Bedingungen auch als eigenständig erweisen. Anna Krückmann war im Vorstand der Frauenabteilung des Kolonialvereins[49] – Kolonialismus sollte sich als ein roter Faden erweisen, der sich

48 In den ersten zehn Jahren ihrer Anwesenheit in Münster sind mindestens sechs Stellenanzeigen Anna Krückmanns belegt, vgl. oben und z.B. Münsterischer Anzeiger 58, 91 (11.2.1909); 59, 46 (20.1.1910); Münstersche Zeitung 41, 80 (21.3.1911); Münsterischer Anzeiger 61, 26 (13.1.1912).

49 Frühester Nachweis Westfälischer Merkur 89, 593 (26.11.1910). U. Olliges-Wieczorek, Politisches Leben in Münster, 225 mit Anm. 246, führt sogar die Gründung der Gruppe auf Anna Krückmann zurück, hat dafür aber nur einen Beleg aus einem Zeitungsartikel des Jahres 1993, was im Hinblick auf die Krückmann-Legende dieser Jahre

durch ihre gesamte politische Tätigkeit zog. Der Verein selbst war schon durch hohe Jahresbeiträge sozial klar fokussiert, und deswegen traf Anna Krückmann hier auf Frauen aus dem Adel und dem gehobenen Bürgertum, und zwar konfessionsübergreifend mit klarer protestantischer Führung. Im Vorstand und Arbeitsausschuss des Kolonialvereins fanden sich die Spitzen der Stadtgesellschaft – die Fürstin von Steinfurt-Bentheim als Vorsitzende des „Gaus", daneben auf der Stadtebene die Ehefrau und die Tochter des Kommandierenden Generals, die Frau des Oberbürgermeisters, Offiziere, führende Vertreter der Verwaltung und vor allem deren Gattinnen.[50] Neben Anna Krückmann war auch die Frau des Fakultätskollegen ihres Mannes unter den Aktiven: Die Verbindung zu Naendrup war eng und politisch. Dieser hatte die Absicht, sich im Bereich Kolonialrecht zu profilieren.[51] Seine Frau sicherte das durch ihr Engagement im Kolonialverein ab, und auch Anna Krückmann bewegte sich hier in einem Netzwerk, das ihr und ihrem Mann direkte informelle Kontakte in die Spitzen der bürgerlichen Stadtgesellschaft ermöglichte. Die Tätigkeit des Vereins selbst blieb vor allem in Formen großbürgerlicher Geselligkeit wie Teenachmittagen, Konzerten und Ausstellungen mit kolonialem Bezug verhaftet.[52] Exorbitante Eintrittspreise sicherten die gesellschaftliche Exklusivität ab.[53] Aber allein die Orte der Veranstaltungen wie z.B. das Schloss machten deutlich, dass auf dem kolonialistischen Engagement des stark weiblich dominierten Vereins staatsoffizieller Segen lag. Dieses Engagement Anna Krückmanns hatte also eine funktionale Komponente im Hinblick auf den Netzwerkaufbau des Professorenehepaars, aber es hatte auch eine inhaltliche politische Seite. Zielsetzung war koloniale Agitation, vor allem mit Bezug auf „Deutsch-Südwestafrika" und Werbung für Siedlerinnen und Siedler dort. Daneben war die Unterstützung von deut-

nicht notwendig zutreffend sein muss, vgl. unten. Eine Führungsrolle Anna Krückmanns in der Gruppe lässt sich aus den Quellen erst unmittelbar vor dem Ersten Weltkrieg nachweisen und war eher das Resultat großen organisatorischen Engagements bei der im Sommer 1914 stattfindenden Jahrestagung in Münster.

50 Münstersche Zeitung 41, 109 (21.4.1911) mit der Liste des Vorstands und des Arbeitsausschusses.

51 S. Felz, Recht zwischen Wissenschaft und Politik, 226–237, zu Naendrups kolonialjuristischen Aktivitäten im Kontext der übrigen universitären Kolonialaktivitäten.

52 Ebda.; vgl. auch Westfälischer Merkur 93, 231 (7.5.1914); Münsterischer Anzeiger 63, 366 (7.5.1914); 482 (17.6.1914), 486 (19.6.1914).

53 Westfälischer Merkur 90, 200 (22.4.1911): 5 Mark Eintritt pro Person und 10 Mark für eine Familienkarte entsprachen knapp 5 bzw. 10 % des damaligen durchschnittlichen Monatseinkommens im Deutschen Reich.

schen Schulen ein erklärtes Anliegen des Vereins.[54] Hier verbanden sich Formen klassischen bürgerlichen Engagements mit politischer Werbung für kolonialistische Ziele. Anna Krückmann war als Schriftführerin und später 2. Vorsitzende zentrale Organisationsverantwortliche und stand so im Mittelpunkt dieses Netzwerkes, das die Basis für ihre gesamte weitere politische Tätigkeit werden sollte. Hier zeigten sich zum ersten Mal auch die enormen organisationspraktischen Kompetenzen Anna Krückmanns, die ihrem politischen Engagement noch viel Rückenwind geben sollten.

Betrachtet man die Netzwerke, die Anna und Paul Krückmann sich gemeinsam aufgebaut hatten, so wird deutlich: Konfessionelle Grenzen überwanden sie im gesellschaftlichen Umgang problemlos, ohne aber eine – auf Stadtebene verdeckte – kämpferische Haltung gegen den politischen Katholizismus aufzugeben. Eine Grenze, die kaum überwunden wurde, war die soziale: Die Netzwerke waren bürgerlich, und sie waren elitär. Paul Krückmann formulierte dies als Anspruch auch in schneidender Schärfe und sollte damit in neuer Rolle noch für einiges Aufsehen und manchen Ärger sorgen.

54 Münsterischer Anzeiger 61, 58 (25.1.1912), ebenso Westfälischer Merkur 91, 44 und Münstersche Zeitung 32, 24 (jeweils 26.1.1912).

# III. Das Rektorat der Universität: Gezielte politische Provokationen und Netzwerkpflege

Paul Krückmanns Karriere ging auch an der Universität voran, seit 1906 fungierte er als Dekan der juristischen Fakultät,[55] im Sommer 1912 schließlich wurde er, gerade 46 Jahre alt, zum Rektor gewählt für das folgende Studienjahr. Damit besetzte er zum ersten Mal auch formal ein Amt, das ihn in der Stadtgesellschaft in der ersten Reihe stehen ließ. Das war sicher eine gute Gelegenheit, die „Abbröckelungsarbeit" voranzutreiben. Bei seiner Antrittsrede verzichtete er auf politische Stellungnahmen und blieb fachlich.[56] Doch schon einen Monat später, beim Antrittskommers des Korps Rheno-Guestfalia, war es vorbei mit der Zurückhaltung: In seiner Rede bezeichnete Krückmann die Chargierten als aristoi, nannte sie also die moralisch Besten der Studierenden. Das sorgte für Ärger. Hatte der Rektor hier etwa die nicht chargierten Studierenden abgewertet? Bezeichnenderweise wurde der Vorgang außerhalb Münsters zum Skandal. Die Kölnische Volkszeitung, und nicht etwa die Münstersche Zentrumspresse, machte die Rede öffentlich.[57] Der Rektor der Universität habe für die ganze Hochschule zu sprechen und nicht zu spalten, so die Kritik der Zeitung aus dem Rheinland. Er konne nicht 2000 Studierende in dieser Form abwerten. Maliziös wies das Kölner Blatt darauf hin, Krückmann selbst habe in seiner Studentenzeit auch nicht zu den aristoi gehört. Vielleicht könne das Korps „den Rector magnificus" nachträglich noch zum Burschen machen.[58] Das war eine harte Replik, aber gerade vor dem Hintergrund der zunehmenden Konflikte zwischen den Korporierten und den freien Studierenden war Krückmanns Stellungnahme sicher kein Zufall, sondern sie entsprach exakt dem elitären Bildungsverständnis, das er auch zuvor bereits artikuliert hatte. Während die Korporierten versuchten, den Skandal durch die exakte Wiedergabe des Redetextes zu mindern, reagierte Krückmann selbst mit einem harschen Dementi. Die Wiedergabe seiner Worte durch die Kölnische Volkszeitung

55 Münsterischer Anzeiger 54, 124 (6.7.1905), Westfälischer Merkur 84,332 (7.7.1905).

56 Westfälischer Merkur 91, 526 (16.10.1912); Münstersche Zeitung 42, 285 (16.10.1912); Münsterischer Anzeiger 61, 746 (16.10.1912).

57 Kölnische Volkszeitung 1017 (22.11.1912); darauf dann Wittener Volkszeitung 17, 273 (23.11.1912).

58 Kölnische Volkszeitung 1017 (22.11.1912).

Abbildung 1: Paul Krückmann als Rektor der Universität Münster.

sei eine Fälschung.[59] In Münster zahlte sich sein Netzwerk jetzt aus, denn nachdem die Rede medial zuerst totgeschwiegen worden war, folgte jetzt in der Lokalpresse nicht etwa eine Kritik am Rektor, sondern dessen Verteidigung. Die Münstersche Zeitung wollte sich dem zuerst nicht anschließen

59 Münsterischer Anzeiger 61, 658 (25.11.1912).

und wusste vielmehr von Protesten der freien Studierenden zu berichten, korrigierte sich aber am nächsten Tag im Sinne des Rektors. Der Westfälische Merkur als Schlüsselorgan des Zentrums machte sich Krückmanns Deutung auch redaktionell zu eigen und fügte noch eine politische Deutung hinzu: Die Kritik am Rektor komme vor allem aus „freisinnigen Blättern".[60] Das war bemerkenswert, zeigte es doch, dass es situativ enge Bande zwischen Krückmann und der zentrumsdominierten Presse in Münster geben konnte, wenn man sich in einer gemeinsamen Front gegen den Liberalismus sah. Die Netzwerkarbeit der vergangenen Jahre hatte Erfolg, aber Krückmann hatte zugleich mit dieser Provokation einen deutlichen antiliberalen und sozialkonservativen Akzent gesetzt und damit in der Stadtgesellschaft Erfolg gehabt.

Zu Weihnachten dann war Krückmann wieder ganz in seinem Element als Netzwerker und arbeitete an einem neuen Projekt. Hatte sein Vorgänger im Rektorat noch auf die Errichtung einer Medizinischen Fakultät gedrungen, setzte Krückmann nun einen ganz anderen Akzent: Aus Anlass des 1913 bevorstehenden Regierungsjubiläums des Kaisers forderte er den Aufbau einer Stiftung zur Bekämpfung von Krebs- und Lupuserkrankungen. Diesem Aufruf schlossen sich maßgebliche Honoratioren Münsters und des Münsterlandes an, an der Spitze neben Krückmann der Oberpräsident, daneben führende Militärs und Verwaltungsbeamte, aber auch zahlreiche prominente Frauen gehörten zu den Unterzeichnerinnen, darunter auch unabhängig von ihrem Mann Anna Krückmann, deren zunehmend eigenständige Rolle hier auch deutlich erkennbar wird.[61] Dieser Aufruf verband als monarchische Huldigungsadresse Loyalitätsbekundung zur Dynastie mit bürgerlicher Wohltätigkeit. Paul Krückmann war der Initiator dieser Idee, die einmal mehr zeigt, wie sehr er es in den zehn Jahren seiner Tätigkeit in Münster vermocht hatte, sich in die Spitze der bürgerlichen Gesellschaft und der Honoratioren vorzuarbeiten. Dieses Projekt sollte er über alle politischen Wechsel hinweg verfolgen, bis 1932 schließlich die Fachklinik in Handorf-Hornheide entstand.

Doch die sozialpolitische Flankierung hielt nicht lang. Schon der Kaisergeburtstag am 27. Januar 1913 gab dem Rektor erneut Gelegenheit, seine Vorstellungen von Schul- und Bildungspolitik vor großem Publikum darzu-

60 Münstersche Zeitung 42, 326 (26.11.1912) auch mit einer kompletten Wiedergabe der Kölner Berichte, die Korrektur 42, 327 (27.11.1912), dagegen Westfälischer Merkur 91, 601 (26.11.1912).

61 Der gesamte Aufruf mit allen Unterzeichnerinnen und Unterzeichnern: Westfälischer Merkur 92, 9 (5.1.1913).

legen: Krückmann beklagte erneut eine Bildungsexpansion, die die Hochschulen in ihrem Niveau absinken lasse.[62] Wieder wurde hier deutlich, wie sehr Krückmann ein elitäres Verständnis von Bildung vertrat, das sich radikal nach unten abschließen wollte. Es passte ins Bild, wenn der Rektor sich im Kreis der Korporierten am Abend dann von seiner jovialen Seite zeigte,[63] während er der breiteren Öffentlichkeit in schneidender Schärfe seine Bildungskritik vorhielt. Inhaltlich war es nur konsequent, dass der Rektor auch gegen jede bauliche Erweiterung eines Gymnasiums in Münster mit der Feder zu Felde zog.[64] Die Kontroverse um die aristoi war kein Missverständnis gewesen, sondern stand im größeren Kontext der schon zuvor extremen bildungspolitischen Positionierung Krückmanns.

Das zeigte sich auch kurz darauf bei einer Tagung in München zur studentischen Wohnungsnot, an der Krückmann als Rektor teilnahm. Hier kam es zum offenen Eklat zwischen ihm und den freien Studierenden. Deren Wohnungen seien oftmals zu wenig unter Kontrolle, gerade was die sexuellen Aktivitäten betreffe, so Krückmann in einem Redebeitrag. Hierbei attackierte er die anwesenden Studierenden, mit denen sich jetzt sogar die Korporierten solidarisierten, in so scharfer Form, dass die Tagung im Eklat endete.[65] Dem Studenten, so Krückmann, stehe „infolge seiner Jugendlichkeit und infolge des Mangels an Lebenserfahrung kein maßgebendes Urteil über die sexuellen Fragen“ zu.[66] Das war ein massiver Angriff auf die Grundrechte der Studierenden, und das führte zum Konflikt. Auch in diesem Fall zeigte sich das bereits bekannte Muster: Von dem Eklat mit dem Rektor der Universität Münster erfuhr zuerst das auswärtige Lesepublikum, die Münstersche Presse reagierte erst auf deren Berichte. Diese Reaktionen aber stellten sich hinter Krückmann. Dankbar müsse man dem Rektor für seine klare Haltung sein, so verteidigte ihn erneut der Westfälische Merkur. Den Grundkonflikt zwischen der Privatsphäre und den Freiheitsrechten der Studierenden einerseits und dem Kontrollwunsch des Rektors entschied die lokale Zentrumspresse

62 Münsterischer Anzeiger 62, 70 (28.1.1913). Westfälischer Merkur 92, 48 (28.1.1913).

63 Münsterischer Anzeiger 62, 75 (29.1.1913). Westfälischer Merkur 92, 52 (30.1.1913).

64 Die Polemik gegen die Erweiterung des Paulinums Münsterischer Anzeiger 62, 32 (14.1.1913). Beinahe wäre die Finanzierung der Erweiterung an der von Krückmann politisch aufgeladenen Flächenkonkurrenz zur Universität gescheitert, vgl. Münsterischer Anzeiger 62, 172 (6.3.1913). Die Debatte nahm danach auch bei anderen Schu lerweiterungen Fahrt auf.

65 Bonner Zeitung 22, 142 (26.5.1913).

66 Bonner Zeitung 22, 153 (6.6.1913).

eindeutig zugunsten der autoritären Zielsetzung Krückmanns.[67] Diese Haltung verstärkte sich noch, als der Rektor aus Münster in der deutschlandweiten Mediendebatte in den Verdacht geriet, hier klerikale Ideen vertreten zu haben.[68] Das lag dem kämpferischen Protestanten Krückmann natürlich völlig fern, der mit anekdotisch formulierten dramatisierenden Syphilis-Warnungen den Konflikt wieder auf eine scheinbare Sachebene zu bringen suchte:[69] In der Sache selbst aber nahm Krückmann nichts zurück. Die Kontrolle des Sexuallebens der Studierenden war ihm ein echtes Anliegen, deren Grundrechte oder Selbstbestimmung nicht. Doch mit dieser antiliberalen Positionierung hatte er relativ heterogene Teile der Stadtgesellschaft hinter sich geeint. Keine vier Wochen nach dem Eklat in München startete in Münster eine Initiative für eine „Wohnungsliste". Eine Selbstverpflichtung von Vermietenden sollte sicherstellen, dass diese „keinerlei gegen die Sittlichkeit verstoßenden Unfug in ihren Wohnungen dulden" würden. Dabei ging es um die Überwachung des Privatlebens der Studierenden durch Vermietende. Hier fanden sich jetzt Pfarrer und Kapläne, Schulleiter, der ehemalige Regierungspräsident, städtische Beigeordnete, katholische, evangelische und jüdische Frauenorganisationen, Universitätsprofessoren und natürlich Krückmann selbst als Unterzeichner zusammen.[70] Das war ein bemerkenswerter Erfolg des Rektors: So hatte er aus einem deutschlandweit beachteten Eklat bei einer Tagung in München einen Erfolg in der Stadtgesellschaft gemacht. Vor allem aber hatte er den Diskurs mit einer aus dem Nichts generierten Debatte deutlich in eine autoritäre und antiliberale Richtung gelenkt. Das Kernmilieu des Zentrums und dessen Protagonisten waren ihm dabei gefolgt. Spätestens jetzt war klar: Krückmann konnte Diskurslinien prägen, und er konnte für antiliberale und sozialkonservative Positionen über das eigene Milieu hinaus Unterstützung in der bürgerlichen Stadtgesellschaft gewinnen. So etwas war noch keinem Rektor vor ihm gelungen, die Basis für diesen Erfolg war die Netzwerkarbeit der vorangegangenen Jahre.

Für die Zukunft war von zentraler Bedeutung, dass Krückmann der enge Schulterschluss mit dem Militär gelang. Am Ende seines Amtsjahrs betonte der Rektor die besonderen Beziehungen der Universität zu dem in Münster

67 Westfälischer Merkur 92, 263 (27.5.1913); 277 (4.6.1913), vgl. auch Münsterische Zeitung 43, 145 (28.5.1913).

68 Bonner Zeitung 22, 155 (8.6.1913).

69 Münstersche Zeitung 43, 165 (17.6.1913). – Die Reaktion des Westfälischen Merkur auf die Klerikalismus-Vorwürfe in 92, 301 (17.6.1913).

70 Münstersche Zeitung 43, 170 (22.6.1913); Westfälischer Merkur 92, 320 (27.6.1913).

stationierten Regiment der Dreizehner und verlieh dem General von Blume die Ehrendoktorwürde. Krückmann sah die Gemeinsamkeit von Militär und Universität in der „Erziehung der Jugend", womit er noch einmal deutlich machte, wie autoritär sein Verständnis von Hochschule und Gesellschaft war.[71] Bedeutsam blieb aber Krückmanns enger Kontakt zur lokalen Militärführung, der sich unter veränderten politischen Bedingungen auch politisch nutzbar machen lassen sollte. Dies galt ebenso für den damals noch so genannten FC Preußen Münster, dessen Turnier die Krückmanns gemeinsam beehrten und das der Rektor persönlich angeregt hatte. Während dieser die sportlichen Leistungen rhetorisch würdigte, überreichte seine Frau die Siegerehrungen an die Mannschaft.[72] Auch die Verbindungen zum vereinsmäßig organisierten Sport, die Krückmann als Rektor etablierte, sollten noch von Bedeutung sein für die Politik in der Zukunft. Anna Krückmann versah gleichzeitig damit ihre ersten öffentlichen Auftritte, für den Moment noch als universitäre First Lady an der Seite ihres Mannes.

Überblickt man Krückmanns Jahr als Rektor der Universität Münster, so wird klar, dass dieser das Amt auf politische Weise geführt und sich dabei von seinen Vorgängern deutlich unterschieden hatte, die sich viel eher auf unmittelbare universitäre Anliegen konzentriert hatten. Krückmann lag erkennbar nichts an weiteren Initiativen für eine Medizinische Fakultät, aus seinem ganzen Rektoratsjahr sind keine öffentlichen Aussagen dazu dokumentiert. Konkrete Anliegen seiner Hochschule hatte Krückmann überhaupt nicht artikuliert. Stattdessen setzte der Rektor symbolpolitische Akzente gegen die freien Studierenden, schloss sich eng an die Korporierten an, ging das Problem „sturmfreier Buden" mit Initiativen für eine autoritäre zivilgesellschaftliche Überwachung von Studierenden an, kritisierte selbst die zaghaftesten Ansätze einer Bildungsexpansion und setzte dabei deutliche Diskursverschärfungen in eine antiliberale, autoritäre und elitäre Richtung durch. Die Stadtgesellschaft in ihren maßgeblichen Repräsentanten folgte ihm dabei, zu jedem Zeitpunkt war Krückmann mit dem Militär, den Spitzen der staatlichen und städtischen Verwaltung, der Zentrumspresse und auch den führenden Vertretern des katholischen Milieus im Konsens, auch wenn außerhalb Münsters die Kritik laut war. Der enge Schulterschluss mit den Spitzen des Militärs und die Unterstützung neuer sportlicher Aktivitäten

71 Westfälischer Merkur 92, 333 (3.7.1913); Die Glocke 153 (4.7.1913); Münstersche Zeitung 43, 182 (4.7.1913).

72 Münstersche Zeitung 43, 205 (27.7.1913); Westfälischer Merkur 92, 378 (28.7.1913).

bauten das Netzwerk Krückmanns ebenso weiter aus wie die sozialpolitische Flankierung seines Engagements mit einer Krebs- und Lupusstiftung als monarchischen Huldigungsakt zum Regierungsjubiläum. Seine Frau Anna stand bei all dem auch in der Öffentlichkeit stets an seiner Seite – ob als Unterzeichnerin der Initiative für die Stiftung oder bei Sportturnieren. Das Rektoratsjahr hatten die Krückmanns genutzt, um ihre Netzwerke zu stärken und erkennbar eigene politische Akzente zu setzen und den Diskurslinien in der Stadt zumindest in Ansätzen nach rechts zu verschieben.[73] Krückmann versuchte, einen im Kern antiliberalen Konsens zu formulieren, und wesentliche Teile der stadtgesellschaftlichen Eliten folgten ihm dabei. Das zeigt exemplarisch, dass auch das Zentrumsmilieu in Münster kurz vor dem Ersten Weltkrieg einen antiliberalen Affekt durchaus wertschätzen konnte. Das hatte der damals noch freikonservative Krückmann erkannt.

73 Vor diesem Hintergrund ist es unzutreffend, wie J.-C. Kaiser, Vom Ende des Kulturkampfes, 186f., das Bild gezeichnet hat, dass die Vertreter der Universität und ihrer rechten Verbände völlig isoliert vom Rest der Stadtgesellschaft gewesen seien.

# IV. Der Erste Weltkrieg: Netzwerke, Propaganda und politische Aktivierung

Der Ausbruch des Ersten Weltkriegs war für das Leben des Ehepaars Krückmann und ihre politischen Tätigkeiten der wohl wichtigste Einschnitt überhaupt. Hatten sich beide bis dahin zwar in einem politisierten Netz bewegt, ohne aber selbst aktiv Politik zu betreiben, änderte sich das nun fundamental. Der Erste Weltkrieg bedeutete für beide gewissermaßen ein Erweckungserlebnis, das beide stark politisierte und vor allem aktivierte. Beide fanden durch ihre Tätigkeiten während des Krieges zu völlig neuen Aufgaben und Rollen, die weit über ihre bisherigen Lebenskreise hinausführten. Ihre Positionen, die bis dahin als sozialkonservativ bis antiliberal beschrieben werden können, veränderten sich so weit, dass beide sich im Verlauf des Krieges und danach auf der äußersten Rechten wiederfanden.

Paul Krückmann erlebte den Krieg nicht als aktiver Soldat, sondern in der Heimat und an seinem Arbeitsplatz. Formal als „Kriegsgerichtsrat" einberufen, blieb er faktisch - anders als etwa sein fast gleichaltriger Fakultätskollege Naendrup - im gewohnten Arbeitsumfeld in Münster. Das ermöglichte es ihm nicht nur, weiterhin an der Universität eine zentrale Rolle zu spielen (anfangs turnusgemäß als Prorektor), sondern gab ihm auch die Möglichkeit zu umfangreicher politischer Aktivität. Für die Öffentlichkeit konnte es so scheinen, als ob Paul Krückmann sein bisheriges Tätigkeitsfeld, das auf professorales Renommieren und Konsens mit der Stadtgesellschaft angelegt war, unter den veränderten Bedingungen fortsetzte. Seine ersten Schritte schienen sich, soweit sie öffentlich sichtbar wurden, in den bekannten Bahnen professoraler Auftritte zu bewegen. Zusammen mit anderen in Münster verbliebenen Professoren trat er als Redner in öffentlichen Kriegsvorträgen der Universität auf,[74] die er als Prorektor selbst initiiert hatte. Er selbst wählte dabei ein Thema, das angesichts seiner bisherigen öffentlichen Auftritte eher ungewöhnlich war, er sprach über die Verhältnisse in Südafrika.[75] Darin plädierte er für ein Bündnis mit den Buren gegen die Briten, möglicherweise auch unter Preisgabe der Kolonie „Deutsch-Südwestafrika".

Dieses Thema hatte Paul Krückmann allerdings schon in den allerersten Kriegstagen zum Gegenstand umfangreicher Bemühungen gemacht. Der

74 Zu den Vorträgen S. Felz, Recht zwischen Wissenschaft und Politik, 240–242.

75 Münstersche Zeitung 44, 251 (11.9.1814); Westfälischer Merkur 93, 467 (11.9.1914).

evangelische Pfarrer August Schowalter hatte einen Plan entwickelt, wie er führende burische Politiker auf die deutsche Seite ziehen wollte. Dieser rechnete sich aufgrund persönlicher Kontakte dafür beste Chancen aus, benötigte aber die Unterstützung der Reichsleitung, um nach Südafrika zu gelangen. Eine entsprechende Eingabe Schowalters[76] leitete Paul Krückmann am 22. August 1914 mit warmen Worten dem Kommandierenden General Moritz von Bissing weiter. Er rechne Schowalter zu seinen Freunden, aber er selbst habe „die ganze Sache angeregt".[77] Krückmann schloss seine Empfehlung damit, dass er es „für eine Ehre" halte, „meine Pflicht und mein Recht, auch die Gefahren ihrer Ausführung zu tragen".[78] Der Juraprofessor Krückmann hatte für sich damit einen besonderen Kriegseinsatz ins Auge gefasst – zusammen mit dem Pfarrer Schowalter wollte er es im Alleingang unternehmen, den Briten Südafrika zu nehmen. Das sprach für einiges Selbstbewusstsein, am bemerkenswertesten war jedoch, dass sich der Kommandierende General mit Unterstützung des preußischen Landwirtschaftsministers Clemens von Schorlemer-Lieser[79] zum Fürsprecher dieses gewagten Plans gegenüber der zivilen Reichsleitung machte.[80] Einiges deutet darauf hin, dass Schowalter, von Bissing und Krückmann einen alldeutschen Hintergrund teilten. Das Verhältnis Paul Krückmanns zur Militärführung erwies sich in den ersten Kriegstagen als so eng, dass beide in gemeinsamer Aktion die zivile Reichsleitung mit dem Konzept eines Undercover-Unternehmens im südlichen Afrika unter Druck zu setzen versuchten. Allerdings zeigte sich, dass Moritz von Bissing und Paul Krückmann dort auf Widerstand stießen. Der Leiter des Reichskolonialamtes, Wilhelm Solf, erteilte dem gewagten Plan eine ebenso freundliche wie bestimmte Absage. Solf wollte sich lieber auf die „Schutztruppe" in der Kolonie und deren Kompetenz verlassen, als Schowalter und Krückmann bei ihrem Plan unterstützen.[81] Auch wenn das Auswärtige Amt Schowalter dennoch im weiteren Verlauf einige Geldmit-

76 Eingabe August Schowalters vom 21.8.1914, PA AA RZ 201/21151, 3–10.

77 Brief Paul Krückmanns an Moritz von Bissing vom 22.8.1914, ebda., 13f. – Zitat 14.

78 Ebda., 14.

79 Schorlemer, der hier gegenüber dem Auswärtigen Amt und dem Reichskolonialamt die Rolle des Unterstützers übernahm, war eine regionale Schlüsselfigur der agrarischen Konservativen, zu seiner Rolle im Verlauf des Ersten Weltkrieges H. Conrad, Der lange Abschied von der Macht, 198f.

80 Brief Schorlemers an Außenstaatssekretär Zimmermann vom 25.8.1915, PA AA RZ 201/21151, 1.

81 Vermerk Wilhelm Solfs vom 28.8.1914, ebda., 11f.

tel zukommen ließ, scheiterte der Plan und damit auch Paul Krückmanns Idee, mit einer eigenen Aktion Südafrika aus dem englischen Weltreich zu lösen. Der Jura-Professor muss dies als eine tiefe persönliche Kränkung erlebt haben, denn er suchte bei späterer Gelegenheit die Revanche gegenüber Solf.[82] Bemerkenswert an dem Vorgang war nicht nur das ungeheure Selbstbewusstsein Krückmanns, sondern auch die Frontstellung, in der sich die Konfrontation vollzog: Der „Professor der Rechte" stand im engen Schulterschluss mit dem Kommandierenden General gegen die zivile Reichsleitung. Damit war schon drei Wochen nach Kriegsbeginn eine Konstellation eingetreten, die für das gesamte weitere politische Agieren Paul Krückmanns während des Ersten Weltkrieges prägend werden sollte.

Die Stadtöffentlichkeit bekam von dieser Konfrontation vorerst nichts mit – Paul Krückmann machte sie erst nach Kriegsende selbst öffentlich. Zunächst und auch noch im weiteren Kriegsverlauf trat er dann auch mit juristischen Vorträgen auf, die sich wie in Friedenszeiten an ein bürgerliches Publikum richteten, deren Eintrittsgelder ganz im Sinne klassischer Wohltätigkeitsvorstellungen den kämpfenden Frontsoldaten zugutekommen sollten.[83] Das alles war wenig originell. Wesentlicher ist die Beobachtung, wie wenig auffällig Krückmanns öffentliche Aktivitäten in der Stadt in der ersten Kriegshälfte waren, wenn man sie mit seinen Tätigkeiten hinter den Kulissen der Stadtöffentlichkeit kontrastiert. Der nunmehrige Prorektor kalkulierte offenbar genau, wie weit er gehen konnte, ohne das mühsam aufgebaute Netzwerk zu belasten. Andererseits erhielt er in Münster weiterhin in der Zentrumspresse keine Möglichkeiten zur politischen Profilierung, dies trat immer deutlicher zutage.

Bald zeigte sich aber, dass Krückmann auch weiterhin zu radikaleren Schritten entschlossen war, als dies das öffentliche Vortragsprogramm vermuten ließ. Am 23. Oktober 1914 gehörte er zu den rund 4000 deutschen Professoren, die die „Erklärung der Hochschullehrer des Deutschen Reiches" unterzeichneten. In dieser allgemein gehaltenen Erklärung wurde die Einheit von Wissenschaft und Militär beschrieben, aber auf die Formulierung konkreter Kriegsziele verzichtet.[84] Da fast die gesamte deutsche Dozentenschaft die Erklärung unterschrieb, stellte sie trotz der fatalen Wirkung,

82 Späterer öffentlicher Bericht Krückmanns in Münstersche Zeitung 49, 16 (17.1.1919). Zu der sich daraus ergebenden Kontroverse vgl. unten.

83 Münstersche Zeitung 46, 214 (3.8.1916).

84 Zu der Erklärung und ihrer Wirkung J. Leonhard, Die Büchse der Pandora, 242–245; der Text in K. Böhme, Aufrufe und Reden, 47–49.

die sie im internationalen Kontext erzielte, eher einen allgemeinen Konsens dar. Krückmanns Unterschrift war insofern kein Beitrag, der eine besondere politische Exponierung bedeutete. Er beteiligte sich hier auch nur an einer Initiative anderer. Nur ein Dreivierteljahr später allerdings klagte er bereits brieflich, dass er seine akademischen Arbeiten und sogar seine private Korrespondenz kaum noch erledigen könne, weil „ich zu stark in die Politik hineingeraten bin."[85] Damit meinte er unzweifelhaft eine zu diesem Zeitpunkt erstellte Eingabe an den Reichskanzler, an der er entscheidenden Anteil hatte.

Diese zeigt Krückmanns Engagement in der von den Alldeutschen angetriebenen Kriegszieldebatte, die weit über die allgemeine Erklärung der deutschen Hochschullehrer hinausging. Krückmanns gute Kontakte zum Generalkommando, die er in den Friedenszeiten schon intensiv gepflegt hatte, wurden nun erneut relevant. Schon zu Beginn des Krieges war Krückmann in Zusammenhang mit seiner Südafrika-Initiative im Generalkommando ein- und ausgegangen, und offenbar blieb das auch nach von Bissings Abgang in das besetzte Belgien so.[86] Der stellvertretende Kommandierende General Egon von Gayl, der nun in Münster an die Spitze der Militärführung rückte, war ein bekennender Unterstützer des Alldeutschen Verbands. Es lässt sich nicht sicher rekonstruieren, ob Krückmann zu diesem Zeitpunkt ebenfalls bereits Mitglied war oder eine führende Rolle spielte, es ist aber sehr wahrscheinlich. Erst ein Jahr später ist er in der Rolle als Vorsitzender der Münsterschen Ortsgruppe des Verbandes nachweisbar.[87]

Von Gayl und Krückmann teilten in jedem Fall die alldeutschen Zielsetzungen, und nachdem im Winter 1914/15 der Versuch des Verbandsvorsitzenden Heinrich Claß gescheitert war, mit einer an zahlreiche Prominente verschickten Denkschrift Unterstützung für weitgespannte Annexionspläne zu

85 Krückmann an Adolf ten Hompel vom 29.6.1915, in: LAV NRW (W) NL ten Hompel, Nr. 116.

86 Krückmann berichtet über sein Vorgehen detailliert an seinen späteren Parteifreund ten Hompel: LAV NRW (W) NL ten Hompel, Nr. 197. Außerdem drohte er nach dem Krieg seinen demokratischen Gegnern auch mit den entsprechenden Aktenbeständen, die im Generalkommando verwahrt wurden, so in Münstersche Zeitung 49, 16 (17.1.1919).

87 Die Mitgliederliste der Münsterischen Ortsgruppe des Alldeutschen Verbandes mit Krückmann als Vorsitzendem datiert vom 21.6.1916, in: LAV NRW (W) NL ten Hompel Nr. 12. Zur Geschichte des Verbands in Münster G. Krüger, Treudeutsch allewege, 45–47; U. Olliges-Wieczorek, Politisches Leben in Münster, 226–228.

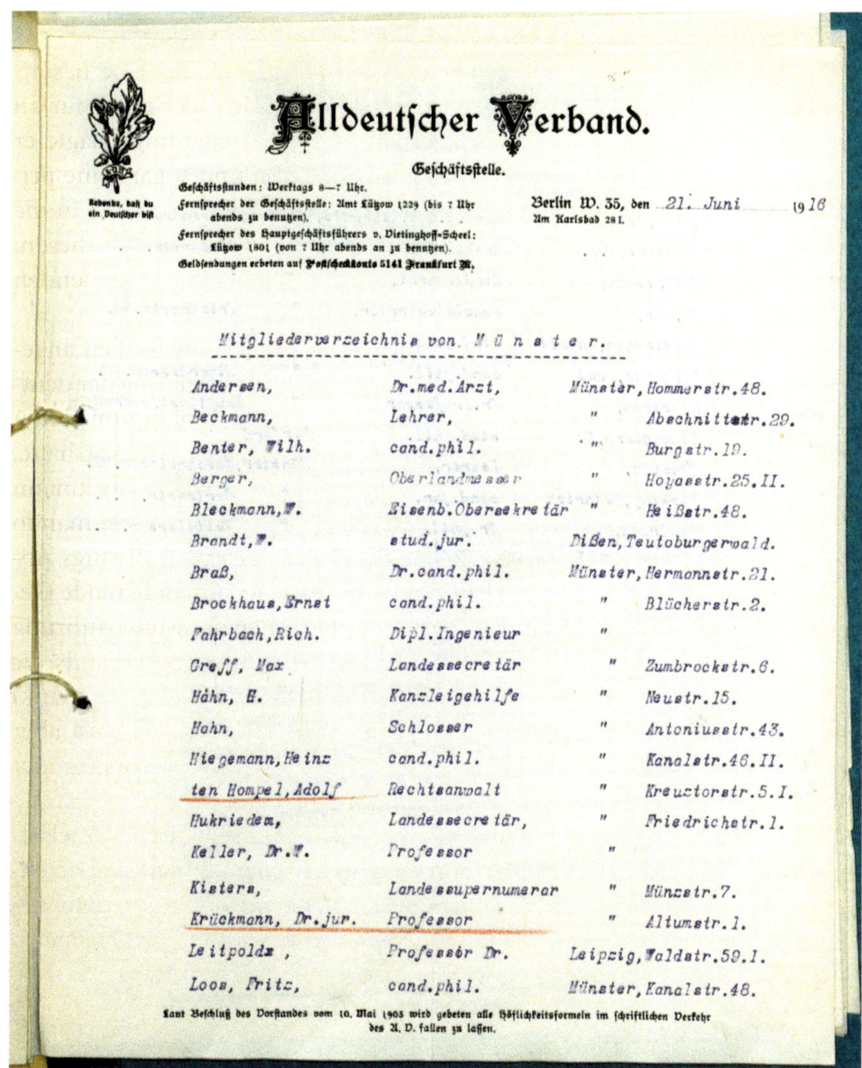

Alldeutscher Verband.

Geschäftsstelle.

Gedenke, daß du ein Deutscher bist

Geschäftsstunden: Werktags 8–7 Uhr.
Fernsprecher der Geschäftsstelle: Amt Lützow 1229 (bis 7 Uhr abends zu benutzen).
Fernsprecher des Hauptgeschäftsführers v. Vietinghoff-Scheel: Lützow 1801 (von 7 Uhr abends an zu benutzen).
Geldsendungen erbeten auf Postscheckkonto 5141 Frankfurt M.

Berlin W. 35, den 21. Juni 1916
Am Karlsbad 28 I.

Mitgliederverzeichnis von Münster.

| | | |
|---|---|---|
| Andersen, | Dr.med.Arzt, | Münster, Hommerstr.48. |
| Beckmann, | Lehrer, | " Abschnittstr.29. |
| Benter, Wilh. | cand.phil. | " Burgstr.19. |
| Berger, | Oberlandmesser | " Hoyasstr.25.II. |
| Bleckmann, W. | Eisenb.Obersekretär | " Heißstr.48. |
| Brandt, W. | stud.jur. | Dißen, Teutoburgerwald. |
| Braß, | Dr.cand.phil. | Münster, Hermannstr.21. |
| Brockhaus, Ernst | cand.phil. | " Blücherstr.2. |
| Fahrbach, Rich. | Dipl.Ingenieur | " |
| Greff, Max | Landessecretär | " Zumbrockstr.6. |
| Hahn, E. | Kanzleigehilfe | " Neustr.15. |
| Hahn, | Schlosser | " Antoniusstr.43. |
| Hiegemann, Heinz | cand.phil. | " Kanalstr.46.II. |
| ten Hompel, Adolf | Rechtsanwalt | " Kreuztorstr.5.I. |
| Hukriedem, | Landessecretär, | " Friedrichstr.1. |
| Keller, Dr.W. | Professor | " |
| Kisters, | Landessupernumerar | " Münzstr.7. |
| Krückmann, Dr.jur. | Professor | " Altumstr.1. |
| Leitpold , | Professor Dr. | Leipzig, Waldstr.59.I. |
| Loos, Fritz, | cand.phil. | Münster, Kanalstr.48. |

Laut Beschluß des Vorstandes vom 10. Mai 1903 wird gebeten alle Höflichkeitsformeln im schriftlichen Verkehr des A. V. fallen zu lassen.

Abbildung 2: Die erste Seite der Mitgliederliste des Alldeutschen Verbands mit den Mitgliedern in Münster vom 21. Juni 1916 und mit Paul Krückmann als Vorsitzenden (rot unterstrichen).

gewinnen,[88] war eine nunmehr aus der Provinz ergehende Denkschrift mit wissenschaftlicher Expertise ein neuer Versuch, die politische Führung des Reiches auf einen annexionistischen Kurs festzulegen. Die Initiative zu einer Kriegszieleingabe an den Reichskanzler, die in Kopie dem kaiserlichen Zivilkabinett zugestellt wurde, ging jedenfalls vom stellvertretenden Kommandierenden General in Abstimmung mit der rheinisch-westfälischen Schwerindustrie aus. Von Gayl ließ den Reichskanzler am 23. Juni 1915 Kenntnis nehmen „von einer tiefgehenden Bewegung, die alle national eingestellten Kreise in dem mir unterstellten Korpsbezirk Westfalens und des rheinischen Industriegebiets erfasst hat",[89] und die von Gayl selbst orchestriert hatte. Angeblich bestehe ein breiter Konsens, der im Hinblick auf die Notwendigkeit weit ausgreifender Annexionen sogar Teile der Sozialdemokratie umfasse. Die Eingabe ging aus von der gedruckt beigefügten früheren Stellungnahme des Bunds der Landwirte, des Deutschen Bauernbunds, des Centralverbands deutscher Industrieller und des Reichsdeutschen Mittelstandsverbands vom 15.3.1915, in der die Annexion Belgiens und des nordfranzösischen Industriegebiets sowie des Baltikums und von Gebieten an der Grenze zu Ostpreußen gefordert und begründet worden war. Von Gayl lieferte nun Stellungnahmen aus seinem Korpsbezirk, die diese Forderungen stützen und untermauern sollten. Von einer „Verteilerstelle" vorhandener Denkschriften anderer kann dabei keine Rede sein,[90] vielmehr handelte es sich zum allergrößten Teil um namentlich gekennzeichnete und für den Zweck dieser Eingabe verfasste Stellungnahmen. Eine zentrale Rolle kam dabei den Gutachten Münsterscher Hochschullehrer zu. Angesichts der seit August 1914 sehr engen Beziehungen Krückmanns zum Generalkommando spricht manches dafür, dass er es war, der die Stellungnahmen der Professoren koordinierte, von denen bisher kein anderer in ähnlicher Weise mit der Militärführung in Münster kooperiert hatte. Diese Stellungnahmen sollten die Annexionsideen gewissermaßen wissenschaftlich objektivieren, wie von Gayl in sei-

88 Zu der alldeutschen Eingabe und ihren politischen Auswirkungen J. Leicht, Heinrich Claß (1868 – 1953), 182–201, zuvor auch F. Fischer, Griff nach der Weltmacht, 95–98. Zur Resonanz in der Hochschullehrerschaft grundlegend K. Schwabe, Ursprung und Verbreitung.

89 GStA PK, I. HA Rep. 89, Nr. 32425, 28.

90 Diese Deutung geht auf D. Guratzsch, Macht durch Organisation, 140, zurück und wurde seither ohne erneute Quelleneinsicht immer wieder reproduziert, zuletzt S. Felz, Recht zwischen Wissenschaft und Politik, 251.

nem Begleitschreiben dem Reichskanzler auch erläuterte.[91] Während der Historiker Ernst Robert Daenell Belgien zu einem „Pufferstaat“ herabsetzte, dessen Annexion keine Probleme aufwerfen werde,[92] rechtfertigte der Geograph Wilhelm Meinardus dieses Ziel mit militärgeographischen und handelspolitischen Opportunitäten und der fortbestehenden Konkurrenz mit Großbritannien.[93] Krückmanns Fakultätskollege Ernst Rosenfeld plante bereits detailliert die künftige Verwaltungsstruktur des annektierten Belgien,[94] während der Althistoriker Otto Seeck als Baltendeutscher die Aufgabe hatte, die Annexion des Baltikums mit der Leugnung der kulturellen Identität der baltischen Nationen zu begründen.[95] Otto Hoffmann, Sprachforscher, späterer deutschnationaler Landtagsabgeordneter und nach Meinung von Teilen der hochschulgeschichtlichen Forschung Kopf der Professorengruppe,[96] fiel in seinem Gutachten mit relativer Zurückhaltung in diesem annexionistischen Konsens auf: Hoffmann sprach sich für Annexionen aus, warnte aber zugleich unter kritischer Bezugnahme auf die Vorkriegspolitik vor einer allzu radikalen Germanisierung und forderte Rücksichtnahme auf kulturelle und religiöse Identität der Betroffenen. Vor diesem Hintergrund plädierte Hoffmann als einziger für eine Konzentration der Annexionspläne auf den

91 GStA PK, I. HA Rep. 89, Nr. 32425, 29f. zu Anlagen 1–7.

92 Ebda., 35–37.

93 Ebda., 38–43.

94 Ebda., 48–51.

95 Ebda., 52–57.

96 Die Bezeichnung der Professorengruppe als „Hoffmann-Kreis“ geht auf D. Guratzsch, Macht durch Organisation, 139–150, zurück, der dieses Bild allein gestützt auf die Auswertung des Briefwechsels Hoffmanns mit Hugenberg gewann und so das Bild einer ausschließlich von Hugenberg über Hoffmann gesteuerten Gruppe konstruierte. Das Bild ist deutlich zeitgebundenen Deutungen der 1970er Jahre verpflichtet, in denen das Industriekapital mit geheimen Netzwerken die Professoren gewissermaßen als Statisten steuert. Dieses Bild bestätigen die Quellen nicht. Dennoch ist die Deutung Guratzschs bisher unwidersprochen geblieben, weil in relevanten Beiträgen danach die Quellen nicht mehr konsultiert wurden. G. Krüger, Treudeutsch allewege, 54 bietet eine falsche Liste der Mitglieder. Anders als behauptet, war das Verhältnis Ehrenbergs zu der Gruppe spannungsgeladen, vgl. unten zur Fördergesellschaft. L. Steveling, Juristen in Münster, 148f., reproduzierte dieses Bild auf nicht nachvollziehbarer Quellen- und Literaturgrundlage. Ohne Quellenkenntnis ebenso J. Schäfer, Eine wirkliche Landesuniversität schaffen, 88. S. Felz, Recht zwischen Wissenschaft und Politik, 250–254f., schließlich bearbeitete die „Hoffmann-Gruppe“ ganz ohne Quellenbetrachtung, nur auf die ältere Literatur gestützt, vor allem abhängig von D. Guratzsch, Macht durch Organisation, 165–172.

flämischen Teil Belgiens und Teile des Baltikums und wollte vor allem die Annexion polnischer Gebiete ausschließen.[97] Das war im grundsätzlich extrem annexionistischen Kontext verhältnismäßig zurückhaltend und kontrastiert scharf mit dem, was Krückmann, der hier eindeutig als Radikalster der Professorengruppe erscheint, in seinem Gutachten forderte.

Krückmann ging zunächst auf Belgien ein und erwog die Optionen zu dessen Germanisierung. Großangelegte Vertreibungen der Bevölkerung kalkulierte er als einziger der Professoren planmäßig ein. Die Industriearbeiterschaft verfüge über keinen Grundbesitz und könne nach Kündigung ihrer Arbeitsverhältnisse daher „planmäßig ausgebürgert" werden. Lediglich die Besitzer von Grund und Boden müssten von staatlicher Seite enteignet werden und ihr Eigentum „sofort in deutsche Hand gebracht werden".[98] Schwierigkeiten drohten aus Krückmanns Sicht nur in den Agrargebieten, in denen das auf Widerstand stoßen könnte. Im Übrigen plädierte er für eine Vereinigung der französischen und belgischen Montanindustrie unter deutscher Kontrolle, um damit Konkurrenz für die deutsche Industrie auszuschalten. Eine Angliederung an die Rheinprovinz hielt er für inopportun, weil größere nationale Minderheiten das Ziel einer ethnisch homogenen Bevölkerungsstruktur gefährden würden. Da war es nur konsequent, dass Krückmann für den Osten umfangreiche Vertreibungen vorsah: Die polnisch sprechenden Bevölkerungsteile in den preußischen Ostprovinzen sollten hinter die russische Grenze getrieben werden, dafür sollten Teile Kongresspolens annektiert und mit deutschen Minderheiten aus Osteuropa besiedelt werden.[99] Das war der radikalste Vorschlag, der von den Münsterschen Professoren erstellt wurde. Er beruhte auf einem Konzept ethnischer Homogenität, das deutliche Anklänge an spätere völkische und nationalsozialistische Vorstellungen aufwies, es sah schon 1915 Vertreibungen der Zivilbevölkerung in erheblichem Umfang vor und verband diese Konzeption mit einer sozialkonservativen Zielsetzung: durch die Ausweitung von Agrargebieten und die Vertreibung nichtdeutscher Industriearbeiterschaft sollten zudem die traditionellen Gesellschafts- und Herrschaftsformen abgesichert werden. Zudem sollte die deutsche Schwerindustrie von Konkurrenz entlastet werden. Das war neben sehr holzschnittartigen Ideen wirtschaftlicher Beherrschung die Übertragung sozialimperialistischer Konzepte auf Mitteleuropa. Bemerkenswert ist

97 GStA PK, I. HA Rep. 89, Nr. 32425, 58–63.
98 Ebda., 44.
99 Ebda., 44–47.

daneben, dass dem Juraprofessor Krückmann nicht an einer Stelle die Frage nach dem Rechtsrahmen solcher Vorstellungen in den Sinn kam: Militärische Macht, imperialistische Großraumvorstellungen und Ideen von ethnischer Homogenität ersetzten die Frage nach Recht und Rechtmäßigkeit. Damit ging Krückmann weit über die Ideen seiner Kollegen hinaus, insbesondere aber über die Otto Hoffmanns, der zwar keine moralischen, wohl aber taktische Bedenken äußerte, zumindest ansatzweise noch die Rechte der zu beherrschenden Völker respektiert sehen wollte und vor allem keine Vertreibungen vorsah. Vergleicht man die Stellungnahme Hoffmanns mit Aussagen, die er ein halbes Jahr später machte,[100] wird klar, dass es Hoffmann war, der sich massiv radikalisierte, und dass Krückmanns Radikalismus die übrigen Professoren stilbildend prägte und nicht umgekehrt. Krückmann wiederum schloss sich direkt an die Ideen der Denkschrift Heinrich Claß' mit dem Ziel von ethnisch begründeten Vertreibungen vom Herbst 1914 an, die zu den frühesten Konzeptionen dieser Art überhaupt gehört.[101]

Deutlich ist auch, dass Krückmann anders als die meisten seiner Kollegen die weiteren Stellungnahmen kannte, die von Gayl zusammen mit denen der Professoren einreichte, was für seine koordinierende Funktion an der Universität spricht. Allzu klar bezieht sich seine Stellungnahme auf die in Druckform beigefügten Forderungen, die inhaltlich eine ähnliche Zielsetzung verfolgten.[102] Das macht deutlich, in welchen Netzwerken sich Krückmann im Sommer 1915 bewegte: Die Kontakte zur westfälischen Landwirtschaft und zur rheinisch-westfälischen Schwerindustrie, wie sie in der Eingabe durch Hugenberg, Stinnes und Kirdorf repräsentiert wurden, waren eindeutig vermittelt durch das Generalkommando zustande gekommen und fügten sich in den Rahmen alldeutscher Opposition gegen den Kurs Bethmann-Hollwegs ein. Krückmann war zu diesem frühen Zeitpunkt der primäre universitäre Ansprechpartner und Koordinator geworden, der die radikal annexionistischen Forderungen mit wissenschaftlicher Expertise und Renommee unterstützen sollte. Die bisherige Forschung ist davon ausgegangen, dass

100 Im Juli 1915 verfolgte Hoffmann bereits Germanisierungspläne für den Osten Europas, die er für technisch leicht umsetzbar hielt, so in einem Brief an Hugenberg vom 7.7.1915, BA N 1231/42, 102 r/v.

101 Zu den Ideen Claß' von einem „Land frei von Menschen" J. Leicht, Heinrich Claß (1868–1953), 182–186.

102 Ebda., 69–71. Auch Hugenberg trat für Annexionen nicht nur des französischen und belgischen Industriegebiets, sondern auch für weit gefasste Gebietsforderungen im Osten ein, um die Interessen des ostelbischen Großgrundbesitzes fördern zu können.

dieses professorale Netzwerk von Hugenberg über Hoffmann gesteuert wurde und keine Eigenständigkeit besessen habe.[103] Man habe Hugenberg Vorschläge vorgelegt, und dieser habe frei entschieden, ob er sie weiterverfolgen wolle oder nicht. Die Quellen bestätigen diese Deutung allerdings nicht. Sie zeigen vielmehr, dass das universitäre Netzwerk um Krückmann und Hoffmann weitgespannte Ideen und Ziele verfolgte, Bündnispartner suchte und fand und sein Netzwerk während des Krieges deutlich erweitern konnte, auch wenn die rheinisch-westfälische Schwerindustrie ein wichtiger Partner blieb.

Zunächst mussten die Professoren jedoch feststellen, dass die Reaktion des Reichskanzlers Theobald von Bethmann-Hollweg auf die eingereichten Denkschriften nicht ihren Erwartungen entsprach: Der Kanzler bestellte General von Gayl nach Berlin und teilte ihm dort mit, dass er zwar grundsätzlich Annexionen unterstütze, er legte sich aber nicht konkret fest, sondern beteuerte nur, „in Übereinstimmung mit dem Militär" handeln zu wollen. Das war für die Annexionisten eine deutliche Abfuhr.[104] Die Professoren um Krückmann und Hoffmann suchten daraufhin weiteren Kontakt zu Hugenberg und der rheinisch-westfälischen Schwerindustrie. Auffällig ist dabei aber, dass sie diese Schritte nicht taten, ohne die enge Abstimmung mit dem Generalkommando in Münster zu halten, die Krückmann schon seit dem Sommer 1914 intensiv gepflegt hatte.[105] Dort gab es einen Verbindungsmann der Gruppe, der nicht nur schon an den Vorbereitungstreffen für die Kriegszieleingabe teilgenommen hatte,[106] sondern der jetzt auch die Professoren ins Ruhrgebiet begleiten sollte, wenn sie dort Hugenberg, Stinnes und Kirdorf treffen sollten. Dieser Mann war Max von Pfeffer, der Vater

103 D. Guratzsch, Macht durch Organisation, 165–172, ihm folgen ohne eigene erneute Einsichtnahme der Quellen die weiteren Beiträge und sind abhängig von diesen Interpretationen.

104 Brief Hoffmanns an Hugenberg vom 21.8.1915, BA N 1231/42, 96 r.

105 Zum Vorgehen Krückmanns im Zusammenspiel mit der Militärführung ist vor allem sein eigener Bericht relevant, in dem er nach Kriegsende schildert, wie er im Sommer 1914 zusammen mit dem General von Bissing politischen Druck auf das Auswärtige Amt aufzubauen suchte, so in Münstersche Zeitung 49, 16 (17.1.1919): Privat beschrieb Krückmann seine Kontakte noch ausführlicher, Brief an Adolf ten Hompel, in: LAV NRW (W) NL ten Hompel, Nr. 197.

106 Protokoll des Gesprächs vom 10.5.1915 zur Vorbereitung der Kriegszieleingabe, GStA PK, I. HA Rep. 89, Nr. 32425, 72.

des späteren Freikorps- und SA-Führers.[107] In Friedenszeiten Regierungsrat bei der Generalkommission war er als Hauptmann der Landwehr bei Kriegsbeginn einberufen worden und diente nun als Abteilungsleiter im Generalkommando. In der Professorengruppe galt er als „liberaler Katholik",[108] was in deren Sprachgebrauch bedeutete, dass man ihn trotz seiner katholischen Konfession als national einschätzte, jedenfalls ohne Verbindungen zur Zentrumspartei. Er sicherte die enge Verbindung der Hochschullehrer zur regionalen Militärführung bis zu seinem Tod im August 1918. Von ihrem Kontakt mit der rheinisch-westfälischen Schwerindustrie auf der anderen Seite erwarteten die Professoren um Krückmann und Hoffmann nicht politische Führung und Leitung, sondern Geld[109] und logistische Unterstützung für ihre Pläne.[110] In Vorbereitung eines ursprünglich für 1915 geplanten, aber dann auf Anfang 1916 verschobenen Treffens skizzierte die Gruppe ihre Zielsetzungen sehr genau: Man plane, nach einem Ende der Zensur und des Verbots der öffentlichen Kriegszieldiskussion mit einer deutschlandweiten Serie von Vorträgen für das eigene annexionistische Programm zu werben. Zu diesem Zweck habe man bereits Ende 1915 ein weitgespanntes Netz mit anderen Hochschullehrern geknüpft, die als Redner zur Verfügung stehen sollten.[111] Die Öffentlichkeit stellte man sich dabei eher als passive Rezipienten der Botschaften vor. Darüber hinaus wollte man auch Konzepte entwickeln, wie das „Deutschtum im Ausland" nach einem siegreich vorgestellten Kriegsende für die Politik des Reiches nutzbar gemacht werden könnte.

107 Zur Biographie und zum Status Max von Pfeffers in Münster M. Fraschka, Franz Pfeffer von Salomon, 39–45, mit einer vielleicht etwas zu günstigen Einschätzung. Fraschka weiß erstaunlicherweise nichts vom Kriegsdiensteinsatz Max von Pfeffers im Generalkommando.

108 Brief Hoffmanns an Hugenberg vom 2.10.1915, BA N 1231/42, 89 v.

109 Die Professoren erhielten spätestens nach dem ersten direkten Treffen im Ruhrgebiet Anfang 1916 auch direkte Geldzahlungen aus den Fonds der Schwerindustrie. Das war auch der Grund, warum man den Kreis der Mitglieder exklusiv hielt und Wert darauf legte, dass keine weiteren Mitglieder hinzustießen, so explizit bei der Vorbereitung einer weiteren Denkschrift, Brief Hoffmanns an Hugenberg vom 23.2.1916, BA N 1231/42, 36–38.

110 Es ging vor allem um die Buchung und Herrichtung von Veranstaltungsräumen. Es sind nur wenige Zahlungen konkret zu belegen, vgl. D. Guratzsch, Macht durch Organisation, 174f.

111 Brief Hoffmanns an Hugenberg vom 26.11.1915, BA N 1231/42, 66f. Hoffmann nennt in diesem Brief Kontakte in Königsberg, Danzig, Breslau, Posen, Stettin, Charlottenburg, Berlin, Magdeburg, Leipzig, Dresden, Hamburg, Frankfurt, Aachen, Stuttgart, Mannheim, München, Nürnberg.

Auch Ideen zu einer autoritärer gestalteten Verfassung des Reiches, vor allem in kritischer Abgrenzung zu Parteien und Parlament, wollte man mit der Industrie diskutieren.[112] Diese Agenda sollten die Professoren um Krückmann und Hoffmann konsequent verfolgen, und im Prinzip konnten die Vorbereitungsarbeiten 1917 aktiviert werden.

Bei der langwierigen Vorbereitung des ersten Treffens mit den industriellen Spitzenvertretern stellte sich aber zur offenkundigen Überraschung Hugenbergs und der Professoren heraus,[113] dass sie nicht die einzigen waren, die solche Ideen verfolgten. Hugenberg wurde nämlich von seinen Mitarbeitern darauf hingewiesen, dass um den Generalsekretär der Nationalliberalen Partei, Paul Fuhrmann, bereits ein Netzwerk existiere, das fast identische Zielsetzungen besitze.[114] Der mit der Parteiführung um Stresemann im Zwist liegende und den Alldeutschen nahestehende Fuhrmann war erkennbar erfreut über die Münstersche Initiative.[115] Er dankte Hugenberg im Anschluss für die Vermittlung des Kontakts und sondierte Einsatzmöglichkeiten. Damit war Krückmann, Hoffmann und ihrem Kreis die Vernetzung mit der regierungskritischen Rechtsopposition auf Reichsebene gelungen.

Dies zeigte sich vor allem an der Beteiligung der Münsterschen Professorengruppe an einer Eingabe an Wilhelm II. Mitte März 1916, die den Monarchen dazu aufforderte, keine Friedensoptionen zu erwägen, sondern stattdessen alle Mittel für den Sieg zu mobilisieren.[116] Damit war vor allem der uneingeschränkte U-Boot-Krieg gemeint, und die Attacke richtete sich gegen die zivile Reichsleitung unter Kanzler Theobald von Bethmann-Hollweg. Der hatte mit der Proklamation eines Königreichs Polen ein Friedensangebot verknüpft, dagegen richtete sich die Eingabe in scharfer Form. Sie wurde vom Führungszirkel des Alldeutschen Verbands orchestriert. Die Liste der Unterzeichner zeigt die Mitglieder des Netzwerks jetzt neben den Profes-

112 Die Gesprächsagenda in einem ausführlichen Brief Hoffmanns an Hugenberg vom 26.11.1915, ebda. 66f. Zu einem späteren Zeitpunkt beklagte Hoffmann allerdings das geringe Interesse einiger seiner Mitstreiter an innenpolitischen Fragestellungen, Brief Hoffmanns an Hugenberg vom 13.10.1917, BA N 1231/16, 308.

113 D. Guratzsch, Macht durch Organisation, 140, erwähnt dieses Schreiben nicht. Es hätte seine Deutung einer zentral und ausschließlich von Hugenberg gesteuerten Organisation widerlegt.

114 Brief der Handelskammer Essen an Hugenberg vom 13.1.1916, BA N 1231/42, 56. Bei der Gruppe um Fuhrmann handele es sich um die „Stahlberg-Gruppe", die die Kriegszieleingabe Gildemeister auf den Weg gebracht habe.

115 Brief Fuhrmanns an Hugenberg, ebda., 57f.

116 Eingabe vom 14.3.1916 an Wilhelm II., BA R 8048/453, 198–211.

soren der Stahlberg-Gruppe, Spitzenvertretern der rheinisch-westfälischen Schwerindustrie und den Mitgliedern der Führungsebene des Alldeutschen Verbandes. Die Antwort des Kaisers allerdings war eine deutliche Abfuhr: Wilhelm II. lehnte es ab, die Unterzeichner zu empfangen oder ihnen inhaltlich zu antworten.[117]

Die enger werdende Vernetzung sollte vor allem Krückmann rasch für sich nutzen. Innerhalb der Professorengruppe war er weiter der Motor der Radikalisierung. Als einziger aus der Gruppe zielte er bereits im Frühsommer 1916 über die von allen geteilte Kritik hinaus auf einen Sturz des Reichskanzlers von Bethmann-Hollweg, um die weitgespannten Kriegszielideen politisch verwirklichen zu können. Die übrigen Mitglieder der Gruppe waren zu diesem Zeitpunkt in dieser Frage noch zurückhaltender.[118] Im Kampf gegen Bethmann-Hollweg war Krückmann auch zu Verletzungen der Vertraulichkeit bereit. Im Juni 1916 plante er, angesichts von öffentlichen Aussagen Scheidemanns über die Kriegszieldebatten der Wirtschaft und halboffiziellen Dementis des Kanzlers, diesen öffentlich zu kompromittieren. Dazu wollte er die Antwort Bethmanns auf die Eingabe der Gruppe gegenüber von Gayl öffentlich machen, in der dieser grundsätzlich Annexionen befürwortet hatte.[119]

In diesem Kontext entwickelte Krückmann jetzt immer weiter gespannte politische Ideen. So konkretisierten die Professoren ihre Pläne zu öffentlichkeitswirksamen Veranstaltungen zur Propagierung ihrer annexionistischen Ziele: Eine ganze Serie von Vorträgen wurde geplant und ging bald darauf in die Durchführung in Münster.[120] Das Vortragsprogramm wurde bald auf

117 Ebda., 212.

118 Brief Hoffmanns an Hugenberg vom 21.6.1916, BA N 1231/42, 20.

119 Bericht über Gespräch mit Krückmann in einem Brief Hoffmanns an Hugenberg, BA N 1231/42, 17 v, 18 r. Hoffmann lehnte den Vorschlag ab, machte Krückmann gegenüber aber seine Zustimmung zum Vorgehen von den Einschätzungen der Schwerindustrie abhängig.

120 Einen Überblick über die erste große Vortragsserie in Münster gibt Münstersche Zeitung 45, 213 (3.8.1915). Dabei treten die Mitglieder des Professorenkreises mit einschlägigen Themen auf: Daenell sprach über den „Kampf um Asien", das Mitglied der Alldeutschen Wolfgang Keller über „Die Briten und ihr Weltreich", Seeck über die Baltendeutschen, Rosemann über Ernährungslehre – nur Krückmann behandelte keine außen- und kriegspolitischen Themensetzung, sondern sprach über „Staat, Recht und privates Rechtsleben". Es zeigt sich im Kontext dieser Vorträge erneut, dass Krückmann in der Stadtöffentlichkeit weiter ein fachliches Auftreten zu diesem

das Ruhrgebiet erweitert.[121] Krückmanns Ambitionen reichten aber erkennbar weiter: Ihm, dem aktiven Publizisten, war vor allem an einem eigenen Presseorgan gelegen. Sicherlich spielten dabei auch die Erfahrungen mit der zentrumsdominierten Medienlandschaft in Münster eine Rolle, aber Krückmann plante größer. Mit Geld der Schwerindustrie wollte er 1916 die kriselnde „Dieterich'sche Verlagsbuchhandlung" übernehmen und zu einem Instrument der Professorengruppe umformen.[122] Nachdem dieser Vorschlag nicht erfolgreich war, wollte Krückmann ein Jahr später sogar die Kreuzzeitung, für die er selbst als Autor aktiv war, mit Kapital der Schwerindustrie übernehmen: Er erhoffte sich, „die etwas bürokratisch-feudale Haltung dieses Blattes" in seinem Sinne umgestalten zu können.[123] Diese Vorschläge zeigen, wie Krückmann sich Pressearbeit vorstellte: Mit Geld wollte er Meinung kaufen. Die Öffentlichkeit stellte er sich als eine mittels geeigneter Sprachrohre zu beeinflussende, jedenfalls passiv-rezeptive Menschenmasse vor. Zur Lenkung der öffentlichen Meinung war aus seiner Sicht eigentlich nur das nötige Kapital erforderlich, das von der Industrie kommen sollte. Die Meinung zu machen war dann seine Aufgabe und die seiner Mitstreiter. Das sprach für ein enormes Selbst- und Sendungsbewusstsein. Damit war er nicht allein, auch die Verbandsführung der Alldeutschen versuchte zum gleichen Zeitpunkt, medialen Einfluss zu gewinnen, indem aus industriellen Fonds über Hugenberg entsprechende Medien wirtschaftlich und im zweiten Schritt auch inhaltlich kontrolliert werden sollten.[124] An diese Debatte versuchte Krückmann anzuschließen, denn die Ideen und Pläne Heinrich Claß' dürfte er gekannt haben, ohne dass er über Möglichkeiten verfügte, die Debatte über die konkreten Objekte der Einflussnahme bestimmend zu lenken.

Krückmann war zu diesem Zeitpunkt bereits zentraler regionaler Ansprechpartner der Führungsebene der Alldeutschen auf der Reichsebene geworden. Er löste sich von der damaligen situativen Zurückhaltung Hugen-

Zeitpunkt vorzog und seine alldeutschen Zielsetzungen medial und in Eingaben formulierte.

121 Brief Hoffmanns an Hugenberg vom 21.1.1917, BA N 1231/42, 4.

122 Bericht Hoffmanns an Hugenberg über eine Anregung Krückmanns vom 17.4.1916, BA N 1231/42, 28f.

123 Brief Hoffmanns an Hugenberg vom 27.8.1917, BA N 1231/16, 313.

124 Zu der Übernahme der „Deutschen Zeitung", der wirtschaftlichen und inhaltlichen Einflussnahme auf andere Medien und den Finanzierungsstrategien zuletzt J. Leicht, Heinrich Claß (1868–1953), 225–235.

bergs, den er unabhängig von der Schulfreundschaft Hoffmanns zu diesem ebenfalls längst persönlich kannte,[125] und rückte immer näher an das Netzwerk der Radikalen um Heinrich Claß. Es kann kaum einen Zweifel geben, dass diese Verbindung über den Fürsten Otto von Salm-Horstmar zustande kam. Im Mai 1916 beantragte Krückmann bereits eine Dienstreise nach Wien zu einer Besprechung „über grösste [sic] vaterländische Wichtigkeiten" auf Einladung des Fürsten, die ihm der Kurator der Universität allerdings nicht genehmigte.[126] Beim Gegenbesuch der österreichischen Partner der Alldeutschen konnte Krückmann dann im Oktober in Berlin aber dabei sein.[127] Inhaltlich ging es dabei vor allem um die Konzeptionen zu einem hegemonial ausgerichteten mitteleuropäischen Wirtschaftsraum unter deutscher Kontrolle. All das koordinierte Otto von Salm-Horstmar, er war Mitglied des Preußischen Herrenhauses und zudem langjähriger Vorsitzender des Flottenvereins gewesen,[128] und hatte seit Herbst 1915 mit Claß gemeinsam die erwähnte Immediateingabe zu den Kriegszielen an den Kaiser vorbereitet.[129] Nach deren Scheitern setzten Claß und Salm-Horstmar ihre Agitation gegen den Reichskanzler fort, und 1916 sammelten der Fürst und Krückmann gemeinsam in der Provinz Westfalen Spenden für die Finanzierung einer entsprechenden Kampagne.[130] Krückmanns Stellung im Netzwerk war unabhängig von der Verbindung Otto Hoffmanns zu Alfred Hugenberg, er war der Verbindungsmann der Alldeutschen in die Garnisons- und Universitätsstadt Münster und die ganze Region.[131]

Wie wichtig Krückmann im radikalen Netzwerk der Rechtsopposition geworden war, zeigt die Situation, als die alldeutsche Opposition gegen die

125 Brief Hoffmanns an Hugenberg vom 21.8.1915, 21.1.1917, BA N 1231/42, 96 r/v.

126 Antrag Krückmanns an den Kurator der Universität vom 6. Mai 1916, UAMS Bestand 10, 4171.

127 In dem gedruckten Protokoll der Sitzung vom 2.10.1915 ist Krückmann ausdrücklich als Teilnehmer aufgeführt, BA R 8048/453, Seite 90 des Protokolls.

128 Zur Person und politischen Rolle S. Malinowski, Vom König zum Führer, 179, 182, 187, 449.

129 J. Leicht, Heinrich Claß (1868–1953), 207f.

130 D. Stegmann, Die Erben Bismarcks, 491–493.

131 Wie eng die Verbindung zur Führungsebene des Alldeutschen Verbandes um Claß und Salm-Horstmar war, wird auch deutlich anhand der Fahrtkostenabrechnungen Krückmanns zu den verschiedenen Tagungen der Alldeutschen, in: BA R 8048/453, 263f. (Salm an Claß über Krückmann, 31.8.1916); 265f. (Krückmann an Salm, 24.10.1916 – wohl die einzige erhaltene handschriftliche Aufzeichnung Paul Krückmanns überhaupt).

zivile Reichsregierung sich weiter radikalisierte. Am 25. Februar 1917 fand auf Einladung des alldeutschen Agitators und Vorsitzenden der nationalkatholischen Deutschen Vereinigung, Paul von Hoensbroech,[132] eine Tagung statt, zu der sich führende Vertreter aus Wissenschaft, Marine und Industrie versammelten, die enge Verbindung zum Alldeutschen Verband oder zu dessen führenden Vertretern hatten.[133] Schon die Einladung ließ keinen Zweifel daran, dass das Ziel der Tagung der Sturz des Reichskanzlers war. Die Veranstaltung war Teil einer seit längerer Zeit anhaltenden Agitation von Alldeutschen, der Dritten Obersten Heeresleitung und Kreisen um Wolfgang Kapp, den entlassenen Admiral Tirpitz und den Kronprinzen gegen die zivile Reichsleitung.[134] Ziel war neben dem Personalwechsel in der Reichskanzlei die Wiederaufnahme des uneingeschränkten U-Boot-Krieges im Atlantik, auch um den Preis eines US-amerikanischen Kriegseintritts, den Bethmann-Hollweg unbedingt zu verhindern suchte. Das unter alldeutschen Vorzeichen eingeladene Treffen Ende Februar 1917 war nur ein Mosaikstein auf dem Weg zum Sturz des Kanzlers, der sich im Sommer dann tatsächlich vollzog. Geheim blieb das Treffen nicht, schon einen Tag später waren die Leitmedien voll von Berichten über das Treffen, und vor allem der Vorwärts und fast alle relevanten sozialdemokratischen und liberalen Zeitungen berichteten ausführlich über das alldeutsche Kesseltreiben gegen den Kanzler.[135] Zwar erfuhr man auch in Münster aus der lokalen Zentrumspresse von dem Treffen in Berlin. Der Münsterische Anzeiger wusste aber sogleich zu beruhigen: Niemand habe Pläne zum Kanzlersturz unterstützt.[136] Doch das stimmte natürlich nicht. Drei Monate später wurde dem liberalen Berliner Tageblatt eine Teilnehmerliste und ein Protokoll der Sitzung zugespielt,[137]

132 Zu seiner Positionierung im rechten Netz, auch in Abgrenzung zu Claß, J. Leicht, Heinrich Claß (1868–1953), 208.

133 Zu dieser Tagung H. Weber, Ludendorff und die Monopole, 103f.

134 Grundlegend zu dem Kampf der Dritten Obersten Heeresleitung, der Alldeutschen und Kapps nach der Entlassung Tirpitz' R. Scheck, Der Kampf des Tirpitz-Kreises; daneben auch D. Stegmann, Vom Neokonservatismus zum Proto-Faschismus, 215–217.

135 Vorwärts 27.2.1917; vgl. schon einen Tag zuvor die ausführliche Darstellung von Themen und Verlauf der Sitzung: General-Anzeiger für Dortmund und die Provinz Westfalen 30, 56 (26.2.1917). Unvollständig ist die Teilnehmerliste bei K. Schwabe, Wissenschaft und Kriegsmoral, 248 Anm. 208.

136 Münsterischer Anzeiger 66, 141 (26.2.1917).

137 Berliner Tageblatt 20.5.1917: „Ein Epilog der Adlon-Männer" bietet eine vollständige Liste der Teilnehmer.

das danach seinen Weg auch in viele lokale Medien fand – allerdings nicht in die Zentrumspresse in Münster. Wieder einmal blieben Krückmanns politische Aktivitäten im Dunkeln, jedenfalls für die Stadtöffentlichkeit: Seine Teilnahme an der alldeutschen Strategiesitzung zum Kanzlersturz – als einziger Teilnehmer aus Münster, was seine Rolle vor Ort erneut unterstreicht – blieb in der Stadt selbst außerhalb der medialen Berichterstattung, wer davon erfahren wollte, musste schon die Presse jenseits der Stadtgrenzen verfolgen.[138] Dabei hätte die Liste gezeigt, wo der ehemalige Rektor der Universität inzwischen angekommen war – sie zeigte seine Aktivitäten im nationalen Kontext. Führende der Vertreter der Ruhrindustrie wie Duisberg, der das Hauptreferat der Tagung hielt, und Kirdorf, Vertreter der Admiralität, Agitatoren wie der völkische Autor Dietrich Schäfer oder der spätere zwischenzeitliche Anführer der Völkischen Albrecht von Graefe und zahlreiche alldeutsche Hochschullehrer, darunter eben auch Paul Krückmann, standen auf der Liste. Es handelte sich auf der universitären Seite um die Verbindung der Münsterschen Gruppe mit dem Stahlberg-Kreis, die über Fuhrmann zustande gekommen war.[139] Die Teilnahme Krückmanns an der Sitzung macht deutlich, dass ihm die Vernetzung mit der extremen politischen Rechten auf nationaler Ebene gelungen war, insbesondere besaß er nun persönlichen Zugang zu führenden Vertretern der Schwerindustrie und des ostelbischen Großgrundbesitzes und Teilen der Militärführung. Er war neben Otto Hoffmann[140] der einzige Münstersche Hochschullehrer, der sich während des Krieges auf dieser nationalen Politikebene bewegte und sich so eindeutig auf alldeutscher Seite gegen die zivile Reichsleitung positionierte. Zugleich wird deutlich, wie sehr sich Krückmann vom bürgerlichen Konsens in der Stadt,

138 Die regional am nächsten liegende Berichterstattung mit Übernahme des Berliner Tageblatts in Die Glocke 118 (22.5.1917), im Ruhrgebiet gab es eine breite Rezeption der Berichte.

139 Seit Mitte 1916 waren die beiden Gruppen auch formal miteinander verknüpft, Hoffmann berichtet davon, dass er und zwei weitere Münsteraner, darunter sicher Krückmann, gelegentlich an den Treffen des Stahlberg-Kreises teilnahmen, Brief Hoffmanns an Hugenberg, 21.6.1916, BA N 1231/42, 19. Allerdings war es nicht Hoffmann, der als fester Ansprechpartner in Münster fungierte. Er sei „an der Grenze der Leistungsfähigkeit", berichtete er schon im Januar Hugenberg, BA N 1231/42, 47.

140 Hoffmann beteiligte sich seit dem Hochsommer 1916, also etwas später als Krückmann, an den Vernetzungstreffen der radikalen Rechtsopposition, allerdings erschienen die langwierigen Debatten dem aktionistischen Professor nicht zielführend, wie er gegenüber Hugenberg kritisierte, Brief Hoffmanns an Hugenberg vom 9. Juli 1916, BA N 1231/42, 10. Dazu auch H. Hagenlücke, Deutsche Vaterlandspartei, 80.

für den er vor Ort immer noch zu stehen schien, entfernt hatte. Das alles erreichte die Stadtöffentlichkeit aber nicht, die Zentrumspresse wahrte noch den bürgerlichen Konsens.

Wie wenig Krückmann noch mit gemäßigten Positionen verband, zeigt sich vor allem in seiner Publizistik, die er während des Weltkrieges weiter intensivierte. In der Presseöffentlichkeit der Stadt tauchte er weiterhin nur als Redner und Seminarleiter für universitäre, wissenschaftliche Themen auf, seine alldeutschen Konzeptionen konnte er nur in seiner überregionalen Publizistik ausbreiten. Ihm standen dabei nicht nur Leitmedien auf nationaler Ebene offen wie die Kreuzzeitung, sondern auch lokale Zeitungen aus Westdeutschland räumten Krückmann regelmäßige Publikationsmöglichkeiten in festen Kolumnen ein. Das war vor allem der Tatsache geschuldet, dass Geld floss. Hugenberg finanzierte aus schwerindustriellen Fonds Zahlungen an Zeitungen, die sich im Gegenzug zu einer Berichterstattung und Kommentierung in seinem Sinne verpflichten sollten.[141] Doch die konkreten Artikel und Kommentare kamen nicht von den Geldgebern, sondern von Männern wie Paul Krückmann. Diese Möglichkeit nutzte er zu einer umfassenden Publizistik in westdeutschen Zeitungen, die zugleich belegt, wie stark sein Engagement für die Alldeutschen jetzt war. Gleichlautende Namensartikel Krückmanns in mehreren Regionalzeitungen belegen zudem die zentrale Steuerung dieser Publizistik über die alldeutschen Geldströme.[142] Er präsentierte eine ganze Kaskade an Forderungen nach weitausgreifenden Kriegszielen, Ideen zu einer Bündnispolitik, und schließlich stimmte er in die laute Kritik der Alldeutschen an der Zurückhaltung Bethmann-Hollwegs ein. Ein grundlegendes Axiom außenpolitischen Denkens Krückmanns zeigte sich in diesem Zusammenhang zum ersten Mal.

So sah Krückmann für den indopazifischen Raum – zutreffend, wie sich zeigen sollte – eine Konfrontation zwischen den USA und Japan voraus. Da

141 Das galt vor allem für westdeutsche Zeitungen, dazu D. Stegmann, Die Erben Bismarcks, 495f.

142 So erschien ein Beitrag Krückmanns mit antienglischer Polemik parallel in mehreren westdeutschen Regionalzeitungen: z.B. Niederrheinisches Tageblatt 46, 274 (27.11.1916); Schalker Zeitung 43, 276 (29.11.1916); Westfälische Zeitung 106, 281 (30.11.2016) und in weiteren Blättern. – Das Niederrheinische Tageblatt des Verlegers Reismann-Grone räumte Krückmann sogar eine regelmäßige Kolumne ein, das Blatt stand seit langem auf Seiten der radikalen Rechten, allerdings kam es nach dem Austritt des Verlegers aus dem Alldeutschen Verband und Kontroversen über die Polenpolitik 1916 zu Spannungen mit Claß, Alldeutsche Blätter 62, 48 (25.11.1916).

er die USA wegen der Waffenlieferungen zunehmend im Lager der Entente verortete, forderte Krückmann ein Bündnis mit Japan, ausdrücklich unter Verzicht auf das inzwischen japanisch besetzte Kiautschou und nötigenfalls auch unter Abtretung eines Teiles der Marine im Pazifik.[143] Die Wurzeln dieser Bündnisidee sind unklar, aber er vertrat sie mit Vehemenz, bis er sich 25 Jahre später bestätigt sehen konnte. Für den Moment bedeutsam aber war, dass Krückmann seine Japan-Ideen zu dem Zeitpunkt publizierte, als geheime Gespräche zwischen Berlin und Tokyo sich in Stockholm anbahnten, die dann aber scheiterten.[144] Dieser Umstand zeigt, dass Krückmann und seine alldeutschen Partner sehr genau über diese Gespräche informiert waren.

Über solche außenpolitischen Ideen hinaus aber beteiligte sich Krückmann an einer Hypostasierung des Krieges selbst, die diesen als Wurzel aller Kultur feierte, und forderte den Verzicht auf falsche Rücksichtnahmen, womit nach Lage der Dinge zuerst die Wiederaufnahme des uneingeschränkten U-Boot-Krieges gemeint war.[145] Mehr Rücksichtslosigkeit in der Kriegführung war für Krückmann das Gebot der Stunde, und das war 1916 ein offenes Plädoyer in alldeutschem Sinne gegen den Reichskanzler und für den Kurs Hindenburgs und Ludendorffs.[146] Gegner dieses Kurses wie der Professorenkollege Hans Delbrück, der einen Verzicht auf die Annexion Belgiens für möglich hielt, wurden scharf attackiert.[147] Doch das war nicht alles. Auch für die Innenpolitik vertrat Krückmann immer radikalere Zielsetzungen. So wollte ausgerechnet der Juraprofessor der Universität Münster weite Bevölkerungskreise vom Zugang zu Gerichtsverfahren ausschließen – damit verließ er in der Publizistik jetzt auch den formalen rechtsstaatlichen Rahmen,

143 Krückmann vermutete in der Kreuzzeitung einen britisch-amerikanischen Plan, nach dem Krieg gemeinsam gegen Japan vorzugehen – diese Idee fand ausnahmsweise ihren Weg auch in die Münstersche Presse, vgl. die Rezeption in Münstersche Zeitung 45, 113 (24.4.1915). Japan als potentieller deutscher Verbündeter gegen die USA: Niederrheinisches Tageblatt 46, 142 (21.6.1916); Die gesamte grundlegende Konzeption: Niederrheinisches Tageblatt 46, 235 (10.10.1916). Die Position zur Aufgabe Kiautschous zugunsten Japans: Niederrheinisches Tageblatt 47, 24 (30.1.1917); Schalker Zeitung 44, 26 (31.1.1917).

144 Zu diesen Gesprächen A. Hayashima, Die Illusion des Sonderfriedens, 86–119.

145 Rhein- und Ruhrzeitung 69, 214 (27.4.1916). Zweifel an einer Rechnung Krückmanns in der Kreuzzeitung über den durchschlagenden Erfolg eines uneingeschränkten U-Boot-Krieges allerdings in Mülheimer Zeitung 43 (17.5.1916).

146 Niederrheinisches Tageblatt 46, 181 (8.8.1916).

147 Niederrheinisches Tageblatt 46, 225 (28.9.1916).

den das Kaiserreich bis dahin gewahrt hatte.[148] Seine Artikel zeigen ihn vollends im Lager der radikalen Alldeutschen, in deren Auftrag und mit deren Finanzierung er die Publikationsmöglichkeiten in so vielen rheinischen und westfälischen Tageszeitungen erhielt. Inhaltlich sind die Forderungen alle auf das alldeutsche Ziel einer Wiederaufnahme des uneingeschränkten U-Boot-Krieges ausgerichtet, aber darüber hinaus wird deutlich, dass Krückmann auch die autoritären und diktatorischen Umgestaltungsziele für den deutschen Staat unterstützte. Ein Regierungswechsel, wie er von ihm und den rechten Gegnern des Kanzlers im Adlon geplant wurde, fand schon zuvor in Krückmanns Publizistik seinen Widerhall: Kaum verklausuliert, forderte er in fast schon messianischen, jedenfalls biblisch gefärbten Tönen das Durchgreifen eines starken Mannes, mit dem nach Lage der Dinge im Sommer 1916 wohl nur Hindenburg gemeint sein konnte: „Wer hier das Wort und die Tat findet, der wird der große Zauberer sein, auf den das deutsche Volk so sehnsüchtig wartet, ihm werden Wunder gelingen, er wird Berge versetzen und Inseln ins Meer stürzen."[149] Das war die Fantasie vom starken Anführer, der den Ausweg aus der ohne Entscheidung bleibenden Kriegslage weisen sollte. Nach der Einsetzung der Dritten Obersten Heeresleitung und dem Sturz des Reichskanzlers Bethmann-Hollweg hätten die radikale Rechte und auch Krückmann sich am Etappenziel sehen können. Doch neue Ereignisse in Berlin änderten alles und führten dazu, dass Paul Krückmanns Auftreten und seine Rolle in Münsters Stadtgesellschaft sich grundlegend ändern sollten.

148 Westfälische Zeitung 106, 94 (20.4.1916). Krückmann plädiert für eine Entprofessionalisierung der Justiz, den Verzicht auf Beweisaufnahmen vor Gericht, finanzielle Zugangshürden für den Zugang zur Justiz und „Strafen für frivoles Prozessieren."

149 Dürener Zeitung 44 (8.7.1916).

# V. Anna Krückmann und der Hausfrauenverein im Ersten Weltkrieg

Während ihr Mann spätestens Anfang 1917 auch in den reichsweiten Netzwerken der radikalen Rechten angekommen war, begann Anna Krückmann ihre Kriegsaktivitäten kurz nach dem Jahreswechsel 1914/15. Der Frauenbund des Kolonialvereins, als dessen Stadtvorsitzende sie inzwischen amtierte, rief zu Spenden für die Front auf. Vor allem Bücher und Liebesgaben für die Soldaten konnten bei der Gattin des Generals von Einem abgegeben werden – allein die Sammelstelle im Schloss machte schon deutlich, dass die Aktion quasi offiziellen Charakter hatte. Anna Krückmann wandte sich dagegen der weiblichen Bevölkerung Münsters zu, und was sie zu sagen hatte, waren die ersten politischen Aussagen, die ihr direkt zugeordnet werden können. Mit Kritik sparte sie nicht: „Aus Unwissenheit und Nachlässigkeit haben bisher viele Hausfrauen versäumt, die Ernährung ihrer Familie den veränderten Lebensbedingungen anzupassen. Es ist die höchste Zeit, daß mit dieser Gleichgültigkeit gründlich aufgeräumt wird, und hierzu will der Kolonialfrauenbund als rein nationaler Verein mithelfen."[150] Damit war klar, worum es jetzt ging: Der Kolonialbund und seine Stadtvorsitzende sahen sich jetzt in der volkspädagogischen Pflicht. Die Hausfrauen Münsters sollten ihren Beitrag zur Umstellung auf die Kriegswirtschaft leisten, und der bisher ziemlich elitäre Club der Damen um Krückmann ging daran, das mit Plakaten und Kochbüchern, die zur Verteilung kamen, umzusetzen. Der Ton der Ansprache entsprach der Haltung: Die Hausfrauen Münsters waren Ziel einer kriegswirtschaftlichen Erziehungsmaßnahme, zu der sich die Damen des Kolonialbundes berufen sahen. Zu diesem Zweck war man nun bereit, auch die bisher hohen finanziellen Hürden zu den Aktivitäten des Vereins so abzusenken, dass die breite Masse der Hausfrauen Zugang zumindest zu den Druckschriften mit küchenpädagogischem Inhalt erhalten sollte.[151]

Dabei blieb es nicht. Auf der Reichsebene rief Hedwig Heyl, die im Frühsommer 1914 zu der maßgeblich von Anna Krückmann organisierten Tagung des Frauenbunds der Kolonialgesellschaft in Münster gekommen war, [152] ein Jahr später auf Reichsebene zur Gründung von Hausfrauenverei-

150 Münsterischer Anzeiger 64, 50 (20.1.1915).

151 Münstersche Zeitung 45, 21 (21.1.1915).

152 Münsterischer Anzeiger 64, 486 (19.5.1914) dokumentiert die letzte Tagung des Kolonialvereins vor Kriegsausbruch in Münster mit Hedwig Heyl.

nen auf, und ihre Mitstreiterinnen in Münster folgten ihr schnell. Nachdem zunächst eine Beratungsstelle für Hausfrauen am Prinzipalmarkt geschaffen worden war, folgte im Sommer die eigentliche Gründung des Hausfrauenvereins. Anna Krückmann verwandte nach dem Zweiten Weltkrieg einigen Aufwand darauf, den Ursprung des Vereins im Frauenbund der Kolonialgesellschaft zu verdecken, aber dessen Vorstandsmitglieder fanden sich fast alle bei der Gründung des neuen Bundes wieder zusammen. Der Kolonialbund konzentrierte sich fortan auf Sammelaktionen für die Front, während der neue Verein die Hausfrauen in der Heimat in den Blick nahm. Die eigentliche Gründung vollzog sich etwas klandestin – die Öffentlichkeit erfuhr im Sommer 1915 nur von der Gründung, nicht aber, wer diese betrieben hatte, sondern wurde nur informiert, dass man schon beitreten könne, aber erst nach den Sommerferien genauere Informationen erhalten werde.[153] Eindeutig aber war schon im Sommer der Appellcharakter: Es sollte sich um eine Vereinigung aller Hausfrauen handeln, Standesunterschiede sollten keine Rolle spielen.[154] Das entsprach der Burgfriedenrhetorik und zeigte einen neuen Anspruch: Es ging vor allem um Massenmobilisierung und die Erfassung möglichst vieler und potentiell aller Frauen in der neuen Organisation. In der ersten Oktoberwoche wurde es dann konkret: Für den 20. Oktober wurde die Gründungsveranstaltung angekündigt und ins Rathaus eingeladen: Damit war klar, dass es sich um eine städtisch unterstützte Veranstaltung handelte, und dass eine relevante Anzahl an Teilnehmerinnen erwartet wurde.[155] Hatten die ersten Ankündigungen noch nach einer Einladung geklungen, verschärfte sich eine Woche vor der Versammlung der Ton in den Medien: „Es ist die weltgeschichtliche Aufgabe der deutschen Hausfrau, dem Heere, das unsere Schlachten schlägt, ein wohlorganisiertes Heer an die Seite zu stellen, das die blutig erkauften Siege fruchtbringend macht und die deutsche Zukunft sichert. Jede Hausfrau muß helfen. Jede ist nötig zur Erreichung des Zieles. Keine darf sich ausschließen, will sie würdig sein, eine deutsche Frau und Mutter zu heißen."[156]

153 Münstersche Zeitung 45, 203 (24.7.1915) am ausführlichsten, dort auch im direkten Anschluss Information zu weiteren Sammelaktionen des Kolonialfrauenbunds; daneben auch Westfälischer Merkur 95, 386 (23.7.1915), Münsterischer Anzeiger 64, 543 (23.7.1915).

154 Westfälischer Merkur 84, 554 (18.10.1915).

155 Westfälischer Merkur 94, 530 (6.10.1915); Münstersche Zeitung 45, 278 (7.10.1915)

156 Münsterischer Anzeiger 64, 766 (13.10.1915); Westfälischer Merkur 94, 543 (13.10.1915); Münstersche Zeitung 45, 286 (15.10.1915) im wortgleichen Abdruck des Textes, der auf die Formulierung der Initiatorinnen zurückging.

Hier wurde der Anspruch der vollständigen Erfassung der Hausfrauen deutlich artikuliert, aber bei Appellen an den Patriotismus der Frauen blieb es nicht. Zwei Tage vor der Veranstaltung folgten handfeste Argumente: Dem Hausfrauenverein sei es gelungen, erfuhr man in den Medien, „einen Posten guter Speisekartoffeln zu billigstem Preise einzuführen", die Verteilung erfolge aber nur an Mitglieder des Vereins. Der Beitritt sei jederzeit möglich.[157] Eine Ausstellung von Gelatinespeisen mit Probiermöglichkeit gehörte ebenso zur Werbung.[158] Bei einer solchen Vorbereitung konnte die Gründungsveranstaltung nur ein voller Erfolg werden. Noch zwanzig Jahre später erinnerte Anna Krückmann ihren Verband an diesen Tag und die Massen an Frauen, die sich ins Rathaus drängten und am Ende zahlreich abgewiesen werden mussten. Zeitgenössisch schätzte die Presse die Zahl der Teilnehmerinnen auf „weit über 600" und berichtete ebenfalls von Hunderten, die keinen Zutritt mehr erhielten.[159] Die Rednerin des Abends von der Reichsvereinigung der Hausfrauenverbände artikulierte in der Veranstaltung das Ziel der Vereinigung: Den Hausfrauen komme im Krieg eine entscheidende volkswirtschaftliche Funktion zu bei der Steuerung des Konsums. Ein Zusammenschluss helfe dabei, dieser Aufgabe gerecht zu werden. Darüber hinaus sei die Vereinigung auch eine Vertretung der Konsumenteninteressen – Handel und Erzeuger wurden rhetorisch als Partner, aber auch als Widerpart beschrieben.[160]

Noch Jahrzehnte später war Anna Krückmann auf diesen Erfolg stolz.[161] Doch zur Vorsitzenden des neuen Vereins wurde sie zunächst nicht. Später wusste Anna Krückmann anekdotisch verbrämt die Geschichte zu erzählen, dass eine Protestantin an der Spitze gar nicht vorstellbar gewesen sei.[162] Damit deutete sie immerhin an, dass die Frage der Leitung des Hausfrauenvereins 1915 stadtpolitisch relevant war. Um die Konfession allein ging es dabei aber sicher nicht. Die Besetzung des Vorstands des Vereins zeigt

157 Münsterischer Anzeiger 64, 782 (18.10.1915); Münstersche Zeitung 45, 289 (18.10.1915); Westfälischer Merkur 94, 554 (18.10.1915).

158 Münsterischer Anzeiger 64, 789 (20.10.1915).

159 Münsterischer Anzeiger 64, 791 (21.10.1915).

160 Redaktionelle Zusammenfassung der Rede von Voß-Zietz im Westfälischen Merkur 94, 563 (23.10.1915) und in der Münsterschen Zeitung 45, 293 (22.10.1915).

161 In ihrer Abschiedsrede an den Hausfrauenbund kommt Anna Krückmann ausführlich auf die Veranstaltung zu sprechen, die sie aus unbekannten Gründen fälschlich in den November datiert, StdAMS Deutscher Hausfrauenbund Nr. 2, Rede Anna Krückmann 9.1.1936, Blatt 1–3.

162 Ebda., Blatt 6.

deutlich, wer hier in der ersten Reihe stand: Das waren die Gattinnen der Inhaber der lokalen Einzelhandelsgeschäfte, die Ehefrau des Vorsitzenden der Zentrumspartei und Zeitungsverlegers war ebenso darunter – es war das Wirtschaftsbürgertum.[163] Die Vergabe der Führungspositionen war also ein Kompromiss, den Krückmann und ihr protestantisch-großbürgerlich bis adelig geprägter Kolonialfrauenbund eingehen mussten. Hier bot sich – wie beabsichtigt – die Chance zur Erfassung aller Hausfrauen für das nationale Ziel, aber es ging eben auch um die wirtschaftlichen Interessen der traditionellen, überwiegend katholischen Eliten des Innenstadteinzelhandels. Deswegen fanden sich hier die Frauen von kleineren Einzelhandelsfamilien zusammen mit den Gattinnen der Besitzer der neuen großen Kaufhäuser (Rave, Althoff). An die Spitze trat die Frau des Regierungsbaudirektors, Bertha Hertel, die damit die Brücke zwischen dem Kolonialfrauenbund und den Damen des Wirtschaftsbürgertums schlug.[164] Es sollte sich bald zeigen, dass Hertel zwar von katholischer Konfession, aber keineswegs eine Zentrumsfrau war, sondern von derselben politischen Überzeugung wie Anna Krückmann. Sie war also eine klassische Kompromisskandidatin und letztlich Platzhalterin. Die Vorstandspositionen und Leitungsfunktionen wurden während des Sommers hinter verschlossenen Türen ausgehandelt, bevor die Masse der Hausfrauen zur Mitgliedschaft eingeladen wurde. Das stellte den überkommenen gesellschaftlichen Führungsanspruch der Eliten des Bürgertums sicher und verhinderte, dass hier etwa eine demokratisch organisierte Konsumentinnenbewegung entstand. Diesen Frauen der bürgerlichen Eliten sicherte die Rolle des Hausfrauenvereins erstmals auch Beteiligungsfunktionen in bis dahin ausschließlich männlich besetzten Gremien, die aber durch die Vorstandszusammensetzung ihren sozial abgeschlossenen Charakter behalten konnten – eine Demokratisierung war weder beabsichtigt noch das Ergebnis.[165]

163 Liste der Funktionärinnen ebda. Blatt 1 und 2.

164 Darüber hinaus besaß sie in den Augen Anna Krückmanns auch noch die Vorzüge „ihrer schönen blonden und germanischen Erscheinung“; ebda. Blatt 3.

165 Schon direkt nach seiner Gründung zogen Vertreterinnen des Hausfrauenvereins in den Kriegsausschuss für Konsumenteninteressen ein, den der Juraprofessor Erman führte. Hier überschnitten sich die Netzwerke Anna und Paul Krückmanns, Münstersche Zeitung 45, 294 (23.10.1915). Daneben wurden die Vorstandsmitglieder des Vereins auch von Oberbürgermeister Dieckmann zu Sitzungen zur Versorgungslage eingeladen und erhielten Rederecht, Münsterischer Anzeiger 64, 848 (12.11.1915). Hinzu kamen Anträge und Anregungen an die Stadtverwaltung und das Generalkommando, Münsterischer Anzeiger 64, 927 (11.12.1915). Auch überregionale Ver-

Der Hausfrauenverein verfügte durch seinen Vorstand über privilegierte Marktzugänge und machte davon in der Folgezeit eindrucksvoll Gebrauch. In den schweren Mangeljahren 1915 und 1916 konnte der Verein seinen Mitgliedern dabei Zugang zu dringend benötigten Lebensmitteln bieten, so lautete das zentrale Versprechen – Lockangebote gehörten dabei zum Geschäft.[166] Die Verteilung der zentral eingekauften Waren erfolgte so, dass die Interessen des Einzelhandels gewahrt blieben. Dies lässt sich an einem Beispiel gut nachvollziehen: Die Hausfrauen wurden im November 1915 zu einer Bestellung von Äpfeln aufgefordert. Dabei wurde eine Preisspanne „von 6 bis 15 Mark pro Zentner" genannt.[167] Die Bestellungen beinhalteten eine Abnahmeverpflichtung.[168] Der erhebliche Preiskorridor bei der Bestellung und das Fehlen eines fixierten Endabnahmepreises ließen dem lokalen Einzelhandel große Kalkulations- und Verhandlungsmöglichkeiten.[169] Wegen der Abnahmeverpflichtung wurden alle Risiken einseitig vom Handel auf die Endabnehmerinnen überwälzt – ein „sicheres Geschäft mit Ausschluß jedes Risikos" versprach der Verein Einzelhändlern sogar öffentlich.[170] Die Gewinne dürften hoch gewesen sein, es waren Geschäfte mit wohl beträchtlichen Margen. Ein weiterer Ansatz waren Verkäufe zu Festpreisen, mit denen das Konkurrenzprinzip umgangen wurde.[171] Über ihre Mitgliedsbeiträge wur-

netzung wurde möglich, so zum Beispiel durch Entsendung einer Delegierten in den Rheinisch-Westfälischen Frauenverein, vgl. Münsterischer Anzeiger 64, 822 (2.11.1915); Münstersche Zeitung 34, 304 (3.11.1915).

166 Das Versprechen, „reinen, guten Bohnenkaffee" und Schokolade kurz vor Weihnachten 1915 erhalten zu können, fällt in diese Kategorie. Die Mitglieder erhielten exklusiven Zugang zu diesem Angebot, Westfälischer Merkur 94, 661 (14.12.1915).

167 Die Details Münsterischer Anzeiger 64, 824 (3.11.1915).

168 Bei der Durchsetzung kam es bisweilen zu Schwierigkeiten, wie man dem scharfen Tadel entnehmen kann, der die Hausfrauen öffentlich traf, Münsterischer Anzeiger 64, 924 (13.12.1915). Ab April 1916 versuchte der Verein, eine Bestellpflicht durchzusetzen: Münstersche Zeitung 46, 91 (1.4.1916); Westfälischer Merkur 85, 117 (1.4.1916); Münsterischer Anzeiger 65, 259 (2.4.1916).

169 Dass nur lokal eingekauft werden sollte, war ausdrücklich Programm des Hausfrauenvereins, Münsterischer Anzeiger 64, 871 (21.11.1915).

170 „'Gute Ware, billige Preise', dafür gibt es großen Umsatz. Ein sicheres Geschäft mit Ausschluß jedes Risikos und sofortiger Barzahlung auch bei größeren Objekten." Dennoch gab es offensichtlich Kritik von Händlern, die vom Verein nicht einbezogen wurden in das Geschäft, Münstersche Zeitung 46, 38 (8.2.1916).

171 Exemplarisch aus den ersten Wochen der Tätigkeit Westfälischer Merkur 94, 632 (28.11.1915).

den die Hausfrauen gar an den Kapitalkosten des Einzelhandels beteiligt.[172] Auch für die Markteinführung bisher nicht marktgängiger Ersatzprodukte sorgte der Verein mit seiner Öffentlichkeitsarbeit und seinen Veranstaltungen.[173] So war es aller sozialen Rhetorik zum Trotz vor allem der lokale Einzelhandel, der seine Interessen über den Hausfrauenverband durchsetzen konnte.[174] Angesichts einer so lukrativen Ausgangslage war es natürlich nicht wünschenswert, die Produzentenseite direkt in den Hausfrauenverein aufzunehmen – eine Ausdehnung in das Münsterland, wo die Produzenten ansässig waren, wurde deswegen direkt verhindert.[175]

Darüber hinaus verkaufte der Verein anfangs auch Waren, die die Stadt zentral beschafft hatte,[176] bevor städtische Ämter diese Distributionsfunktion übernahmen. Historisch gesehen stand der Verein bei seiner Gründung also für Formen traditioneller bürgerlicher Selbstorganisation, bevor im Verlauf des Krieges der Staat mit seiner zentralen Bewirtschaftung der Güter diese Funktion mehr und mehr in eigene Regie übernahm. Entsprechend groß war der Bedeutungsverlust: Konnte der Hausfrauenverein 1915 und

172 Münstersche Zeitung 46, 38 (8.2.1916).

173 Ein Beispiel dafür ist der Klippfisch, für den der Hausfrauenverein eine regelrechte Kampagne in den Medien und in Veranstaltungen organisierte, Münsterischer Anzeiger 65, 39 (17.1.1916); Münstersche Zeitung 46, 27 (28.1.1916); Westfälischer Merkur 95, 52 (28.1.1916). Der Exklusivverkauf durch eine Münstersche Firma über den Hausfrauenbund folgte dann recht bald, Münsterischer Anzeiger 65, 114 (14.2.1916). Das wurde begleitet von Kochabenden des Hausfrauenvereins, Münsterischer Anzeiger 65, 125 (18.2.1916). Insgesamt dürfte es sich für die Firma um ein einträgliches Geschäft gehandelt haben.

174 Einziges Beispiel für eine Spende von Waren an den Verein zur Verteilung aus dem Einzelhandel: Münsterischer Anzeiger 65, 212 (19.3.1916).

175 Münsterischer Anzeiger 65, 139 (23.2.1916). Zum Ausgleich wurde den agrarischen Produzenten die Vermittlung billiger Arbeitskräfte aus den Schulen versprochen. „Die Blüte der Stadtjugend" solle so einen besseren Einblick in die Landwirtschaft gewinnen, hieß es dazu ganz volkspädagogisch. Gleichwohl drängten die Produzenten z.B. in Handorf auf eine Beteiligung am Geschäft, Münsterischer Anzeiger 65, 259 (4.4.1916).

176 Dabei ging es vor allem um Milch und Milchprodukte, die der Verein im Auftrag der Stadt verkaufte, zeitgenössisch Münsterischer Anzeiger 64, 915 (6.12.1915), Münstersche Zeitung 45, 338 (7.12.1915), Westfälischer Merkur 94, 647 (6.12.1915) und die anekdotisch verklärte Darstellung Anna Krückmanns, StdAMS Deutscher Hausfrauenbund Nr. 2, Rede Anna Krückmann vom 9.1.1936, Blatt 2–3.

1916 noch begehrte, oft von den Firmen der Vorstandsmitglieder beschaffte Güter verkaufen, war dies 1917 schon nicht mehr der Fall.[177]

Wirtschaftlich gesehen sicherte der Hausfrauenverein also über seinen Vorstand die Interessen des lokalen Einzelhandels ab, umgab sich aber mit einer Rhetorik der Selbstwirksamkeit der Hausfrauen, deren gebündelte Marktmacht bessere Preise ermögliche. Auch wenn sicherlich dämpfende Effekte auf den Schwarzmarkt eingetreten sein mögen, war der Verband dennoch kein Konsumverein, sondern ein eindeutig bürgerliches Konstrukt. Es bündelte und sicherte mit zwischenzeitlich über 3000 Mitgliedern[178] die Nachfrage zugunsten des Handels, der mit Skaleneffekten die Waren beschaffen und Konkurrenz ausschalten konnte. Entsprechend deutlich fallen im Verlauf der Tätigkeit des Vereins die Mahnungen an die Hausfrauen aus, die bestellten Waren auch abzunehmen. Neben der wirtschaftlichen Funktion hatte der Hausfrauenverein aber auch eine ideologische Komponente: Scheinbar schichtenübergreifend, ohne Unterschied der Konfession oder der sozialen Stellung, sollte er alle Hausfrauen vereinen. Damit formulierte er auf der Seite der Frauen den Grundappell des Burgfriedens und verknüpfte ihn mit den scheinbaren materiellen Vorteilen eines Zugangs zu dringend benötigten Lebensmitteln. 1916 wurden jedoch bereits die ersten Bruchlinien erkennbar, als die Katholikinnen eigene Hausfrauenorganisationen gründeten und so den konfessionsübergreifenden Anspruch des Vereins offen in Frage stellten. Zwar wollte man in Münster zunächst für die Dauer des Krieges weiter mit dem Hausfrauenverein zusammenarbeiten und den Burgfrieden zunächst noch leidlich wahren, damit war die Einigkeit gewissermaßen befristet worden.[179] Die über den Einigungsappell hinausgehende Funktion

177 Im Frühjahr 1917 erhielten die Mitglieder statt wie bisher Gemüse und andere Waren nur noch Sämereien, und dabei blieb es: Münsterischer Anzeiger 66, 244 (4.4.1917); Münstersche Zeitung 47, 93 (5.4.1917); Westfälischer Merkur 96, 178 (6.3.1917). Bei den Kochabenden gab es keine Zugänge zu raren Waren mehr, sondern nur noch Wildgemüse, Münsterischer Anzeiger 66, 282 (21.4.1917). Die Ausstellung von Weihnachtsgebäck war der letzte Auftritt im alten Stil, Westfälischer Merkur 86, 639 (16.12.1917). Anna Krückmann erinnerte sich noch zwanzig Jahre später an diese Kraftanstrengung angesichts der verheerenden Ernährungslage, StdAMS Deutscher Hausfrauenbund Nr. 2, Rede Anna Krückmann vom 9.1.1936, Blatt 2–3.

178 So der Bestand nach einem Jahr, vgl. den Tätigkeitsbericht nach dem ersten Vereinsjahr Münstersche Zeitung 46, 314 (12.11.1916).

179 Münsterischer Anzeiger 65, 499 (12.7.1916), Münstersche Zeitung 46, 182 (13.7.1916) über die entsprechenden Ankündigungen des Katholischen Frauenbunds. Man wolle eine eigene Hausfrauenabteilung gründen, aber mit dem Hausfrauenbund vorerst

des Vereins, die Hausfrauen auch erziehen zu wollen zum volkswirtschaftlich bewussten Küchenmanagement und zum Durchhalten im Krieg, die er mit Druckschriften und Veranstaltungen[180] wahrnahm, fanden weit weniger Resonanz, wie selbst Anna Krückmann rückblickend einräumen musste. Durchgängig blieb der Appell zum Durchhalten und zur Opferbereitschaft: „Wer nicht lächelnd opfert, opfert nicht“[181] – die Hausfrauen sollten die Stabilität der Heimatfront garantieren, das war das übergeordnete politische Ziel zu jedem Zeitpunkt. So stellte der Hausfrauenverein einen zentralen Ansatz einer bürgerlichen Sammlungsformation dar, um den Zusammenhalt der Heimatfront zu stärken, der jedoch von katholischer Seite schon 1916 wieder in Frage gestellt wurde. Ein Instrument der Frauenemanzipation war er zu keinem Zeitpunkt.

Das wäre auch sicher nicht im Sinne der Frauen gewesen, die ihn führten. Hier erweiterte Anna Krückmann ihr Netzwerk jetzt beachtlich. Sie gewann persönlichen Kontakt zu führenden Frauen aus dem traditionellen Wirtschaftsbürgertum, deren Perspektiven sie nachhaltig prägen sollten. So überwand sie die elitäre Konzentration des Kolonialbunds auf Bildungs- und Großbürgertum und Adel und schloss auf zu Wirtschaftsbürgertum und Teilen des Gewerbes. Konfessionell beschränkt war ihr Netzwerk nicht, nur eine formale Führungsrolle war für den Moment noch nicht erreichbar. Durch ihre erheblichen organisationspraktischen Kompetenzen und die volle Verfügung über ihre Tageszeit wuchs Anna Krückmann dennoch in eine informelle Führungsrolle hinein. Sie erlebte Selbstwirksamkeit unter den Vorzeichen bürgerlicher Sammlungspolitik. Arbeiterinnen und Frauen aus unterbürgerlichen Schichten aber blieben Objekt der Bemühungen, zu keinem Zeitpunkt ging es um deren soziale oder politische Emanzipation. Im Kern war der Hausfrauenverein ein Instrument der Frauen des Bürgertums, um den Burgfrieden aufrechtzuerhalten und die Heimatfront zu stabilisieren. Das gelang 1915 eindrucksvoll, aber die Möglichkeiten schwanden, einerseits durch die neuen Funktionen, die der Staat sich aneignete, zum anderen aber

organisatorisch „Hand in Hand gehen“ und die Mitgliedsausweise gegenseitig bei Veranstaltungen anerkennen. Ein halbes Jahr später musste der Hausfrauenverein die bis dahin exklusiven Beratungsangebote bereits mit der katholischen Schwesterorganisation zusammen anbieten, Münstersche Zeitung 47, 56 (27.2.1917).

180 Vgl. exemplarisch den Vortrag über die Pflichten der Frau als Konsumentin, Münsterischer Anzeiger 65, 270 (8.4.1916).

181 Westfälischer Merkur 95, 102 (24.2.1916), Titel eines Vortrags bei einer Tagung des Vereins.

auch durch die immer katastrophaler werdende Ernährungslage, die in der zweiten Hälfte des Krieges auch mit privilegierten Marktzugängen des lokalen Handels nicht mehr kaschiert werden konnte. Darüber hinaus hatte der Katholische Frauenbund den konfessionsübergreifenden Anspruch des Hausfrauenbunds schon Mitte 1916 durch eine eigene Hausfrauenabteilung offen in Frage gestellt – das war das Gegenteil von dem, was Anna Krückmann an nationaler Integration für Frauen politisch zu erreichen suchte. Sie wuchs zwar mit ihrem erweiterten Netzwerk in die Stadtgesellschaft hinein, während ihr Mann mit seinen reichsweiten Kontakten aus ihr herauswuchs. Aber die Herausforderungen durch das katholische Milieu der Stadt erlebte sie in ihrem Bereich jetzt auch. In den radikalen politischen Zielsetzungen aber war sie sich mit ihrem Mann ohnehin völlig einig, wie sich zeigen sollte.

# VI. In die Politik und den Kampf gegen Demokratie und Republik

Paul Krückmann hatte seit Beginn des Krieges politischen Einfluss gewinnen können. Das war möglich, weil die Öffentlichkeit unter den Bedingungen der Militärzensur eingeschränkt und die parlamentarische Ebene weitgehend ausgeschaltet war. Seine privilegierten Zugänge zu den Trägern der Macht erlaubten es ihm, über Eingaben und Netzwerkarbeit Einfluss zu nehmen und auszubauen. Die Öffentlichkeit wurde durch gelenkte Kommunikation beeinflusst, die grundsätzlich das Publikum als passive Rezipienten begriff und mit intransparent bleibenden wirtschaftlichen Mitteln Medien zu lenken versuchte. Damit war er weit gekommen: Aus einem Universitätsprofessor war ein alldeutscher Propagandist und Netzwerker geworden. Auch in der Sache konnte er wichtige Etappenziele als erreicht ansehen: Der ihm unvermeidlich scheinende Krieg mit den USA war da, die Einschränkungen des U-Boot-Krieges aufgehoben, der verhasste Kanzler Bethmann-Hollweg gestürzt. Die informellen Wege der Einflussnahme hatten sich für die Männer des alldeutschen Netzwerks und ihn gelohnt. Doch all diese Erfolge standen im Sommer 1917 plötzlich in Frage, nicht nur situativ, sondern strukturell wie inhaltlich. Die Gefahr manifestierte sich in der Friedensresolution, die der interfraktionelle Ausschuss des Reichstags am 19. Juli 1917 beschloss. Ein Frieden der Verständigung ohne Annexionen und Gewalt – das war das genaue Gegenteil dessen, wofür Paul Krückmann mit der Feder kämpfte. Und das eigentlich schon ausgeschaltete Parlament meldete sich eindrucksvoll in der Schlüsselfrage der Weltpolitik zu Wort – mit einer Mehrheit aus Sozialdemokratie, Linksliberalen und dem katholischen Zentrum, das damit ganz offensichtlich den Burgfriedenkonsens verließ. Hier drohte nicht nur eine Rückkehr des Parlaments als Debattenforum, sondern mehr – eine Parlamentarisierung des Reiches insgesamt. Die Demokraten hatten die Machtfrage gestellt. Das Zentrum hatte außerdem den bürgerlichen Konsens verlassen und in der wichtigsten politischen Frage gemeinsam mit der Sozialdemokratie agiert. Diese fundamentale Herausforderung begriff Paul Krückmann ebenso wie seine Professorenkollegen erkennbar sofort. Hier war alles in Frage gestellt, wofür und wie er arbeitete. Er reagierte darauf mit einem Rollenwechsel. Aus dem Propagandisten und Netzwerker wurde ein Politiker.

Als sich die Friedensresolution abzeichnete, reagierten die Mitglieder des Netzwerkes mit Entsetzen. Otto Hoffmann, der Kollege Krückmanns im Professorennetzwerk, fasste seine Empfindungen schon im Vorfeld der Resolution prägnant antisemitisch zusammen: Der „Block der Mittelparteien" jubele dem Kanzler zu. Der Hauptausschuss des Reichstags sei „ein Hexenkessel, in dem das Judentum lustig mit den Nationalliberalen und dem Freisinn brodelt, ein widerwärtiges Gesindel!"[182] Während Hoffmann zunächst in Niedergeschlagenheit versank und sich vom neuen Kanzler Michaelis nichts erwartete,[183] war Krückmann nach dem Sturz Bethmann-Hollwegs sogar bereit, mit der neuen Reichsleitung zusammenzuarbeiten. Er schlug vor, gemeinsam mit Spitzenvertretern der rheinisch-westfälischen Schwerindustrie um eine Audienz beim Kanzler nachzusuchen und diesem Unterstützung zuzusagen, sofern dieser sich zu einem entschlossenen Vorgehen gegen die Reichstagsmehrheit verpflichte. Man solle ihm „den Rücken gegenüber der Demokratie stärken".[184] Sein Kollege Hoffmann war – inzwischen wieder gefestigt – einer ähnlichen Meinung, die viel über das Selbstverständnis der Gruppe aussagte: „Wenn unser Volk in seiner überwiegenden Mehrheit so unfähig ist und bleibt, dann ist eben die einzige Rettung, diesem Volk die politische Verantwortung abzunehmen."[185] Mit diesen Zielsetzungen machten sich Krückmann, Hoffmann und die Mitglieder ihres Kreises jetzt an die Arbeit. Dazu gehörte zunächst eine Professorenresolution gegen die Politik der Reichstagsmehrheit, an der sich auch der Münstersche Kreis beteiligte.[186]

Nachdem sein Vorschlag zu einem persönlichen Treffen mit dem neuen Reichskanzler nicht zum Zuge gekommen war, wandte sich Paul Krückmann mit einer Eingabe direkt an Michaelis. Angesichts der Herausforderung durch die Reichstagsmehrheit war er nun zu einer Zusammenarbeit mit der Regierung bereit. Diese Kooperationsbereitschaft demonstrierte er

182 Brief Hoffmanns an Hugenberg vom 16.5.1917, BA N 1231/16, 314.

183 Brief Hoffmanns an Hugenberg vom 11.8.1917, BA N 1231/16, 315.

184 Brief Hoffmanns an Hugenberg vom 27.8.1917, BA N 1231/16, 313 über ein Gespräch Krückmanns mit dem Fürsten von Salm-Horstmar. Der Vorschlag zu einer Audienz wurde von Hugenberg abgelehnt, weil diese den Kanzler in eine noch schwierigere Lage bringen werde, Hoffmann stimmte dem in einem Brief vom 22.9.1917 zu, ebda., 312.

185 Brief Hoffmanns an Hugenberg vom 11.8.1917, ebda., 315. Er äußert im Anschluss Zweifel, ob dieses Ziel noch erreichbar sei.

186 Dazu W. Reininghaus, Die Revolution 1918/19, 100f. H. Döring, Der Weimarer Kreis, 265, dokumentiert Krückmanns Unterschriften unter die einzelnen Resolutionen, darunter auch die gegen die Friedensinitiative des Reichstages.

am 22. August 1917 gegenüber dem Reichskanzler. Dabei erörterte er noch einmal seine grundlegende außenpolitische Idee, Japan auf die Seite der Mittelmächte zu ziehen.[187] Immer noch sah Krückmann darin einen Schlüssel zum Sieg. Er meinte, dass ein deutsch-japanisches Bündnis nicht nur die britische Position angreifbarer machen würde, sondern er erkannte darin auch einen Weg, das durch die Februarrevolution erschütterte Russländische Reich unter Druck zu setzen. Rassistische Argumente gegen eine solche Bündnisidee ließ er bemerkenswerterweise nicht gelten,[188] sondern setzte in längeren Ausführungen dem Reichskanzler auseinander, dass eine solche Partnerschaft auf identisch vorgestellten Interessen beruhe. Krückmann hielt sich inzwischen für einen ausgewiesenen Fernost-Experten: Den „Umschwung der öffentlichen Meinung in der Frage Japan“ sei, so ließ er die Reichsleitung wissen, „wohl in erster Linie, wenn nicht ausschließlich auf mich zurückzuführen“.[189] Dem abgelösten Kanzler Bethmann-Hollweg dagegen warf er vor, die beste Gelegenheit zur Verständigung mit Japan verpasst zu haben.[190] Hier zeigte sich, dass Krückmann nun, nach dem Sturz des verhassten Vorgängers, bereit war, der neuen Reichsleitung seine vermeintliche Expertise zukommen zu lassen. Auf ein nicht erhaltenes Antwortschreiben des Außenstaatssekretärs Richard von Kühlmann reagierte Krückmann postwendend am 5. September 1917.[191] Den Hinweis auf bisher gemachte Erfahrungen mit Japan wollte er dabei nicht gelten lassen. In einer massiven Polemik entfaltete er seine Vorwürfe gegenüber Bethmann-Hollweg. Wenn es sich um Erfahrungen des früheren Kanzlers mit Japan handele, „so würden diesen aus Gründen, die in der Persönlichkeit des früheren Kanzlers liegen, die Beweiskraft dann doch in einem sehr bedenklichen Maase [sic] abgehen.“[192] Durch die Verzögerung des uneingeschränkten U-Boot-Krieges und durch das Zimmermann-Telegramm an Mexiko habe dieser deutschen Interessen massiv geschadet – hier formulierte Paul Krückmann ausgerechnet gegenüber dem Außenstaatssekretär noch einmal die Summe seiner ganzen Kritik an dem früheren Kanzler. Den Nachfolgern gab er den wohlfei-

187 Eingabe Paul Krückmanns an den Reichkanzler vom 22.8.1917, PA AA RZ 201/2115, 125–129.

188 Ebda., 128.

189 Ebda., 125.

190 Ebda., 128f.

191 Brief Paul Krückmanns an Außenstaatssekretär von Kühlmann vom 5.9.1917, ebda., 131f.

192 Ebda., 131.

len Rat, diplomatische Initiativen besser vorzubereiten als ihre Vorgänger. Hier zeigte sich, dass Krückmann nach dem Sturz Bethmann-Hollwegs offensichtlich Möglichkeiten sah, mit der neuen Reichsleitung die politischen Ziele des Netzwerkes und der Alldeutschen doch noch zu erreichen. Mit seinen Eingaben versuchte er, der neuen Reichsleitung seine vermeintliche Expertise zur Verfügung zu stellen – das hatte er nach der Abweisung seines Südafrika-Projektes bei der Vorgängerregierung nicht getan.

Doch auch der Öffentlichkeit wandte Krückmann sich jetzt verstärkt zu. Er setzte zunächst seine Veröffentlichungen in verschiedenen Zeitungen weiter fort, aber er schlug nun einen neuen Ton an, der immer schriller wurde. Er bekräftigte jetzt auch öffentlich die weitreichenden alldeutschen Annexionspläne, für die er bisher nur in Eingaben und nichtöffentlichen Netzwerken eingetreten war: „Ohne Festhaltung Belgiens glaubt uns kein Mensch, daß wir gesiegt haben, glaubt es auch das deutsche Volk nicht. Wir wollen nicht bloß siegen, sondern jedermann auf der ganzen Welt soll deutlich und klar erkennen, daß wir Sieger sind."[193] Belgien war nun nicht mehr nur strategisches Zielobjekt, sondern eine Siegestrophäe, die zur conditio sine qua non in der Vorstellung Krückmanns vom Frieden wurde. Für andere Konzeptionen war da kein Platz, schon gar nicht, wenn sie von katholischer Seite kamen. Kurz nach der Friedensresolution griff Krückmann scharf die Friedensinitiative Papst Benedikts XV. an, in der er nur „eine ganz einseitige Parteischrift im Sinne Italiens und des Vielbündels [sic]" sehen konnte.[194] Das war nicht nur ein Angriff auf den Papst, sondern – nach der Friedensresolution – auch der erste öffentliche Schlag gegen das Zentrum, den Krückmann sich erlaubte. Den Sozialdemokraten unterstellte Krückmann gleichzeitig, mit der Parole des Verständigungsfriedens lediglich auf die Enteignung der bürgerlichen Zeichner von Kriegsanleihen abzuzielen – dieses Argument richtete sich auf bürgerliche Enteignungsängste und verknüpfte sie mit der Frage des Weges zum Frieden.[195]

193 Aus einem in der Kreuzzeitung erschienen Artikel Krückmanns zitiert kritisch Deutsche Reichszeitung 46, 367 (27.9.1917); vgl. auch Rheinische Volksstimme 24, 222 (27.9.1917).

194 Remscheider General-Anzeiger 29, 202 (30.8.1917).

195 Ein entsprechender Beitrag Krückmanns erschien in der „Unabhängigen Nationalkorrespondenz" und wurde kritisch kommentiert und zitiert in Bergische Volksstimme 13, 210 (7.9.1917): „Ein angenehmer Zeitgenosse" lautete da die Kritik an Krückmann. Die Zeitung bilanzierte, Krückmann stehe mit solchen Aussagen „außerhalb jeder Politik".

Krückmanns Publizistik wurde jetzt zum flammenden Plädoyer für einen annexionistischen Frieden, aber auch zur innenpolitischen Rabulistik, die sich frontal gegen die Mehrheitsparteien des Reichstags wandte. Krückmann trat jetzt öffentlich für seine Ziele ein, und er tat das nicht mehr nur vom heimischen Schreibtisch aus, sondern auch als Redner bei Massenveranstaltungen. Damit wandelte er seine Rolle endgültig vom Professor zum Politiker. Den Anfang machte eine von etwa tausend Menschen besuchte Kundgebung in Recklinghausen am 23.9.1917. Die vom „Unabhängigen Ausschuss für einen deutschen Frieden" organisierte Massenveranstaltung brachte Krückmann neben dem dortigen Oberbürgermeister und dem Divisionspfarrer ans Rednerpult, er sprach über „des deutschen Volkes Zukunft." Die Botschaft war schlicht: Der Tod an der Front dürfe nicht umsonst gewesen sein. Ein „Frieden um jeden Preis" werde die Soldaten empören, Nachgiebigkeit den Feinden gegenüber verlängere den Krieg. Eine Resolution der Versammlung wandte sich scharf gegen Wilson und bekräftigte die Treue zur Monarchie.[196] Die Gefahr der Friedenskonzeptionen Wilsons für den Hohenzollernthron hatten Krückmann und seine Gesinnungsfreunde schon ein Jahr vor dem Sturz der Monarchie präzise erkannt. Diese neue Rolle des Münsterschen Professors als Volksredner für einen annexionistischen Frieden nahm die Zentrumspresse in Münster zwar zur Kenntnis, stellte aber insbesondere die Monarchietreue heraus und referierte vor allem die Danktelegramme von Hof, Regierung und Heeresleitung.[197] Auch wenn die Veranstaltung in Recklinghausen als Kundgebung des Münsterlandes beworben wurde, die Provinzialhauptstadt hatte Krückmann noch nicht erreicht.

Erst im Oktober konnte sich auch die Stadtgesellschaft in Münster darüber klar werden, dass sich die politische Rechte, herausgefordert durch die Friedensresolution, reorganisierte. Die Gründung der Deutschen Vaterlandspartei fand auch in Münster statt, und das Professorennetzwerk führte dabei die Regie.[198] Während Otto Hoffmann den Vorsitz der auf einen annexionistischen Siegfrieden zielenden Partei in der Stadt Münster übernahm und seine Professorenkollegen Aloys Meister und Ernst Rosenfeld ihn im Vorstand neben dem Kaufmann Fritz Terfloth und zwei hochrangigen Beamten

196 Castroper Zeitung 43, 225 (25.9.1917).

197 Westfälischer Merkur 96, 499 (30.9.1917).

198 Das Netzwerk koordinierte nicht nur in Münster, sondern auch im Ruhrgebiet die Gründung von Ortsgruppen der Deutschen Vaterlandspartei. Die Ortsgruppen stimmten sogar ihre Resolutionstexte im Detail mit der Gruppe ab, wie mehrere Briefe Hoffmanns an Hugenberg vom Oktober 1917 belegen, BA N 1231/16, 305–308.

unterstützten, stand dem Vorstand ein Ausschuss zur Seite, der zeigte, wie sehr die Netzwerke der Krückmanns sich jetzt bündelten und zur radikalnationalistischen Aktion drängten: Dem weiteren Kreis gehörten – neben der auffälligen Beteiligung der lokalen Finanzwirtschaft[199] – der amtierende Universitätsrektor Hermann Ehrenberg,[200] der mit Krückmann bei den Alldeutschen aktive Professor Wolfgang Keller, Apotheker, Kaufleute und Beamte an, aber auch eine ganze Reihe von Frauen wie die Gattinnen von Generälen, aber auch Martha Hertel, die 1915 an die Spitze des Hausfrauenbundes getreten war. Natürlich gehörte auch Krückmanns Name zu der veröffentlichten Liste, und seine Familie konnte er dabei hinter sich wissen, denn auch seine Stieftochter, die Tochter Anna Krückmanns aus erster Ehe, fehlte nicht im Ausschuss der Vaterlandspartei.[201] Dass Anna Krückmann hier nicht auftauchte, ist angesichts ihrer folgenden Aktivitäten kaum als Distanzierung zu verstehen: Ehepaare wurden auch sonst nicht doppelt aufgeführt. Dass ihre Tochter jetzt ebenfalls politisch auftrat und die Vorsitzende des Hausfrauenvereins ebenso, zeigt, dass ihr familiäres und ehrenamtliches Netzwerk voll in die Gründung der Vaterlandspartei eingebunden war. Die Herausforderung durch Verständigungsfrieden und Demokratisierung trieb das Netzwerk zur Parteigründung. Das zeigt den enormen Aktivierungsschub, den die Beteiligten im Sommer 1917 noch einmal erlebten. Zugleich verstärkte der neue Rahmen als Partei organisatorische, inhaltliche und persönliche Verbindungen, die zuvor bereits nichtöffentlich entstanden waren.

Das Verhältnis zum Zentrum wurde jetzt zu einer entscheidenden Frage. Noch am Tag der Gründungsversammlung der Vaterlandspartei in Münster erließ der Vorstand der Zentrumspartei in der Stadt einen Aufruf an die eigenen Mitglieder, der neuen Partei nicht beizutreten.[202] Damit befand man sich im Einklang mit dem Unvereinbarkeitsbeschluss auf der nationalen Ebene. Inhaltlich aber befanden sich die Spitzen des Münsterschen Zen-

199 Die privaten Banken in Münster beteiligten sich fast alle an der Organisation der Vaterlandspartei – auch ganz praktisch mit der Verteilung der Mitgliedskarten in ihren Filialen, Münsterischer Anzeiger 66, 749 (18.10.1917).

200 Ehrenberg näherte sich dem Netzwerk um Hoffmann und Krückmann ein Stück an – wohl in der Hoffnung, Finanzmittel der Industrie akquirieren zu können, Brief Hoffmanns an Hugenberg vom 24.1.1918, BA N 1231/16, 295.

201 Münsterischer Anzeiger 66, 758 (21.10.1917); Münstersche Zeitung 47, 290 (21.10.1917).

202 Münstersche Zeitung 47, 297 (28.10.1917).

trums durchaus im Konsens mit den Gründern der Vaterlandspartei[203] und lehnten die Friedensresolution ab. Sie wahrten insofern vor allem organisationspolitische Distanz. Daher bemühte sich das Netzwerk bei der Gründungsversammlung der Vaterlandspartei in Münster, diese Abgrenzung ins Leere laufen zu lassen, indem man den Parteinamen umdeutete zu einer Parteinahme für nationale Ziele, eine Konkurrenz zu bestehenden Parteien ausschloss und sich offen für katholische Mitglieder zeigte. Insbesondere Hoffmann legte großen Wert darauf, der lokalen Führungsebene des Zentrums nicht konfrontativ gegenüberzutreten und hoffte so, auch in den Zentrumsmedien in Münster Artikel platzieren zu können.[204] Für diese Strategie schien es ihm auch ratsam, den eigenen regionalen Bereich nur mit Rednern zu beschicken, die die Situation vor Ort kannten.[205] Für den Moment war die Trennlinie in Münster zwischen Zentrum und Vaterlandspartei vor allem organisationspolitisch gezogen, während man inhaltlich nahe beieinanderblieb.[206] Die Veranstaltung selbst zeigte zwar das Mobilisierungspotential der Gruppe mit über 1000 Teilnehmenden, doch wurde auch deutlich, dass vor allem die bekannten Netzwerkmitglieder die Führung innehatten. Neben Otto Hoffmann traten mit dem Grafen Landsberg-Velen und Otto von Salm-Horstmar zwei Führungsfiguren auf, mit denen Paul Krückmann in den Jahren seit 1915 intensiv zusammengearbeitet hatte.[207] Das war – solange die bestehende Machtordnung nicht durch die Reichstagsmehrheit herausgefordert war – durch Eingaben und Netzwerkarbeit geschehen, nun aber traten die Akteure gemeinsam in die Öffentlichkeit. Neu war nicht der radikale Inhalt, sondern der Drang zum politischen Bekenntnis, wie er

203 So sprach Oberbürgermeister Dieckmann auf einer Versammlung am 16. September den Vertretern der Reichstagsmehrheit ab, für die Bevölkerungsmehrheit zu sprechen. Dazu J.C. Kaiser, Vom Kulturkampf, 212.

204 Brief der Geschäftsstelle der Vaterlandspartei an Otto Hoffmann vom 8.9.1918, GStA PK I. HA Rep. 92 NL Kapp Nr. 489, 41.

205 Wortbeitrag Otto Hofmanns in der Vorstandssitzung der Vaterlandspartei vom 9.6.1918 (Protokoll), GStA PK I. HA Rep. 92 NL Kapp Nr. 488, 66f.

206 Zu den Schwierigkeiten der Vaterlandspartei, Anhänger unter der katholisch konfessionell gebundenen Bevölkerung zu gewinnen H. Hagenlücke, Deutsche Vaterlandspartei, 320.

207 Münsterischer Anzeiger 66, 778 (29.10.1917); Münstersche Zeitung 47, 298 (29.10.1917); Schon im Vorfeld hatte das Netzwerk die beiden Adeligen intensiv in seine Arbeit einbezogen, wie aus den Briefen Hoffmanns an Hugenberg hervorgeht, BA N 1231/16, 309/316. Ziel sei laut Hoffmann ein „Zusammenschluss gegen die Linke“ (ebda. 310 v am 5.10.1917).

sich auch in langen Namenslisten hinter annexionistischen Zielen und der scharfen Wendung gegen die Mehrheitsparteien ausdrückte.[208] Dazu passt, dass Krückmann jetzt auch erstmals in Zeitungsanzeigen als Vorsitzender der Ortsgruppe des Alldeutschen Verbandes auftrat. Fast zeitgleich mit der Gründungsveranstaltung der Vaterlandspartei am 28. Oktober 1917 lud er zwei Tage später zu einer öffentlichen Veranstaltung der Alldeutschen ein, bei welcher der Hauptgeschäftsführer Vietinghoff-Scheel über die politische Lage sprechen sollte.[209] Auch hier ließ Krückmann jetzt alte Rücksichten fahren und verließ den klandestinen Raum von Eingabepolitik und Netzwerktreffen und trat auch in Münster jetzt direkt politisch auf. Das Bekenntnis gegenüber der zentrumsdominierten Medienöffentlichkeit und den katholisch geprägten Teilen der Stadtgesellschaft war in der Form neu und trieb ihn zu politischer Aktion.

In der Auseinandersetzung mit den Mehrheitsparteien des Reichstags modernisierte sich das rechte Netz auch zugleich grundlegend. Nachdem die traditionellen Wege nichtöffentlicher Kommunikation mit den Mächtigen und der öffentlichen, von oben gesteuerten Kommunikation mit dem Volk über die Medien nicht mehr ausreichten, kamen nun Saalveranstaltungen großen Zuschnitts neu ins Repertoire. Krückmann überließ seinem Netzwerkkollegen Otto Hoffmann die Koordination in der Stadt Münster[210] und wurde selbst zu einem gefragten politischen Redner der Vaterlandspartei in der ganzen Provinz Westfalen. Schon im November wurde er vor Ort als bekanntermaßen „hervorragender Jurist und Redner“ angekündigt.[211] In Minden beispielsweise wusste Krückmann erneut mitzuteilen, dass Belgien den „Kampf um unseren weltpolitischen Kredit“ bedeute, jeder Verzicht sei von Übel.[212] Krückmann hielt bei solchen Veranstaltungen inzwischen die Hauptrede, die zugleich Werberede für die Vaterlandspartei, Durchhalteappell im Krieg und Propagierung der bekannten annexionistischen Ziele war. Bald hatte seine Rede auch einen prägnanten Titel, mit dem er durch die Provinz reiste: „Wer verlängert den Krieg?“ Damit wendete Krückmann den

208 Westfälische Zeitung 107, 256 (31.10.1917). Dieses Ziel hatte Hoffmann schon vorher als zentral benannt, es brauche einen „kräftigen Aufruf“ und etwa 200 Unterschriften, so im Brief an Hugenberg vom 22.9.1917, BA N 1231/16, 311.

209 Münsterischer Anzeiger 66, 779 (29.10.1917).

210 Hoffmann war darüber hinaus auch Mitglied des zehnköpfigen Vorstands auf Reichsebene, dazu H. Hagenlücke, Deutsche Vaterlandspartei, 165.

211 Minden-Lübbecker Kreisblatt 62, 270 (17.11.1917).

212 Minden-Lübbecker Kreisblatt 62, 274 (22.11.1917).

Kampf mehr und mehr ins Innenpolitische. Die „endgültige Abrechnung“ mit dem englischen Weltreich müsse jetzt gehalten werden, deswegen dürfe der Kampf nicht abgebrochen oder durch Verständigung beendet werden, das war die immer wieder aufs Neue wiederholte Botschaft bei den Reisen durch die Provinz.[213] Die Reichstagsmehrheit trage die Verantwortung dafür, dass die Abrechnung aufgeschoben werde und der Krieg länger dauere.[214] Bei den Veranstaltungen ließ Krückmann keine Debatte zu und gewährte der politischen Konkurrenz kein Rederecht.[215] Das war ein Bruch mit der politischen Kultur des Kaiserreichs, und er zeigte: Diskurs war nicht mehr gefragt, die Veranstaltungen boten Kommunikation von oben nach unten, nicht auf Augenhöhe. Was Krückmann mit seinen Vorträgen erreichte, ist schwer einzuschätzen. Während die ihm gewogene Presse von nationaler Begeisterung zu berichten wusste, beobachteten die demokratischen Gegner, dass eine kleine Minderheit jubelte, die Mehrheit der Zuhörenden schweigend ging und sich niemand in die ausgelegten Listen der Vaterlandspartei eintrug.[216] Er selbst aber hielt Reden dieser Art offenbar nun für das politische Mittel der Zukunft, verlangte von den Mitgliedern der Regierung, selbst in Uniform aufzutreten und die Massen zu überzeugen. Dann könne der Reichstag auch aufgelöst werden.[217] Während also die Regierenden Volksreden halten sollten, entwickelte Krückmann für das Parlament mit seiner missliebigen Mehrheit eine Fantasie, die auf eine Putschvorstellung hinauslief.

Von den Aktivitäten Krückmanns in der Provinz Westfalen erfuhr man in der zentrumsdominierten Presselandschaft Münsters in Umsetzung des Abgrenzungsbeschlusses vorerst nichts. Doch auch im persönlichen Auftreten war die Eskalation im Verhältnis zum Zentrum kaum zu übersehen. Die Möglichkeit, dass das Zentrum den bürgerlichen Konsens verließ und an einem Verständigungsfrieden und der Parlamentarisierung mitwirkte und dabei mit der Sozialdemokratie zusammenarbeitete, machte es jetzt auch öffentlich zum Gegner. Krückmann hatte nicht nur schon im Herbst 1917 die Friedensinitiative des Papstes als Werk der Feinde denunziert, sondern er hatte den Ton gegenüber dem Zentrum in einer Weise verschärft, dass die Brücken abgebrochen waren. Er hatte bei allen seinen publizistischen Polemiken vor und während des Krieges öffentlich stets die bürgerliche

213 Iserlohner Kreisanzeiger und Zeitung 76, 18 (22.1.1918).

214 Der Gemeinnützige 49, 47 (25.2.1918).

215 Der Gemeinnützige 49, 23 (28.1.1918).

216 Der Gemeinnützige 49, 47 (25.2.1918).

217 Bergische Volksstimme 13, 279 (28.11.1917).

Form gewahrt. Im Frühjahr 1918 aber galt das nicht mehr. Der Hass auf die Reichstagsmehrheit und ihre Friedensinitiative brach sich in einer persönlichen Attacke Bahn, wie sie bis dahin beispiellos in Krückmanns Publizistik war: „Wo alles liebt, da kann natürlich Matthias, der trotz des Krieges Wohlgenährte, nicht hassen. (…) Wenn er, Matthias Erzberger, sich an die Spitze setzte, die Zügel ergriff, den Frieden herbeiführte, dann war er der große Friedensbringer der Welt. (…) Und mit der Unbedenklichkeit dieses undisziplinierten Halbbildlings [sic] ging es in den Kampf – wider die Wahrheit. (…) ‚Leider' brachte er zugleich auch seinen Seelenfreund (der mit der kleinen Kugel aus Biberach zusammen lieber die Stettiner Sänger hätte darstellen sollen) mit um das Amt. Stark angeschossen hinkte Theobald in die Büsche von Hohenfinow."[218] Die Attacke auf den geschlagenen Gegner, den ehemaligen Reichskanzler Bethmann-Hollweg, wurde hier mit einer Diskreditierung des zentralen Wegbereiters der Friedensresolution, des Zentrumsabgeordneten Matthias Erzberger, verknüpft. Bisher bei ihm nicht dagewesene mehrfache Herabwürdigungen mit der ausschließlichen Nennung der Vornamen, die Hinweise auf die Korpulenz des Gegners, die Herabsetzung des ausgebildeten Volksschullehrers durch den Hochschullehrer, schließlich als Gipfel die Anspielung auf die damals bekannten Komiker „Stettiner Sänger" – eine Art Dick-und-Doof-Metapher: Hier brach sich Hass publizistisch Bahn. Erzberger war nach Bethmanns Sturz der neue Hauptgegner. Er stand für alles, was Krückmann verachtete: Den Aufstieg nicht akademisch Gebildeter, parlamentarische Verfahrensweisen und Demokratisierung, Friedensperspektiven auf Basis von Verständigung und Annexionsverzicht. Wenn man Krückmanns Beitrag in den Kontext der gleichzeitigen alldeutschen Kampagnen setzt, dann wird klar: Es brauchte keine Unterschrift unter einen Waffenstillstand und keine Reichsfinanzreform, Erzberger stand schon seit der Friedensresolution im Fadenkreuz der Rechten. Männer wie Paul Krückmann hatten die Dolchstoßlegende schon vorbereitet, bevor der Krieg zu Ende war. Auch wenn die Zentrumsblätter in Münster diese Attacken wiederum durch Schweigen übergingen, ist nicht davon auszugehen, dass sie dem Zentrum in der Stadt unbekannt blieben. Dagegen spricht schon, dass selbst die sozialdemokratische Presse im Ruhrgebiet Krückmanns Hasstiraden als das würdigte, was sie waren. Krückmann hatte mit den Attacken auf

218 Der Beitrag Krückmanns erschien erneut in der Unabhängigen Nationalkorrespondenz und wird zitiert in Volkswacht 29, 100 (30.4.1918), ebenso in Die Glocke 102 (1.5.1918); Bergisch Gladbacher Volkszeitung 29, 102 (2.5.1918).

die Friedensinitiative des Papstes und den Initiator der Friedensresolution gezeigt, dass zwischen ihm und den Teilen des Zentrums, die auf der Linie Erzbergers standen, keine Gemeinsamkeit mehr bestand. Das bedeutete aber auch, dass Krückmann vor Ort in der Stadt und der Region jene Anhänger des Zentrums in den Blick nahm, die mit dem neuen Kurs in Berlin haderten. In Münster konnte er davon ausgehen, dass das in der kommunalen Führungsebene nicht wenige waren, denn der Oberbürgermeister hatte sich auch öffentlich klar gegen die Resolution positioniert. Während Otto Hoffmann bei gleicher Haltung in der Sache den Konsens formulierte, übernahm Krückmann die Attacke.

Das tat er vor allem mit öffentlichen Auftritten bei größeren Saalveranstaltungen. Noch im September und Oktober 1918 agitierte er unverdrossen für den Siegfrieden. Die Argumente widersprachen der Wirklichkeit inzwischen immer deutlicher: Während die US-Truppen unter General Pershing einen wesentlichen Beitrag zur Entscheidung an der Westfront lieferten, zweifelte Krückmann noch öffentlich daran, dass sie Europa überhaupt erreichen würden.[219] Einen Monat nach dem Durchbruch der alliierten Truppen bei Amiens durch die deutschen Linien war der Agitator immer noch davon überzeugt, dass das deutsche Heer allen Gegnern überlegen sei und den Krieg gewinnen werde.[220]

In letzter Minute – die inzwischen auf parlamentarischer Grundlage gebildete Reichsregierung des Prinzen Max von Baden hatte in mehreren Noten bei US-Präsident Woodrow Wilson bereits um die Bekanntgabe von Waffenstillstandsbedingungen nachgesucht – griff Paul Krückmann zum äußersten Mittel, um seinen Ideen zu einem siegreichen Kriegsende doch noch zum Durchbruch zu verhelfen. Er wandte sich in einer Eingabe direkt an Kaiser Wilhelm II.[221] Am 20. Oktober 1918 kam er erneut auf seine Idee zu einer Verständigung mit Japan zurück – er wollte Japan jetzt die deutsche Hochseeflotte übereignen, „wenn es sein muß, ganz".[222] Auch dem Kaiser gegenüber verwies er erneut darauf, dass Bethmann-Hollweg die beste Gelegenheit zur Verständigung mit Japan verpasst habe, aber man nun endlich den Weg gehen müsse. Die Polemik gegenüber dem früheren Kanzler verknüpfte Krückmann auch noch mit innenpolitischen Hinweisen für den Monarchen: „Die jetzige Regierung" erscheine ihm „nicht geeignet, diesen

219 General-Anzeiger für Dortmund und die Provinz Westfalen 31, 259 (10.9.1918).
220 Lüdenscheider Zeitung 51, 210 (7.9.1918).
221 Eingabe Paul Krückmanns an Wilhelm II. vom 20.10.1918, PA AA RZ 201/2113, 162f.
222 Ebda., 162.

Gedanken erfolgreich für uns durchzuführen".[223] Es war nach allem, was Paul Krückmann bis dahin publiziert hatte, wenig überraschend, dass eine auf parlamentarischer Grundlage gebildete Regierung unter Beteiligung der Mehrheitsparteien nicht seinen Vorstellungen entsprach. Von ebenso ungebrochenem Selbstbewusstsein wie von geringem Verständnis für die unter dem Druck der Kriegslage und der Forderungen der USA im Oktober 1918 vollzogenen inneren Reformen aber zeugte der Umstand, dass Krückmann dem Kaiser auch noch Personalvorschläge machte, wie die Regierung umzubilden sei. Dabei empfahl er Schlüsselfiguren der äußersten Rechten, unter anderem den gerade erst entlassenen Außenstaatssekretär Paul von Hintze.[224] Krückmann wollte in der Innenpolitik das Rad der Reformen zurückdrehen und den Sieg doch noch erzwingen. Vor allem aber wollte er eine Parlamentarisierung des politischen Systems in letzter Minute verhindern. Das war weit von der Realität entfernt. Die Eingabe an Wilhelm II. sollte Paul Krückmanns letzter Brief an deutsche Regierungsvertreter bleiben – bis zum Sommer 1933.

Gut zwei Wochen nach dieser Eingabe an den Kaiser waren Revolution und Republik politische Realität. Mit dem Waffenstillstand vom 11. November 1918 war der Krieg für das Deutsche Reich verloren. Man wird nicht davon ausgehen dürfen, dass diese Ereignisse Paul Krückmanns Sicht der Dinge erschütterten. Im Gegenteil, Niederlage, Parlamentarisierung und Demokratie hatte er schon zuvor eng miteinander verknüpft. Deswegen änderte der November 1918 für die Krückmanns wenig. Es gab keinen Grund zur Revision der eigenen Haltung und Positionierung, hatte man doch schon seit der Friedensresolution die Schuld klar der Gegenseite zugewiesen. Auch wenn das politische Feld für den Moment von der Sozialdemokratie beherrscht wurde, arbeiteten die Krückmanns bereits mit ihrem Netzwerk an einem politischen Comeback. Otto Hoffmann hatte schon drei Tage vor der Revolution geplant, wie aus den Resten der Vaterlandspartei heraus ein politischer Neustart gelingen könnte.[225] Gut einen Monat nach der Ausrufung der Republik ging es um die Machtverteilung im neuen Staat. Die Wahlen zur verfassunggebenden Nationalversammlung waren anberaumt, außerdem sollten auch der preußische Landtag und die Stadtverordnetenversammlung erstmals nach allgemeinem und gleichem Wahlrecht gewählt werden. Das

223 Ebda., 163.

224 Ebda.

225 Brief Otto Hoffmanns an Wolfgang Kapp vom 6.11.1918, GStA PK I. HA Rep. 92 NL Kapp Nr. 490, 36f.

erforderte auch eine erneute Reorganisation der Rechten.[226] Am 17. Dezember 1918 fand die erste Versammlung der neugegründeten Deutschnationalen Volkspartei statt. Unter dem Gründungsaufruf in Münster versammelten sich Personen, die bereits in der Vaterlandspartei aktiv gewesen waren. Neben Paul Krückmann waren das aus dem Professorennetzwerk Otto Hoffmann und die Gattin des Althistorikers Seeck. Hinzu traten jetzt die Spitzen der evangelischen Kirche in Münster mit dem Generalsuperintendenten und dem Präsidenten des Konsistoriums und mehreren Pfarrern, Offiziere und die bekannten Adelsvertreter aus dem alldeutschen Spektrum wie der Graf Landsberg-Velen. Aus der Wirtschaft waren vor allem Sektoren jenseits der traditionellen Kaufmannschaft vertreten wie der Unternehmer Kiesekamp, der im Hafen sein Gewerbe betrieb. Man war erkennbar bemüht, dem Namen Volkspartei dadurch zu entsprechen, dass neben den bekannten Honoratioren jetzt auch völlig unbekannte Personen abseits von Führungspositionen mit Namen auftauchten, Handwerker, Angestellte und auch mehrere Frauen.[227] Das konnte aber kaum verdecken, wer hier bei der Parteigründung die Regie führte. Die DNVP in Münster war eine direkte Nachfolgeorganisation der Freikonservativen und der Vaterlandspartei. Neu war neben dem schichtenübergreifenden Vertretungsanspruch auch, dass Paul Krückmann einer der Hauptprotagonisten im Wahlkampf auch in Münster wurde. Von politischer Zurückhaltung in der Stadt war jetzt nichts mehr zu erkennen. Die DNVP nutzte das Auditorium maximum der Universität für ihre größte Kundgebung zwei Wochen vor der Wahl zur Nationalversammlung. Paul Krückmann hielt unter dem Titel „Deutschlands Zukunft" eine politische Grundsatzrede.[228] Die Tonlage der Versammlung war – nach den Tiraden des Herbstes – anfangs relativ gemäßigt. Die neue Partei bot sich als Bollwerk gegen den Sozialismus an, lehnte jede Verantwortung für Niederlage und Revolution ab und versprach den Erhalt der überkommenen Gesell-

226 Zur Reorganisation der bürgerlichen Parteien auch L. Grevelhörster, Münster zu Anfang der Weimarer Republik, 40f.

227 Gründungsaufruf Münsterischer Anzeiger 67, 689 (17.12.1918). Vergleicht man die Struktur der Münsterschen Ortsgruppe mit derjenigen der DNVP insgesamt, so wird deutlich, dass es der Partei in der Stadt auch aufgrund der Diaspora-Situation offensichtlich besser gelang, das evangelische Lager hinter sich zu einen. Darüber hinaus gibt es manche Ähnlichkeiten, was etwa die Kontinuitäten zu Freikonservativen und Vaterlandspartei angeht, zur Sozialstruktur auf Reichsebene M. Ohnezeit, Zwischen „schärfster Opposition" und dem „Willen zur Macht", 59–74.

228 Münsterischer Anzeiger 68, 7 (5.1.1919).

schaftsordnung.[229] Wichtiger als der Inhalt war, wo die Partei ihre politische Basis sah. Krückmann trat in Veranstaltungen in der Universität auf – dazu passte auch seine Beteiligung an einem reichsweiten Aufruf von Hochschullehrern zugunsten der DNVP[230] - und vor dem Bund der Offiziere.[231] Seine Wahlkampfauftritte zeigten, wo die DNVP in Münster ihr Gravitationszentrum hatte – in der Universität und im Umfeld des Militärs.[232] In seiner Rede über die „Gründe für den Niedergang" bot Krückmann eine Anklage gegen die aus seiner alldeutschen Sicht verfehlte, weil zu zaghafte Politik des Wilhelminischen Reiches und bot die Deutschnationalen als einziges Gegengewicht gegen den Sozialismus an.[233] Das entsprach weitgehend den alten Zielen. Neu war vor allem die Intensität, mit der Krückmann jetzt auch in seiner Heimatstadt den öffentlichen politischen Auftritt suchte.

So steuerte Krückmann in eine Kontroverse mit der neuen Deutschen Demokratischen Partei. Nachdem diese den früheren Staatssekretär Wilhelm Solf zu einer Veranstaltung nach Münster eingeladen hatte, reagierte Krückmann mit einer starken persönlichen Invektive. Solf stand für alles, was Krückmann verachtete: Er hatte gegen eine Annexion Belgiens argumentiert, den Alldeutschen Widerstand entgegengesetzt und die entscheidenden Noten an Wilson zur Anbahnung des Waffenstillstands verantwortet. Vor allem aber gab es auch noch den Konflikt aus dem August 1914. So griff Krückmann Solf in einer langen Eingabe an die Münstersche Zeitung an, in der er ihm zunächst vorwarf, zu Kriegsbeginn seine Vorschläge zu einem Bündnis mit den Buren[234] sabotiert zu haben, um dann auf den Kern zu kommen: Solf habe mit seinen Noten an Wilson „die Würde des deutschen Volkes bis auf das letzte [sic] preisgegeben".[235] Damit machte er Solf persönlich für die Anbahnung des Waffenstillstands und damit auch die Niederlage verantwortlich. Das konnten die bürgerlichen Demokraten nicht auf sich beruhen lassen. Einen Tag später, am Samstag vor der Wahl zur Nationalversammlung, antwortete deren Vorsitzender, Adolf Bothe, mit einer Abrech-

229 Bericht Münsterischer Anzeiger 68, 16 (10.1.1919).

230 Westfälische Neueste Nachrichten 20, 15 (18.1.1919) – der Aufruf erschien in der Münsterischen Zentrumspresse bezeichnenderweise nicht.

231 Münsterischer Anzeiger 68, 15 (10.1.1919).

232 Westfälischer Merkur 98, 26 (17.1.1919).

233 Westfälischer Merkur 98, 26 (17.1.1919); Münsterischer Anzeiger 68, 28 (17.1.1919).

234 Vgl. dazu oben. Krückmann schildert hier ausführlich, wie im Zusammenspiel mit dem General von Bissing Druck auf das Auswärtige Amt aufzubauen versuchte.

235 Münstersche Zeitung 49, 16 (17.1.1919): „Warum ich Dr. Solf nicht wähle".

nung. Er warf Krückmann vor, Solf persönlich herabgesetzt und dessen Integrität direkt attackiert zu haben, wie viele Alldeutsche unverantwortliche Nebenaußenpolitik betrieben zu haben, mit dem Hinweis auf seine Zusammenarbeit mit dem Generalkommando Geheimpolitik betrieben zu haben und sich letztlich zu Fragen zu äußern, in denen er anders als Solf völlig inkompetent sei.[236] Das war eine entschiedene Antwort der Demokraten, die mediale Auseinandersetzung zog sich aber bis in den März weiter hin.[237] Derweil verschärfte Krückmann seine Attacken auf die Demokraten mit immer neuen Verratsvorwürfen – neben dem Kriegsende war es vor allem die Zusammenarbeit mit der MSPD in der Weimarer Koalition, die Krückmann zu neuen Invektiven anstachelte. Wenn die DDP sich einem Bürgerblock anschließen würde, könne man die Sozialdemokratie von der Macht verdrängen, so aber verrate die Partei das Bürgertum.[238] Entsprechend hart ging es zwischen Krückmann und Bothe auch vor Ort weiter, im Juni traf man sich vor Gericht, Krückmann hatte Bothe wegen Beleidigung verklagt, Bothe Gegenklage erhoben. Das Gerichtsurteil verhängte Geldstrafen gegen beide, allerdings war die gegen Bothe dreimal so hoch wie die gegen Krückmann.[239] Dieser aber inszenierte sich mit seiner Klage gegen den DDP-Vorsitzenden als Opfer politischer und persönlicher Beleidigungen, obwohl er selbst mit den Vorwürfen gegen Solf die Auseinandersetzung eröffnet hatte. Der Professor, der einst so viel Wert auf seine akademische Reputation in der Stadt gelegt hatte und seine politischen Aktivitäten auswärts oder nichtöffentlich betrieben hatte, war in den Niederungen der öffentlichen politischen Schlammschlacht angekommen, die er selbst begonnen hatte. Krückmann hatte mit seinen persönlichen Attacken die politische Debattenkultur beschädigt und einen ersten Tiefpunkt markiert.

Nach den Wahlen wandte Krückmann sich erneut seiner publizistischen Tätigkeit zu. Er knüpfte dabei nahtlos an seine Arbeit während des Krieges an. Wenig überraschend fand nun die Steuer- und Finanzpolitik seine besondere Aufmerksamkeit, wurde diese doch von dem Mann verantwortet, dem sein besonderer Hass galt. Die Reichsfinanzreform Erzbergers überzog Krückmann in seinen Beiträgen mit ebenso fundamentaler wie persönlicher Kritik: „Ein Dilettant führt die anderen Dilettanten“[240] – die persön-

236 Münstersche Zeitung 49, 17 (18.1.1919).

237 Münstersche Zeitung 49, 40 (Antwort Krückmanns), 75 (17.3.1919 Antwort Bothe)

238 Das Volk 31, 72 (26.3.1919).

239 Münstersche Zeitung 49, 184 (10.7.1919); Westfälischer Merkur 98, 304 (12.7.1919).

240 Lippische Tageszeitung 24, 229 (22.8.1919).

liche Herabsetzung der politischen Gegner und Systemverachtung wurde zu einem Kern seiner politischen Stellungnahmen gegen die maßgeblichen Repräsentanten der Republik.[241] Seine annexionistischen Vorstellungen aus dem Krieg kleidete Krückmann nun in neue Argumente: Während auch aus Münster kommende Freikorps im Baltikum kämpften, riet Krückmann als alter Gegner jeder Bildungsexpansion den Studierenden aus Münster dazu, sich gleich als deutsche Siedler im Baltikum niederzulassen. So sollten sie ein Germanisierungsprojekt im Baltikum umsetzen statt als unbegabte Studierende die Hörsäle zu füllen.[242] Das war eine Mischung aus den Vorkriegsprovokationen und den alldeutschen Germanisierungsdystopien aus dem Krieg, die allerdings auf umfassenden Widerspruch stießen bei den Studierenden und bei den Sozialdemokraten in Münster.[243] Bald aber wandte sich Krückmann einem neuen Thema zu, das ihn noch lange beschäftigen sollte: Den Entschädigungsansprüchen der entthronten Fürsten gegen die neue Republik. Hier verband sich seine Verachtung der Republik mit seinem bestehenden Netzwerk, zu dem schon seit längerem auch viele Adelsvertreter gehörten, und ergab zudem relevante berufliche Perspektiven. Krückmann begann schon im Sommer 1919, dieses Thema zu einem relevanten Schwerpunkt seiner Publizistik zu gestalten.[244] Daneben wurden die Verbindungen zur Wirtschaft immer wichtiger – nach dem Wahlkampf 1919 wandte Krückmann sich diesen Netzwerken intensiv zu.

Paul Krückmann hatte die Bühne der Stadtöffentlichkeit von Herbst 1917 bis Sommer 1919 intensiv genutzt und einen relevanten Beitrag zur Polarisierung des politischen Diskurses geleistet. Bald aber zeigte sich, dass neben ihm und seinem Netzwerkkollegen Hoffmann eine weitere Person zumindest auf die lokale Bühne der Politik drängte, nämlich seine Frau Anna. Dass er selbst in der verhassten Republik kein Parlamentsmandat anstrebte, kann wenig überraschen angesichts seiner Verachtung für parlamentarische Ver-

241 Das alles geschah in enger Abstimmung mit Hugenberg, vgl. etwa seine Aussagen zu Hugenbergs Plänen: Bonner Zeitung 28, 231 (21.8.1919).

242 Ein Überblick über die entsprechende Publizistik Krückmanns mit diesen Aussagen in überregionalen Medien ist überliefert in der Presseausschnittssammlung BA R 8034/III 255.

243 Entgegnungen von Studierenden in deutschlandweiten Medien vgl. ebda.; Sozialdemokratie in Münster in Volkswille 1, 56 (20.8.1919).

244 Amtliches Wittgensteiner Kreisblatt 68, 119 (3.10.1919), zeitgleiche weitere Artikel Krückmanns in überregionalen Medien zu diesem Thema gesammelt in BA R 8034/III 255.

fahrensweisen, die er vielfach dokumentiert hatte. Seine Frau aber kandidierte bereits bei der ersten Stadtverordnetenwahl nach der Revolution für einen Sitz, auf Listenplatz 7 der DNVP verpasste sie aber den Einzug ins Stadtparlament vorerst noch knapp.

Politisch stand auch sie vor Herausforderungen. Als nämlich der Hausfrauenverein im Zuge der Verschärfung der Lebensmittelkrise keine erweiterten Zugänge zum Lebensmittelmarkt mehr bieten konnte, weil staatliche Institutionen jetzt die Verteilung der immer knapperen Güter übernahmen, ging dessen Mitgliederzahl ebenso rasch zurück, wie sie bei der Gründung 1915 angestiegen war. Anna Krückmann nannte für 1921 eine Mitgliederzahl von noch 271, von denen 75 zu Versammlungen erschienen.[245] Hier verblieb also im Übergang vom Krieg zum Frieden nur noch ein Kern von Mitgliedern. Bertha Hertel, die als Kompromisskandidatin eingesetzte Vorsitzende, erkrankte und verstarb bald nach Kriegsende.[246] Anna Krückmann stand also vor der Aufgabe, ihre ehrenamtlichen Tätigkeiten im vorpolitischen Raum neu ordnen zu müssen. Das tat sie mit gewohnter Energie. Sie erneuerte ihr Netzwerk und richtete es im deutschnationalen Sinne aus.

Dazu gehörte zunächst, dass sie ihre Arbeit im Kolonialfrauenbund fortsetzte. Kolonialismus brauchte keine Kolonien. Mit ihrem Netzwerk aus dem akademischen und Besitzbürgertum sowie etlichen Adelsvertretern trat der Kolonialfrauenbund schon kurz nach Kriegsende wieder an die Öffentlichkeit. Am 8. März 1919 organisierten die Frauen eine Protestkundgebung in Münster gegen den Verlust der Kolonien. Bei dieser Veranstaltung traten die Professoren des Netzwerks auf, um im Vorfeld des Friedensschlusses die Notwendigkeit deutschen Kolonialbesitzes zu begründen. Meinardus sah das „Entwicklungsrecht" des deutschen Volkes in Gefahr, Naendrup, der Fakultätskollege Paul Krückmanns, argumentierte in gleichem Sinn, während der Theologe Schmidlin die Notwendigkeit deutscher Mission betonte. Neben den drei Professoren trat in öffentlicher Rede Anna Krückmann auf und sprach über die Rolle der Frauen in den Kolonien als „Hüterinnen des deutschen Heims und der guten Sitten."[247] Die Veranstaltung war eine eigentümliche Mischung aus rückwärtsgewandtem Inhalt und moderner Form. Kolonialpolitisch wurden die alten Ansprüche und Ziele bekräftigt und unrealistische Erwartungen an den Friedensvertrag formuliert, um die Hürde

245 StdAMS Deutscher Hausfrauenbund Nr. 2, Rede Anna Krückmann vom 9.1.1936, 6.

246 Ebda.

247 Westfälischer Merkur 98, 112 (11.3.1919). Münstersche Zeitung 49, 70 (12.3.1919).

für die Zustimmung der demokratischen Regierung zu erhöhen. In der Form aber verließ der Kolonialbund jetzt die frühere mit hohen Kostenschranken abgesicherte soziale Exklusivität und agierte in der neuen Form der öffentlichen Massenveranstaltung.[248] Dass das rechte Professorennetzwerk – jetzt um den von der Front zurückgekehrten Naendrup erweitert – hier auftrat, überrascht kaum. Aber die öffentliche Rede Anna Krückmanns, die die Veranstaltung auch organisiert hatte, war völlig neuartig[249] und zeigte, dass sie wie ihr Mann bereit war, in der Stadt eine aktive politische Rolle in der Öffentlichkeit zu übernehmen. Wenige Monate nach der Einführung des Frauenwahlrechts hatte Münsters extreme Rechte eine Frau in der Öffentlichkeit auftreten lassen, die ihr neuen Möglichkeiten entschlossen nutzte. Anna Krückmann übernahm in der Stadtöffentlichkeit auf lokaler Ebene zentrale Funktionen, die zuvor ihr Mann gefüllt hatte. Dessen Netzwerk nutzte sie für ihre Veranstaltung.

Eng verknüpft mit diesem Anliegen war auch Anna Krückmanns Beteiligung an der „Rückwandererhilfe", die vertriebenen ethnischen Deutschen die Integration im Reichsgebiet erleichtern sollte. Die Zahl der aus den nach dem Versailler Vertrag abgetretenen Gebieten oder aus den Kolonien nach Münster kommenden „Rückkehrer" dürfte insgesamt überschaubar gewesen sein, bot Anna Krückmann als Vertreterin des Kolonialfrauenbunds aber Gelegenheit zu sozialpolitischer Profilierung in einem überparteilich zusammengesetzten und unter der Schirmherrschaft des Oberpräsidenten Wuermeling stehenden Initiative.[250] Auch wenn die praktische Bedeutung dieser Gruppe gering gewesen sein dürfte,[251] zeigt sie, dass Anna Krückmann inzwischen in der Stadtgesellschaft eine eigenständige und von ihrem Mann unabhängige Rolle spielte und deswegen Zugang zu solchen Gremien fand, in denen sie die kolonialistische und deutschnationale Perspektive vertrat.

248 Wie wenig modernisiert das politische Programm der Kundgebung noch war, zeigt der Vergleich mit der späteren Entwicklung der Kolonialagitation in der Republik, dazu B. Kundrus, Nach Versailles.

249 Auch für die DNVP war ein solcher Auftritt exzeptionell, zur Rolle von Frauen in der neuen Partei M. Ohnezeit, Zwischen „schärfster Opposition" und dem „Willen zur Macht", 66–70. Zur Rolle der Frauen in der DNVP auch K. Heinsohn, Das konservative Dilemma und die Frauen.

250 Münsterischer Anzeiger 68, 523 (13.10.1919). Westfälischer Merkur 98, 463 (13.10.1919).

251 Belegt ist etwa eine Sammlung von Möbeln und Haushaltsgegenständen für die Rückwandererhilfe im Hause der Krückmanns, so kurz vor Weihnachten 1919: Münsterischer Anzeiger 68, 540 (18.12.1919).

Von größerer Bedeutung war, dass Anna Krückmann 1920 den Hausfrauenverein grundsätzlich neu ausrichtete. Nachdem die Sammlungsrhetorik der Kriegszeit obsolet geworden war, sollte der Verein neue Funktionen übernehmen, und er fokussierte sich politisch und sozial jetzt scharf. Was Anna Krückmann zu sagen hatte, klang zunächst recht unspektakulär: Bei der Jahresversammlung 1920 sollte der Vorschlag diskutiert werden, den Verein in eine „Berufsorganisation der Hausfrauen in Stadt und Land" umzuwandeln.[252] Das trug einer Entwicklung Rechnung, die sich aus der Revolution ergeben hatte. Der Rat der Volksbeauftragten hatte im November 1918 die überkommenen Gesindeordnungen aufgehoben. Ziel war eine Modernisierung der Arbeitsverhältnisse im Sinne tariflich vergüteter Lohnarbeit. Das galt auch für bürgerliche Haushalte. Der Hausfrauenverein hätte also den Charakter einer Arbeitgeberinnenorganisation gewonnen, deren Aufgabe es sein sollte, Tarifverträge mit einer gewerkschaftlichen Organisation der Hausangestellten abzuschließen. Ein entsprechender Verband der Angestellten konstituierte sich jetzt auch in Münster, und auf regionaler Ebene (nicht in der Stadt) kam es auch zu einem Tarifabschluss.[253] Doch das war nicht im Sinne Anna Krückmanns. Als erste Frau überhaupt erhielt sie in der Lokalpresse die Gelegenheit, ihre Position in zwei Namensartikeln zu formulieren, und sie tat das mit einer scharfen Ablehnung jeder Tarifbindung. Eine tarifvertragliche Entlohnung, so argumentierte sie, zerstöre das auf Vertrauen beruhende besondere Arbeitsverhältnis im bürgerlichen Haushalt. Die Aushandlung von Löhnen sei Angelegenheit des freien Marktes, nicht Aufgabe von Tarifvertragsparteien. Am Ende seien die Arbeiterhaushalte die Leidtragenden einer solchen Entwicklung, weil die Ausbildung, die die späteren Arbeiterfrauen als Dienstmädchen im bürgerlichen Haushalt erhielten, so verloren gehe.[254] Ihre Position verteidigte sie in scharfen Angriffen auf die christlichen Gewerkschaften und den Hausangestelltenverband: Nur Zwietracht bringe die Formalisierung und Verrechtlichung des Hausangestelltenverhältnisses.[255] Das war eine an Schärfe kaum zu überbietende Absage an Tarifverträge und Gewerkschaften, die die „Herr-im-Hause"-Position der deutschnationalen Industriepolitik auf den bürgerlichen Haushalt übertrug. Die Hausfrau, das war jetzt nicht mehr wie im Krieg der Frauen aller

252 Münsterischer Anzeiger 69, 97 (24.2.1920); Münstersche Zettung 50, 55 (24.2.1920).

253 Zur Gründung des Hausangestelltenverbands und des Tarifabschlusses mit den vereinigten Hausfrauenverbänden Münsterischer Anzeiger 69, 7 (6.1.1920).

254 Münsterischer Anzeiger 69, 165 (7.4.1920).

255 Münsterischer Anzeiger 69, 216 (4.5.1920).

Schichten umfassende Sammlungsbegriff, sondern das war jetzt die Chefin des bürgerlichen Hauses als Kleinbetrieb, in dem keine Gewerkschaften eine Funktion haben sollten. Mit dieser Kampfansage hatte Anna Krückmann den Hausfrauenverband zu einer deutschnationalen Vorfeldorganisation umgebaut, die in scharfer Konfrontation zur Arbeiterbewegung, aber auch zum linken Zentrumsflügel stand. Doch die inhaltliche Profilschärfung hatte ihren Preis. Die soziale Basis des Vereins schrumpfte dadurch drastisch, weil die alten Sammlungsappelle obsolet wurden, und der Hausfrauenverein wandelte sich zu einer Formation des akademischen und des Besitz- und Wirtschaftsbürgertums. Noch anderthalb Jahrzehnte später rühmte Anna Krückmann es als ihr Verdienst, dass sie die Tarifbindung der Hausarbeitsverhältnisse verhindert habe.[256] Daher war es nur folgerichtig, dass sie kurz darauf auch formal den Vorsitz des von ihr neu ausgerichteten Verbandes in Münster übernahm.[257] Der Hausfrauenverband war fortan eine an deutschnationalen Politikzielen ausgerichtete Organisation, die ganz von Anna Krückmann bestimmt wurde. Darüber hinaus stand sie zunächst noch weiter an der Spitze des Kolonialfrauenbunds und arbeitete in der Ortsgruppe der DNVP mit. Sie war 1920 zu einer relevanten Figur des rechten Netzes in Münsters Stadtgesellschaft geworden.

256 StdAMS Deutscher Hausfrauenbund Nr. 2, Rede Anna Krückmann vom 9.1.1936, 5.
257 Ebda., 6.

# VII. Der „Abbröckelungsprozess": Paul Krückmann und die Medienmacht des Zentrums

Im Frühjahr 1925 war Paul Krückmann in seiner mecklenburgischen Heimat unterwegs und hielt in Güstrow bei einer Versammlung des Landbundes eine Rede, mit deren medialem Echo er es sogar durch den Filter der Münsterschen Zentrumspresse schaffte. Dort hatte Krückmann nämlich seine politische Strategie im katholischen Münsterland sehr grundsätzlich erläutert. „Es liegt deshalb auf der Hand, daß der Nichtkatholische den Abbröckelungsprozeß im Zentrum seit Jahrzehnten mit Interesse verfolgt. Dieser Abbröckelungsprozeß ist notwendig, weil ohne ihn Deutschland nie wieder zu gesunden Zuständen kommen kann. Da gilt die Frage: ‚Wie kann man den Abbröckelungsprozeß beschleunigen?' (…) Und da kann das Zentrum nicht mehr geschädigt werden, als wenn die nationalen Elemente versuchen, in die katholische Landwirtschaft, wie in die katholischen gebildeten Kreise der Städte einzudringen. Die gebildeten Städter Westfalens sind verhältnismäßig leichter zu gewinnen für nationale Parteipolitik, als der langsam erwägende westfälische Landwirt."[258] Den in seiner Sicht etwas träge denkenden münsterländischen Landwirt wollte Krückmann gewinnen, indem er die zent rumsinternen Konflikte zwischen dem Sozialflügel und den Landwirten verschärfen wollte, während er sich in der Stadt offenbar schon auf einem guten Weg sah, dem Zentrum die akademisch Gebildeten abspenstig zu machen. Diese Aussagen erfolgten vor dem Hintergrund massiver zentrumsinterner Konflikte, die in Zusammenhang mit der Berufung des Oberpräsidenten Johannes Gronowski und bei den Auseinandersetzungen um den damaligen preußischen Landtagsabgeordneten Franz von Papen auch öffentlich ausgetragen worden waren. Krückmann sah offensichtlich in Münster bereits Erfolge dabei, in der Stadtgesellschaft rechte – in seinem Sinne „nationale" – bürgerlich-akademische Parteigänger des Zentrums für die deutschnationale Sache zu gewinnen. Die Wahlergebnisse von 1924 konnten dafür in der Tat als Beleg dienen, hatte doch das Zentrum erstmals seine kommunale Mehrheit verloren. Neu war Mitte der 1920er Jahre allerdings die Deutlichkeit, mit der er seine Strategie auch öffentlich erklärte. Dass er allerdings seine politischen Aktivitäten zunehmend auch in die Region ausgeweitet hatte, war schon länger erkennbar.

258 Münsterischer Anzeiger 74, 242 (18.3.1925).

Von zentraler Bedeutung für seine „Abbröckelungstaktik" in der Stadt Münster und der Region war das Vorhaben, die mediale Hegemonie des Zentrums anzugreifen. Auch wenn diese Macht auf mehrere konkurrierende Tageszeitungen verteilt war, hatte Krückmann auch persönlich registrieren müssen, wie schwer es war, als protestantischer Deutschnationaler durchzudringen. Schon im Jahr 1916 hatte er Ideen zur Übernahme von Verlagen entwickelt, mit denen das rechte Netzwerk seine politische Basis und seine Reichweite strukturell stärken wollte. Nach dem Krieg wurden die Überlegungen mit regionaler Fokussierung wieder aufgenommen. Die Dringlichkeit dürfte sich aus deutschnationaler Sicht erhöht haben, seitdem die Sozialdemokratie 1919 mit der Tageszeitung „Volkswille" ihrerseits dem republiktreuen Lager in Münster und dem Münsterland eine deutlich wahrnehmbare Stimme gegeben hatte. Mit ihrem Projekt forderten Krückmann und seine Mitstreiter das katholische Milieu und die Meinungshegemonie des Zentrums ebenso wie die republiktreuen Kräfte der Sozialdemokratie und der bürgerlichen Demokraten grundlegend heraus.[259]

Die zentrale Aufgabe bei der Realisierung dieses Vorhabens aber war die Finanzierung. In dieser Hinsicht hatte das Netzwerk während des Krieges 1916 versucht, über Hugenberg die Fonds der Schwerindustrie für diesen Zweck zu nutzen. Aber diese auf überregionale Medien zielenden Aspirationen scheiterten. Damals war Hugenberg der erste Ansprechpartner gewesen, und das bleib auch bei dem regionalen Zeitungsprojekt vorerst so. Einen Vertrag wolle man nicht ohne Hugenbergs Mitwirkung unterzeichnen, das stand für die Münsterschen Initiatoren anfangs fest.[260] Doch zeigte sich, dass die strategischen und inhaltlichen Dissonanzen zwischen Hugenberg und Stinnes dazu führten, dass die Finanzierung nicht nur dieses Vorhabens durch die Schwerindustrie schwieriger wurde.[261] Daher war man gleichzeitig bemüht, Unterstützung in Stadt und Region zu finden. So verhandelte Hoffmann noch kurz vor dem Start des Zeitungsprojekts mit dem DVP-Stadtverordneten und führenden Vertreter des Vereins der Kaufmannschaft in Münster, Heinrich Engberding. Um die Schlagkraft zu erhöhen, schien ein gemeinsames Zeitungsvorhaben oder zumindest eine Kooperation im Nach-

259 Zur Gesamtstrategie der DNVP in der Pressearbeit M. Ohnezeit, Zwischen „schärfster Opposition" und dem „Willen zur Macht", 83–87.

260 Brief Hoffmanns an Hugenberg vom 27.11.1919, BA N 1231/16, 281.

261 U. Jungcurt, Alldeutscher Extremismus in der Weimarer Republik, 294.

richtenbereich vorstellbar.[262] Die vertraulichen Verhandlungen zeigen, wie fluide die Grenzen zwischen DVP und DNVP in der Stadt waren,[263] und wie sehr die gemeinsame Frontstellung gegenüber der Zentrumshegemonie die rechten Gegner einte. Eine solche Beteiligung allerdings zerschlug sich bald, da sowohl Albert Vögler als auch Heinrich Engberding an der wirtschaftlichen Tragfähigkeit des Projekts Zweifel anmeldeten und keine Zusagen geben wollten und auch die Professoren das Projekt letztlich lieber in eigener Regie betreiben wollten.[264]

Während Hoffmann bei der Suche nach Finanzquellen im Bereich der Schwerindustrie und der DVP nur Teilerfolge erreichte, war Krückmann auf der agrarisch-adeligen Seite auf der Suche nach Finanziers. In einem Rundschreiben im Namen des DNVP-Landesverbands Münster, das undatiert ist, aber wohl aus dem Sommer 1919 stammt, warb er intensiv für das Vorhaben: „Für den Fortgang der deutschnationalen Sache ist es unumgänglich, eine für den westlichen Teil des Wahlkreises Münster-Minden geeignete Tageszeitung von entschieden nationaler Gesinnung zu gründen." Für dieses Projekt bestehe die Hoffnung, „von auswärts bedeutende Geldmittel" akquirieren zu können, allerdings setze dies voraus, dass man vor Ort „selber tatkräftige Opfer bringen" müsse.[265]

Krückmann war also für die Finanzierung innerhalb des deutschnationalen Milieus zuständig. Doch von der persönlichen Ansprache potentieller Geldgeber versprach man sich mehr als von Briefen, und es ist bemerkenswert, wen Krückmann für eine solche Werbung um Finanziers gewinnen konnte: Zum einen war das die Tochter des früheren Kommandierenden Generals und preußischen Kriegsministers von Einem, die bereits seit langem zum engsten Umfeld der Krückmanns gehörte, zum anderen aber ein in den Kreisen der Rechten neuer Mann, mit dem Krückmann aber bereits

262 Brief Hoffmanns an Hugenberg vom 5.12.1919, BA N 1231/16, 276 r/v. Hoffmann kennzeichnet Engberding dabei als einen „zuverlässigen, durchaus nicht engherzig auf seine Partei eingeschossenen, klugen Geschäftsmann" (ebda.). Die Übereinstimmung mit dem späteren DVP-Landtagsabgeordneten bestand allerdings auch in der gemeinsamen Ablehnung der Weimarer Reichsverfassung, die Engberding in einer Debatte in der Stadtverordnetenversammlung klar artikulierte, Bericht Volkswille 6, 172 (25.7.1924).

263 Dazu auch L. Grevelhörster, Münster zu Anfang der Weimarer Republik, 40f.

264 Brief Hoffmanns an Hugenberg vom 25.12.1919, BA N 1231/16, 270 r–271 r.

265 Gedrucktes Rundschreiben Krückmanns mit Zeichnungsschein für Anteile, als „streng vertraulich" gekennzeichnet, in: LAV NRW (W) Gesamtarchiv von Romberg 1147.

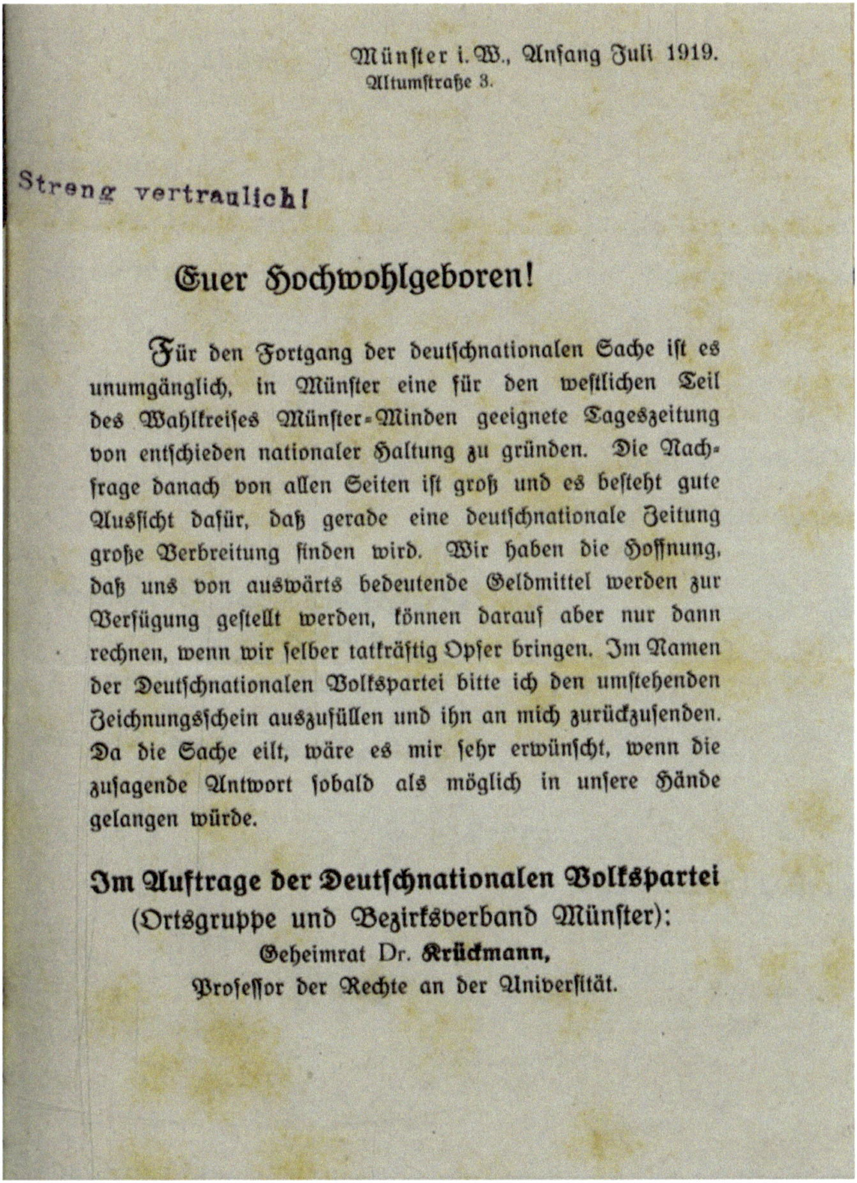

Münster i. W., Anfang Juli 1919.
Altumstraße 3.

Streng vertraulich!

Euer Hochwohlgeboren!

Für den Fortgang der deutschnationalen Sache ist es unumgänglich, in Münster eine für den westlichen Teil des Wahlkreises Münster-Minden geeignete Tageszeitung von entschieden nationaler Haltung zu gründen. Die Nachfrage danach von allen Seiten ist groß und es besteht gute Aussicht dafür, daß gerade eine deutschnationale Zeitung große Verbreitung finden wird. Wir haben die Hoffnung, daß uns von auswärts bedeutende Geldmittel werden zur Verfügung gestellt werden, können darauf aber nur dann rechnen, wenn wir selber tatkräftig Opfer bringen. Im Namen der Deutschnationalen Volkspartei bitte ich den umstehenden Zeichnungsschein auszufüllen und ihn an mich zurückzusenden. Da die Sache eilt, wäre es mir sehr erwünscht, wenn die zusagende Antwort sobald als möglich in unsere Hände gelangen würde.

**Im Auftrage der Deutschnationalen Volkspartei**
**(Ortsgruppe und Bezirksverband Münster):**
Geheimrat Dr. **Krückmann,**
Professor der Rechte an der Universität.

Abbildung 3: Gedruckter Aufruf Paul Krückmanns, für ein deutschnationales Zeitungsprojekt in Münster zu spenden, mit dem Stempel „streng vertraulich".

1912 seinen Aufruf für die Lupusstiftung gestartet hatte, der frühere Oberpräsident der Provinz Westfalen, Karl Prinz von Ratibor und Corvey.[266] Beide wandten sich wie Krückmann an Persönlichkeiten aus der Region, von denen sie sich eine finanzielle Unterstützung des Zeitungsprojekts erhofften, und das waren nach Lage der Dinge vor allem Vertreter des grundbesitzenden Adels im Münsterland mit deutschnationaler Gesinnung.[267] Krückmann und sein persönliches Umfeld konzentrierten sich also auf die Landwirtschaft, während Hoffmann die Schwerindustrie anging, aber da nur geringe Resonanz erzielte. Baron Gisbert von Romberg in Dülmen beispielsweise erreichten gleich drei Aufforderungen zur Zeichnung von Anteilen, nämlich durch von Einem, von Ratibor und Krückmann, ausschlaggebend für eine positive Antwort war dabei der frühere Oberpräsident.[268] Insgesamt sollten 500.000 Mark Startkapital aufgebracht werden, was nicht vollständig gelang, aber das Projekt zunächst nicht aufhielt.[269] Die Einzahlungen liefen über Konten von Ratibors,[270] was zeigt, in welchem Ausmaß das Zeitungsprojekt Krückmanns inzwischen an einflussreiche und gut vernetzte Protagonisten des westfälischen Adels angebunden worden war. Maßgebliche Vertreter des

266 Vor der Ausrufung der Republik hatte Ratibor noch Distanz gehalten und insbesondere eine Mitarbeit in der Vaterlandspartei abgelehnt, so in einem Schreiben an den Hauptgeschäftsführer der Vaterlandspartei vom 25.12.1917, GStA PK I. HA Rep. 92 NL Kapp Nr. 483, 13. Das änderte sich in der Republik.

267 Allzu eindeutig hat W. Reininghaus, Die Revolution 1918/19, 112–114, den westfälischen Adel eingeordnet: „Die politische Positionierung des westfälischen Adels lag auf der Hand." [113] und damit eine Zuordnung zum Zentrum vorgenommen. Das aber trifft für eine ganze Reihe sehr relevanter Vertreter wie Ratibor-Corvey, Salm-Horstmar, Landsberg-Velen, Droste-Hülshoff, Romberg u.a. nicht zu, die sich alle im deutschnationalen Netzwerk befanden und zum Teil erhebliche Geldmittel zu investieren bereit waren. Zu dem Prozess der Zuwendung des westfälischen Adels zu den Deutschnationalen und zur Abwendung vom Zentrum ausführlich H. Conrad, der lange Abschied von der Macht, 206–210. Zur schon ins Kaiserreich zurückreichenden Spaltung der Zentrumsadels ebda. 177–183.

268 LAV NRW (W) Gesamtarchiv von Romberg 1147 (ohne Nummerierung der Aktenseiten): Anfrage von Einems, Rückfrage Rombergs, ob es sich um dasselbe Projekt wie bei von Ratibor und Corvey handele, schließlich Zeichnungsunterlagen durch Krückmann. Mitteilung von Rombergs an den Bevollmächtigten der DNVP vom 13.12.1919: „Für ein deutschnationales Zeitungsunternehmen (...) habe ich infolge Schreibens Sr. Durchlaucht des Prinzen von Ratibor (...) Mk. 5000,-- gezeichnet." Von Einem wurde zeitgleich informiert.

269 Schreiben Otto Hoffmanns vom 3.2.1920 an Romberg, ebda.

270 Schreiben des Rentmeisters Ratibors an Romberg vom 22.3.1920, ebda.

westfälischen Adels wandten sich immer deutlicher von der Zentrumspartei ab und den Deutschnationalen zu. Das Münstersche Netzwerk um Krückmann und Hoffmann koordinierte das Projekt inhaltlich, die wirtschaftliche Koordination bei dem landbesitzenden Adel lag dagegen zunächst in den Händen von Ratibors.

Am 2. März 1920 erschien die erste Nummer der neuen Zeitung „Der Westfale“, die als „Volkszeitung für Deutschnationale Politik“ firmierte. In einem anonymen Geleitwort auf der Titelseite, das dem Kreis um Krückmann zugeordnet werden muss, wurde das Projekt erklärt. Der Rückblick auf das Kaiserreich war dabei zentral: „Wir waren ein Volk, zusammengehalten durch Sprache und Staat, aber wir waren keine Nation, durch die der Pulsschlag gemeinsamen Empfindens, das Gefühl engster Zusammengehörigkeit hindurchging.“ Der Appell zu nationaler Einigkeit unter Verzicht auf gesellschaftlichen Pluralismus war eng verknüpft mit der Absage an Republik und Parlament: „Die parlamentarische Regierungsform ist für Deutschland ein Unglück, das hat schon diese kurze Zeit des neuen Regiments gezeigt. (...) Ein neues Kaisertum kann nicht willkürlich errichtet werden, es muß von innen aus dem Volk herauswachsen und wird in neuer Form erstehen.“[271] Damit waren die Ziele klar benannt: Eine Revision der Revolution von 1918 und eine Restauration einer erneuerten Monarchie waren die Ziele der neuen Zeitung und des hinter ihr stehenden, stark adelig geprägten Kreises ihrer Geldgeber. Ein überkonfessionelles Bekenntnis zum Christentum und eine Absage an den Bürgerkrieg als politischer Methode schlossen die Erklärung ab, wenngleich drei Wochen später nach dem Kapp-Putsch die Absage an den Bürgerkrieg schon weniger entschieden klang.[272] Das somit eindeutig antirepublikanische Blatt wurde von der Druck- und Verlagsgesellschaft mit dem programmatischen Namen Wittekind in der Rosenstraße in Münster erstellt und vertrieben. Diese Gesellschaft war bis zum Frühjahr 1920 mit den Mitteln der Adeligen und des Netzwerkes kapitalisiert worden, sollte aber entgegen der Angaben auf dem Zeitungstitel erst am 18. April 1920 konstituiert werden[273] – der Drang zur politischen Tat war größer als die ökonomische Sorgfalt.

Doch das erwies sich als Fehler. Krückmann musste Anfang Juni feststellen, dass nicht alle Geldgeber dem Projekt solche Bedeutung zumaßen wie

271 Der Westfale 1, 1 (2.3.1920).

272 Der Westfale 1, 13 (21.3.1920).

273 Schreiben der DNVP vom 9.4.1920, in: LAV NRW (W) Gesamtarchiv von Romberg 1147.

er: Die Eintragung ins Handelsregister scheiterte, weil die Gremien wegen mangelnder Präsenz der Gesellschafter in der Versammlung nicht besetzt werden konnten.[274] Ganz offensichtlich hatte nach dem Scheitern des Kapp-Putsches die Motivation stark nachgelassen, und Besserung war nicht in Sicht, sodass von Ratibor bald die Initiative ergriff, das Münstersche Zeitungsprojekt mit einem ähnlich gelagerten im Bergischen Land zu vereinigen.[275] Dieses wurde von Walther Bacmeister betrieben, der als ehemaliges Mitglied des preußischen Abgeordnetenhauses, der Vaterlandspartei und des Alldeutschen Verbands nicht nur eine ähnliche politische Ausrichtung garantierte, sondern auch über erwiesene verlegerische Kompetenz verfügte. Krückmann warb für diese Entscheidung mit dem Versprechen einer Professionalisierung des Projekts, aber er mahnte auch, dass es wichtig sei, neben dem aus schwerindustriellen Fonds finanzierten Zeitungsprojekt Bacmeisters auch „dem ländlich konservativen Kapital so viel Einfluss wiemöglich [sic] zu verschaffen."[276] In der Sache handelte es sich natürlich um eine Verwässerung der Anteile der Kapitalgeber, weshalb Krückmann für Opferbereitschaft warb und das große Ziel betonte: „Die Konzernbildung als Gegengewicht gegen die jüdische Presse liegt in der Luft, wir wollen insbesondere aber auch gegen Stinnes ein Gegengewicht schaffen."[277] Damit hatte Krückmann klar gemacht, dass sein Zeitungsprojekt Teil einer einerseits antisemitischen und andererseits gegen den Einfluss des erheblich pragmatischeren Hugo Stinnes gerichteten Gesamtstrategie der radikalen Rechten war. So sollte Bacmeister in Münster eine eigene Druckerei kaufen oder gründen, mit der „der Westfale" fortgeführt werden könne.[278] Auch wenn sich mit der Druckerei Krick ein Kandidat fand, musste Krückmann bald schärfere Töne anschlagen: Wenn der münsterländische grundbesitzende Adel – er nannte die Finanziers seine „konservativ agrarischen Freunde" – nicht an der Finanzierung substantiell mitwirke, würde die Industrie das Zeitungsprojekt in ihre Hände nehmen.[279]

Doch es zeigte sich bald: Krückmann und sein Netzwerk hatten sich mit dem Zeitungsprojekt gründlich verhoben. Die Übermittlung der schlechten Nachrichten an die Geldgeber überließ der Professor anderen. Diese erfuh-

274 Schreiben Krückmanns an Romberg vom 2.6.1920, ebda.
275 Schreiben Krückmanns an Romberg vom 1.7.1920, ebda.
276 Ebda.
277 Ebda. Seite 2.
278 Mehrseitiges Konzept aus dem Sommer 1920 (undatiert), ebda.
279 Schreiben Krückmanns an Romberg vom 11.7.1920, ebda.

ren im August 1920, dass „der Westfale" in den ersten fünf Monaten bereits 90.000 Mark Eigenkapital verbrannt hatte, und bei einer Krisensitzung war „ziemlich klar", „dass die Zeitung ihr Erscheinen über kurz oder lang einstellen muss." Für den Break-even war eine Abonnentenzahl von 4000 erforderlich, aber seit der Erstausgabe war die Zahl bis zum Sommer von 1800 auf 1500 zurückgegangen. Eine Marktanalyse, Wirtschaftspläne oder einen nachvollziehbaren Businessplan hatte es zu keinem Zeitpunkt gegeben. Nun sollte eine Komplettübernahme der Zeitung durch Bacmeister (und indirekt durch dessen schwerindustrielle Geldgeber) zumindest eine deutschnationale Zeitung in Münster retten, eine stärker wirtschaftsjournalistische Ausrichtung zudem eine publizistische Marktlücke in der Stadt schließen. Allerdings würden die politischen Inhalte der Bergisch-Märkischen Zeitung einfach zu übernehmen sein, nur die Druckerei in Münster solle gehalten werden zur Absicherung vor „Putschen im Industrierevier".[280] Am 1. September 1920 wurde die Übernahme der „Wittekind"-Gesellschaft durch Bacmeister vollzogen, zum Jahresende stellte „der Westfale" sein Erscheinen wieder ein.

Krückmanns hochambitioniertes Zeitungsprojekt war gescheitert. Das deutschnationale Blatt hatte sich neben der etablierten Zentrumspresse und dem sozialdemokratischen „Volkswille" nicht behaupten können. Offensichtlich war die Anhängerschaft und Zahlungsbereitschaft der Deutschnationalen im Kontext des Kapp-Putsches und der folgenden Wahlniederlage in Münster weit geringer als von dem rechten Netzwerk vermutet. Die geringen Abonnentenzahlen jedenfalls deuten darauf hin, dass Krückmann und seine Mitstreiter trotz ihrer intensiven Netzwerkarbeit einigermaßen isoliert dastanden und zu diesem Zeitpunkt nicht in der Lage waren, ein solches Projekt zumindest wirtschaftlich neutral umzusetzen. Das war ein herber Rückschlag für Krückmanns „Abbröckelungsstrategie": Die Medienhegemonie des Zentrums hatte er brechen wollen, aber war daran schon nach einem guten halben Jahr gescheitert – da half auch die Finanzkraft des Netzwerks des rechten Landadels nicht weiter. Dennoch darf die Bedeutung des Projekts nicht unterschätzt werden, wieder einmal hatte Krückmann nämlich den Diskurs in der Stadt deutlich verändert.

„Der Westfale" war trotz seines wirtschaftlichen Misserfolgs mediengeschichtlich wichtig: Es handelte sich um die erste offen antisemitische Tageszeitung der Stadt und der Region. Das war die logische Konsequenz aus der

280 Schreiben Dreymanns an Romberg vom 8.8.1920, ebda.

politischen Positionierung der Initiatoren. Anna und wohl auch Paul Krückmann waren Anfang 1921 dem radikal antisemitischen „Deutsch-völkischen Schutz- und Trutzbund" beigetreten.[281]

Die Organisation ging aus dem Alldeutschen Verband hervor, dessen Stadtverbandsvorsitzender Krückmann immer noch war, und nahm die Programmschrift „Wenn ich der Kaiser wär" von Heinrich Claß zum Ausgangspunkt für ihre radikal antisemitische und auf eine Rechtsdiktatur zielende Programmatik.[282] „Der Westfale" gab der Hetze schon in seinen allerersten Ausgaben breiten Raum. Da ging es nicht nur um Polemik gegen die Presseorgane der republiktreuen Konkurrenz – der Volkswille sei „das Zug-Ochsen-Gespann des internationalen Judentums" –, sondern vor allem auch um Werbung für den Trutzbund. Die Leserschaft solle daran „mitwirken, daß unser so geschlagenes Volk nicht noch tiefer in die Versklavung des internati onalen Judentums gerät, sondern aus der Knechtschaft dieser Großschieber und Wucherer befreit" werde.[283] Während der Trutzbund in der Universität Anfang März 1920 zwei Werbevorträge hatte halten können, stellte „Der Westfale" zeitgleich in seiner siebten Ausgabe der antisemitischen Polemik des Trutzbundes seine Titelseite zur Verfügung. Auf den Vorwurf antisemitischer Gewalt reagierte der Trutzbund dort mit Täter-Opfer-Umkehr und verwies auf die rechten Todesopfer während der Münchener Räterepublik. Darüber hinaus wurden die alten Narrative der Kriegszeit über angeblich weniger Fronteinsätze von Juden, Übermacht der angeblichen jüdischen Presse und die Dolchstoßlegende reproduziert.[284] Von solchen Veröffentlichungen begleitet, kam am 10. März 1920 ein Dortmunder Rabbiner an der Universität zu Wort. Die Veranstaltung wurde von Antisemiten massiv gestört, der Trutzbund hatte eine erste Probe seiner Absichten geliefert.[285] Wer sich wie

281 LAV NRW (W) Soldatenverbände Nr. 17, ausführlich G. Krüger, treudeutsch allewege, 145. Die Mitgliedsnummer Anna Krückmanns war 116980, der Beitrittsantrag datierte vom 30.1.1921. Angesichts der engen Verknüpfung des Bundes mit dem Alldeutschen Verband ist es nicht unwahrscheinlich, dass Paul Krückmann bereits zuvor Mitglied geworden war. Die Mitgliedslisten aus Münster sind nur bruchstückhaft überliefert.

282 Zu den Verbindungen mit den Alldeutschen J. Leicht, Heinrich Claß (1858-1953), 266–269; daneben S. Breuer, Die Völkischen in Deutschland, 150–160. Zum Verband und seiner Geschichte in Münster G. Krüger, Treudeutsch allewege, 134–160; L. Grevelhörster, Anfänge und Entwicklung der BSDAP in Münster, 157f.

283 Der Westfale 1, 12 (14.3.1920).

284 Der Westfale 1, 7 (8.3.1920).

285 Münsterischer Anzeiger 69, 130 (12.3.1920).

der Landtagsabgeordnete des Zentrums und Theologe Georg Schreiber[286] oder die Sozialdemokratie mit ihrem „Volkswille" der antisemitischen Hetze entgegenstellte, geriet selbst ins Fadenkreuz der neuen deutschnationalen Zeitung.[287] Die auf dem Rassenantisemitismus beruhende[288] Agitation des von Krückmann initiierten Mediums ist die markante ideologische Konstante und ein Alleinstellungsmerkmal in der Münsterschen Medienlandschaft während ihrer gesamten Erscheinungszeit.

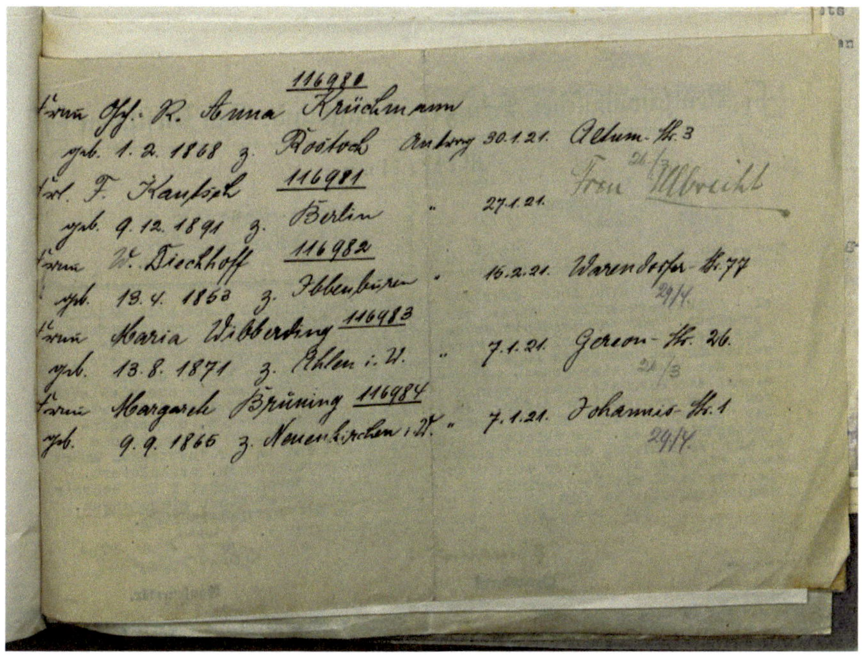
116980
Anna Krückmann
geb. 1.2.1868 z. Rostock 30.1.21.
F. Kautsch 116981
geb. 9.12.1891 z. Berlin " 27.1.21.
Diekhoff 116982
geb. 13.4.1853 z. Ibbenbüren " 16.2.21. Warendorfer-Str. 77
Maria Wibberding 116983
geb. 13.8.1871 z. Ahlen i. W. " 7.1.21. Gereon-Str. 26.
Margarete Brüning 116984
geb. 9.9.1865 z. Neuenkirchen i. W. " 7.1.21. Johannis-Str. 1

Abbildung 4: Handschriftlicher Auszug aus der Mitgliederliste des Deutsch-Völkischen Schutz- und Trutzbundes mit Nummer und Antragsdatum Anna Krückmanns in der ersten Zeile.

286 Münsterischer Anzeiger 69, 63 (5.2.1920).
287 Der Westfale 1, 67 (27.5.1920).
288 Markant etwa Der Westfale 1, 40 (23.4.1920).

# VIII. Paul Krückmann und der Putsch

Die Etablierung der Zeitung „Der Westfale“ am 2. März 1920 aber fiel in eine Zeit, in der sich die Dinge zuspitzten. Die Alliierten verlangten ultimativ die Entwaffnung der Paramilitärs und die Abrüstung, die Reichsregierung stand unter Druck. Die neue Zeitung erwies sich vom ersten Tag an als Stichwortgeber der radikalen Feinde der Republik. Mit ihren antisemitischen Aufrufen wirkte sie vor allem auf die Universität, wo sich das völkische Lager formierte. Der Krawall beim Besuch des Rabbiners am 10. März 1920 hatte gezeigt, zu welcher Mobilisierung die Antisemiten in der Lage waren. Und vor allem hatte er die enorme Gewaltbereitschaft unter Beweis gestellt, zu der die ältere Generation mit der neuen Zeitung die publizistische Begleitmusik lieferte.

Umso erstaunlicher ist es, dass es in der darauffolgenden Woche an der Universität ruhig geblieben sein soll,[289] als der Kapp-Lüttwitz-Putsch die verfassungsmäßige Regierung des Deutschen Reiches ersetzen wollte. In der Stadt war die Situation unübersichtlich: Da verhielt sich der Kommandierende General Oskar von Watter in Münster passiv bis indifferent und verweigerte der legitimen Regierung damit die Unterstützung.[290] Ähnliches galt für Oberbürgermeister Georg Sperlich.[291] Weitaus entschiedener fiel die Reaktion auf die auch nach dem Zusammenbruch des Putsches andauernden Streik- und Aufstandsbewegungen im Ruhrgebiet aus. An der Universität formierte sich unter der Leitung des fronterfahrenen Majors und alten Weggefährten Krückmanns, Hubert Naendrup, die Akademische Wehr, die umgehend im südlichen Münsterland das blutige Vorgehen gegen die „Rote Ruhrarmee“ absicherte. Dieses Vorgehen fand positive Resonanz in den bürgerlichen Kreisen der Stadtgesellschaft.[292] In den eigentlichen Putschtagen dagegen soll es – anders als in der Woche zuvor mit den antisemitischen Krawallen – an der Universität ruhig geblieben sein.

Dieses Bild jedenfalls versuchte die Universitätsleitung nach den Ereignissen zu zeichnen. Am 16. April 1920, also einen Monat nach dem Putsch und angesichts der laufenden Kämpfe im Ruhrgebiet, gaben Rektor und Senat

289 Entsprechend auch G. Krüger, Treudeutsch allewege, 70.

290 H.-U. Thamer, Stadtentwicklung und politische Kultur, 232–234. Ausführlich auch L. Grevelhörster, Anfänge und Entwicklung der NSDAP in Münster, 55–58.

291 Zu dessen Haltung T. Pünder, Georg Sperlich, 84f.

292 H.-U Thamer, Stadtentwicklung und politische Kultur, 235f.; L. Grevelhörster, Münster zu Anfang der Weimarer Republik, 60–66.

der Universität gegenüber dem Kurator eine eindeutige, allerdings im Entwurf mehrfach überarbeitete Erklärung zu den Ereignissen ab: Man teilte mit, „dass dem Rector und Senat nicht bekannt ist, dass ein Mitglied der Universität sich für Kapp betätigt hat."[293] Es sei zwar möglich, dass das eine oder andere Mitglied der Akademischen Wehr sich negativ über die Regierung geäußert habe, aber das sei nicht die Haltung der gesamten Formation, die außerdem erst nach dem Zusammenbruch des Putsches einberufen worden sei. Es sei kein Fall bekannt, in dem disziplinarisch hätte eingegriffen werden müssen. In der Ursprungsfassung hatte es allerdings geheißen, dass man eine Untersuchung dazu generell ablehne. Ein Zusammenhang mit dem Freikorps Lichtschlag bestehe allenfalls im Hinblick auf die Waffenlagerstelle in der Trainkaserne. In der abgesandten Fassung bedankten sich Rektor und Senat für die Leistungen der Akademischen Wehr, in der Ursprungsfassung hatte man sogar Vorwürfe gegen diejenigen erhoben, die sich der Mitgliedschaft dort verweigerten. Die Spitzen der Universität gaben der Akademischen Wehr also ein exzellentes Zeugnis und bestritten jede Unterstützung eines Mitglieds der Universität für den Putsch.

Das war bemerkenswert in mehrfacher Hinsicht. Zum einen enthalten die universitären Akten nur die Antwort auf eine Anfrage des Kurators, nicht aber den gesamten Vorgang selbst. Zum anderen beantwortete die Erklärung ausführlich die Frage nach der Haltung der studentischen Paramilitärs, aber äußerst knapp und pauschal die nach der Positionierung während des eigentlichen Putsches. Das hatte gute Gründe. Die republiktreue Preußenregierung hatte nämlich dem Kurator ganz andere Fragen gestellt, und dabei ging es nicht um die Haltung der Studierenden nach dem Putsch, sondern um diejenige zweier Professoren während des Putsches – und zwar um die Hubert Naendrups und Paul Krückmanns.

Am 13. April 1920 hatte das Ministerium dem Oberpräsidenten als Kurator der Universität mitgeteilt, dass es über Informationen über die beiden Professoren verfüge, die eine Vernehmung der Hochschullehrer selbst wie auch weiterer Zeugen notwendig machten. Krückmann habe in einer Vorlesung über die „Ursachen des Zusammenbruchs" erklärt, „er stehe auf dem Boden der Kapp-Regierung". Außerdem habe er den Freikorps in deren „Kämpfen gegen Ebert-Noske" Erfolg gewünscht.[294] In der Vorlesung sei es zu Tumul-

293 UAMS Bestand 4, 1316, 298.

294 Schreiben des Ministeriums an den Oberpräsidenten vom 13.4.1920, GStA PK I. HA Rep. 76, Va Sekt. 13 Tit. I Nr. 10, 1 r.

ten gekommen. Das Ministerium forderte die Vernehmung eines namentlich benannten Zeugen, des Studenten Ernst Schmidt, legte aber dem Oberpräsidenten nahe, dessen Befragung diskret zu behandeln und seinen Namen nicht gegenüber Dozenten bekannt werden zu lassen. Neben dem Verhalten Krückmanns während des Putsches schien dem Ministerium auch die Haltung des amtierenden Rektors Gerhard Schmidt nicht eindeutig zu sein.[295] Hubert Naendrup solle kurz vor dem Putsch einen „Appell" in Form eines Kommerses durchgeführt haben, bei dem das Freikorps Lichtschlag die Musik gestellt und unter anderem „Heil dir im Siegerkranz" intoniert habe. Auch seine Rolle während des Putsches sei „umstritten", so die Vorwürfe aus Berlin.[296]

Außer der allgemeinen Antwort von Rektor und Senat musste die Regierung lange auf eine Antwort aus Münster warten. Es bedurfte einer deutlichen Ermahnung,[297] bis der Oberpräsident die Ergebnisse seiner Untersuchungen meldete. Wuermeling wies die Vorwürfe gegen die beiden Professoren mit deutlicher Schärfe zurück. Die Aussagen des Studenten Ernst Schmidt gegen Krückmann seien nicht stichhaltig, er habe daher keinen Grund gesehen, Krückmann selbst zu befragen. Es seien schließlich Ferien. Naendrups Aufruf zur Gründung der Akademischen Wehr – vom 18. März, also nach dem Scheitern des Putsches – lasse „keinen Zweifel zu". An dem fraglichen Kommers habe in seiner Vertretung der stellvertretende Kurator Peters teilgenommen. Das Singen der früheren Nationalhymne des Kaiserreichs habe man kaum verhindern können, sonst sei alles unauffällig geblieben.[298]

Der Student Ernst Schmidt war schon am 16. April 1920 vernommen worden. Er habe am 15. oder 18. März 1920[299] einen Anschlag an der Universität vorgefunden mit der Ankündigung Krückmanns, er wolle „über die Lage" sprechen, und zwar im Auditorium maximum. Er sei erst dazugestoßen, als Krückmann bereits begonnen hatte. Dieser habe über die Baltikum-Kämpfer gesprochen. Man hätte diese früher aufklären sollen, was aus ihnen werden solle. Deren Unzufriedenheit sei daher verständlich. An den zentralen

295 Zu Schmidt B. Haunfelder, Die Rektoren, Kuratoren und Kanzler, 180f.

296 Schreiben des Ministeriums an den Oberpräsidenten vom 13.4.1920, GStA PK I. HA Rep. 76, Va Sekt. 13 Tit. I Nr. 10, 1 v.

297 Schreiben des Ministeriums an den Oberpräsidenten vom 6.5.1920, ebda., 2.

298 Schreiben des Oberpräsidenten an das Ministerium vom 5.5.1920, ebda., 4.

299 In der Befragung wollte sich Schmidt nicht einmal mehr erinnern können, ob der Auftritt Krückmanns am Montag (also während des Putsches) oder erst am Donnerstag (nach dessen Zusammenbruch) stattgefunden habe.

Punkt, ob Krückmann sich auf den Boden der Kapp-Regierung gestellt habe, wollte sich Schmidt bei seiner Vernehmung nicht mehr erinnern können. Wohl aber wusste er noch, dass Krückmann mit seinen Ausführungen „lebhaften Widerspruch" erregt habe. Daraufhin habe dieser diejenigen, die das Kolleg nicht belegt hätten, zum Verlassen des Raumes aufgefordert, woraufhin er selbst und der größere Teil der Zuhörenden gegangen sei. Schmidt wollte sich an keine weiteren ihm bekannten Personen im Auditorium erinnern können, außerdem wisse er auch nicht, wer die Beschuldigungen gegen Krückmann erhoben habe.[300]

Durch diese Aussage war Krückmann nicht zu belasten. Auch Naendrup fand im stellvertretenden Universitätskurator einen Zeugen seiner Veranstaltung, der eine günstige Erinnerung hatte. Peters gab an, der Kommers habe schon deswegen keinen „Appell" dargestellt, weil die meisten Teilnehmer gar keine Uniform getragen hätten, nur die Korporierten seien uniformiert erschienen. Eine Kapelle, bei der sich der stellvertretende Kurator nicht erinnern konnte, ob sie vom Freikorps Lichtschlag stammte, habe „ein Potpourri verschiedener Studenten- und Vaterlandslieder" gespielt, darunter durchaus auch „Heil dir im Siegerkranz", aber auch das Deutschlandlied und „Deutschland hoch in Ehren". Aus Peters' Sicht war das „wohl ein unüberlegter Ausdruck jugendlicher Begeisterung". Er wusste auch noch, dass Reden gehalten wurden, allerdings konnte oder wollte er sich nicht erinnern, von wem und worüber.[301]

Das alles war zu wenig, um Krückmann und Naendrup in Schwierigkeiten zu bringen, aber es war deutlich, dass die beiden Professoren im Umfeld des Kapp-Putsches an der Universität nicht untätig geblieben waren. Bemerkenswert ist zunächst die Arbeitsteilung der beiden, die auch an anderen Stellen festzustellen ist. Während der fronterfahrene Naendrup den Kontakt zu den aktiven Militärs hielt und kurz darauf die überwiegend kriegserfahrenen Studenten mit Unterstützung des Kommandierenden Generals in paramilitärische Formationen überführte, war Krückmann für die propagandistische Aktion zuständig – eine Rolle, die er seit den Tagen der Vaterlandspartei intensiv wahrgenommen hatte. Die Aussage des Studenten Ernst Schmidt war zwar deutlich entschärft, aber in sich widersprüchlich. Er vermochte sich nicht mehr zu erinnern, ob Krückmann sich für Kapp ausge-

300 Aussageprotokoll des Studenten Ernst Schmidt vom 16.4.1920, GStA PK I. HA Rep. 76, Va Sekt. 13 Tit. I Nr. 10, 5f.

301 Bericht des stellvertretenden Kurators Peters vom 18.4.1920, ebda. 7.

sprochen habe – warum es aber zu Tumulten und Widerspruch gekommen sein soll, wenn das nicht der Fall war, blieb offen.

Dass Krückmann eine über seinen Hörerstamm und seine Fakultät hinausgehende universitäre Versammlung eingeladen hatte, blieb unstrittig. Ebenso war eine positive Bezugnahme auf die aus dem Baltikum kommenden und jetzt am Putsch beteiligten Freikorps eindeutig. Ob und inwieweit die Professorengruppe um Krückmann an der Aufstellung dieser Freikorps in Münster 1918/19 beteiligt war, lässt sich auf der Grundlage der noch verfügbaren Quellen nicht sicher rekonstruieren. Aber es gibt deutliche Hinweise, dass Krückmann sicher nicht gegen den Kapp-Putsch stand. So hatte das Netzwerk der Professoren bereits seit Gründung der Vaterlandspartei eng mit Wolfgang Kapp zusammengearbeitet, zumindest Otto Hoffmann kannte diesen auch persönlich aus der Gremienarbeit. Noch am 6. November 1918 hatte Hoffmann als Sprecher der Münsterschen Gruppe in einem Handschreiben Kapp das Interesse bekundet, nach dem Ende der Vaterlandspartei in neuen Formen zusammenzuarbeiten.[302] Kurz zuvor hatte Paul Krückmann in seiner Eingabe an Wilhelm II. Vorschläge zu einer Umgestaltung der Regierung gemacht und dabei Traugott von Jagow empfohlen, „den unerschrockenen, mutigen und tatkräftigen früheren Polizeipräsidenten in Berlin“, den er „für den stärksten z[ur] Z[eit] bekannten Mann halte und der ein ebenbürtiger Kampfgenosse unseres Feldmarschalls v[on] Hindenburg sein würde“.[303] Das war derselbe Mann, den der Putsch als Innenminister an die Macht bringen sollte. Es spricht daher manches dafür, dass Krückmann eine Regierungsbildung unterstützte, die er bereits sechzehn Monate zuvor schon gefordert hatte und die an die Stelle der verhassten Republik treten sollte. Dass der „Kommers“ seines Kollegen Naendrup nicht nur eine Verbrüderung mit dem Freikorps Lichtschlag darstellte, sondern auch durchaus Appellcharakter hatte, erhellt schon aus dem Tempo, mit dem nach dem Zusammenbruch des Putsches die Mobilisierung und Bewaffnung der Akademischen Legion gelungen war. Die Bekämpfung „roter“ Arbeiter im Ruhrgebiet war ein von der Regierung, unter deren Fahnen sie stattfand, wohl unabhängiges Ziel.

Wie stark die Stellung Krückmanns und Naendrups im Frühjahr 1920 an der Universität Münster war, wird daran deutlich, dass nicht einmal eine

302 Brief Otto Hoffmann an Wolfgang Kapp vom 6.11.1918, in: GStA I. HA Rep. 92 NL Kapp, Nr 490, 36f. Das Interesse an weiterer Zusammenarbeit 37 r.

303 Eingabe Paul Krückmanns an Wilhelm II. vom 20.10.1918, PA AA RZ 201/2113, 163f.

offizielle Vernehmung, wie vom Ministerium gefordert, stattfand. Stattdessen setzten die universitären Gremien unter Führung des deutschnationalen Parteifreunds[304] Gerhard Schmidt auf Dementis und bescheinigten der gesamten Hochschule, aber auch implizit den beiden konkret beschuldigten Professoren, nichts mit dem Putsch zu tun gehabt zu haben. Die Bereinigung der universitären Akten und die Tatsache, dass nichts von den Vorwürfen in die Personalakte Krückmanns gelangte, deuten in dieselbe Richtung. Krückmann und Naendrup beherrschten das Feld, und so konnte oder wollte auch der Student Ernst Schmidt seine ursprünglichen Aussagen nicht mehr aufrechterhalten, zumal sich der Wind gedreht hatte. Naendrup und sein studentisches Freikorps standen jetzt nominell auf Seiten der verfassungsmäßigen Regierung im Kampf gegen die streikenden und kämpfenden Arbeiter im Ruhrgebiet.

In der Folgezeit wirkte Krückmann eher aus dem Hintergrund. Er wurde aber ein wichtiger Mentor für viele Studierende. Auch wenn ihm anders als Naendrup als Ungedientem wesentliche Voraussetzungen fehlten, um für die Frontgeneration als Mann der Tat zu gelten, lasst sich deutlich erkennen, dass er bemüht war, der wachsenden rechten und antisemitischen Szene der nächsten Generation in Münster und der Region zur Seite zu stehen. Vor allem in den Jahren vom Kapp-Putsch bis zur weiteren extremen Radikalisierung in Zusammenhang mit der französischen Ruhrbesetzung 1923 war die Gruppe der Deutschnationalen unter den Studierenden trotz der DNVP-Niederlage in Münster bei den Reichstagswahlen 1920 die am stärksten wachsende studentische Gruppierung.[305] Die deutsch-völkischen Studentengruppe, Teil der Trutzbund-Organisation in der Stadt, hatte im Sommer 1920 153 Mitglieder.[306] Diese Gruppen waren die Hauptträger der Agitation und Organisatoren beispielsweise der antisemitischen Störaktionen beim Vortrag des Rabbiners Jacob in der Woche vor dem Kapp-Putsch.[307] Im

304 B. Haunfelder, Die Rektoren, Kuratoren und Kanzler, 180.

305 Mitgliederlisten in UAMS Bestand 4, 684, 5–7; 19–25 zeigen das Wachstum: Hatte die Gruppe Anfang 1920 gut sechzig Mitglieder, wuchs sie danach deutlich an, dazu R. Pöppinghege, Absage an die Republik, 42–53; B. Ziemann, Martin Niemöller als völkisch-nationaler Studentenpolitiker, 211f.

306 Mitgliederliste vom 20.6.1920 UAMS Bestand 4, 704, 5–8.

307 Quellenzitat zu Vorbereitungstreffen für die Störaktion bei B. Ziemann, Martin Niemöller als völkisch-nationaler Studentenpolitiker, 215 aus Brief Helene Bremers über Treffen beim Ehepaar Niemöller. Zur Veranstaltung auch G. Krüger, Treudeutsch allewege, 138f.

Sommer folgten weitere gewalttätige antisemitische Übergriffe.[308] Die fluiden Strukturen der extremen Rechten zeichneten sich dadurch aus, dass Paul Krückmann in all jenen eine wichtige Rolle spielte, in denen seine fehlende Kriegsdienst- und Fronterfahrung dem nicht im Wege stand: In den sich vielfältig überlappenden Strukturen der Deutschnationalen, Deutsch-Völkischen und Alldeutschen aber war er stets dabei, und suchte den engen Schulterschluss mit der jüngeren Frontgeneration der extremen Rechten. So begegnete er als Hochschullehrer und Mentor den Jüngeren, ließ beispielsweise im Mai 1922 den ehemaligen Kapitänleutnant und aktiven deutschnationalen Aktivisten und völkischen Theologiestudenten Martin Niemöller einen Vortrag beim Alldeutschen Verband halten und suchte mit ihm den persönlichen Austausch.[309] Nach der Ruhrbesetzung drängte es den Mentor gar zu einem spektakulären öffentlichen Auftritt an der Spitze seiner radikalen Gesinnungsfreunde der jüngeren Generation. Als Reichskanzler Wilhelm Cuno am 9. Juni 1923 Münster besuchte, da stellte sich Krückmann ihm vor dem Oberpräsidium am Schloss vor einer großen Menschenmenge ostentativ in den Weg. Begleitet wurde er von einem Trupp junger Deutschnationaler. In seiner Rede gab er den Anführer der Jugend, in deren Namen er zu sprechen beanspruchte: Er forderte von der Reichsregierung: „Wir wollen kein Halt! Taten retten das Volk, auf Taten harren wir."[310] Die Jugend sei bereit, den passiven Widerstand jederzeit in aktiven zu verwandeln und dabei auch das Leben zu riskieren.[311] Der Reichskanzler wies die Provokation zurück und erwiderte kurz, wenn Krückmann in der Verantwortung stehen würde, würde er auch keine anderen Entscheidungen treffen können als die Regierung.[312] Mit diesem öffentlichen Eklat, bei dem Krückmann sich als ziviler Anführer der deutschnationalen Jugend darstellte, erreichte er in Westdeutschland ein breites Medienecho.[313] Der Auftritt war zwar spektakulär, doch waren die Schwächen unübersehbar: Anders als seinem Kollegen Naendrup, der zur selben Zeit Sprengstoffanschläge im besetzten Ruhrgebiet

308 L. Grevelhörster, Münster zu Anfang der Weimarer Republik, 85f.; G. Krüger, Treudeutsch allewege, 140–160.

309 B. Ziemann, Martin Niemöller als völkisch-nationaler Studentenpolitiker, 227f.

310 Westfälische Zeitung 113, 115 (11.6.1923).

311 Münsterischer Anzeiger 72, 293 (11.6.1923).

312 Münstersche Zeitung 53, 180 (12.6.1923).

313 Neben der breiten Berichterstattung auch im Ruhrgebiet fand vor allem die sozialdemokratische Presse zu einer vernichtenden Kommentierung des Auftritts, so etwa Dorstener Volkszeitung 71, 134 (12.6.1923).

organisierte, fehlte Krückmanns Auftritt als Sprecher auf der rechtsextremistischen Seite die radikale Glaubwürdigkeit der aktionistischen Tat, auf der anderen Seite verspotteten die republiktreuen Gegner ihn. Der „Volkswille" warnte vor den fatalen Folgen einer Gewalteskalation durch einen aktiven Widerstand gegen die Ruhrbesetzung und griff Krückmanns Auftritt an der empfindlichsten Stelle an: Der „politisierende Professor" habe zwar den Anspruch erhoben, für die Jugend zu sprechen, aber einem „Fünfziger oder Sechziger" stehe es nicht an, sich „wie ein Achtzehnjähriger zu gebärden".[314] Damit hatte der „Volkswille" gezeigt, wo die Schwäche lag: Der inzwischen fast 57-jährige Hochschullehrer hatte sich zwar immer für einen innovativen Didaktiker und Lehrer gehalten, und als Mentor hinter den Kulissen mochte er auch Akzeptanz finden, aber der Auftritt als ziviler Sprecher einer sich zunehmend radikalisierenden und zu generationeller Abgrenzung neigenden aktivistischen Jugend hatte zu viele Widersprüche in sich, als dass dies ein Erfolg hätte werden können. Dennoch illustriert die Szene, wie sehr Paul Krückmann sich in einer politischen Führungsrolle sah, und wie er sich die „Abbröckelung" vorstellte. Die Grenzen wurden bei dieser gezielten Provokation aber mehr als deutlich. Der Vorwurf der Verantwortungslosigkeit, den ihm der Kanzler machte und den die politischen Gegner in der Stadt übernahmen, war eine wirksame Replik der Demokraten. Paul Krückmann wurde nicht zum Anführer der neuen Generation, und nach einem Jahrzehnt der Selbstaktivierung wurde trotz zahlreicher Auftritte auch in der Region die Limitierung der politischen Wirksamkeit deutlich erkennbar.

Während Paul Krückmann also mit seinem gescheiterten Zeitungsprojekt wie in seiner erwünschten Rolle als Anführer der deutschnationalen Jugend Misserfolge zu verzeichnen hatte, zeigte sich bald, dass seine Frau ihm sowohl im politischen Auftritt als auch in der Ansprache von Menschen für deutschnationale und rechte Politik erkennbar einiges voraushatte und bald deutlich höhere Wirksamkeit erzielen sollte.

314 Volkswille 5, 138 (16.6.1923).

# IX. Anna Krückmann: Deutschnationale Stadtverordnete und Boykottaktivistin

Anna Krückmann schlug, nachdem sie den Vorsitz des Hausfrauenverbands in ihre Hand genommen hatte und im Hinblick auf die Tarifbindung eindeutig auf den deutschnationalen Kurs gebracht hatte, öffentlich einen Ton an, der sehr viel integrativer wirkte als der ihres Mannes. Anfang 1921 erhielt sie die Gelegenheit, in Namensartikeln auch in der Zentrumspresse die „Not der Hausfrauen" zu beschreiben. Darin betonte sie nicht nur die im Vergleich zur Vorkriegszeit desaströse Wirtschaftslage und die damit einhergehenden Probleme, sondern sie mahnte auch zu politischer Aktivierung. „Das Sich-Einarbeiten-Müssen in ihre Rechte als Staatsbürgerin und Wählerin" rechnete sie zu den neuen Belastungen, die Frauen müssten die politischen Teile der Zeitungen lesen und auch Veranstaltungen und Stadtverordnetensitzungen besuchen. Das war ein klarer Appell zur politischen Teilhabe und klang zunächst integrativ. Mit der folgenden Klage über die schwindenden Ressourcen, eine feste Haushaltshilfe zu beschäftigen, machte sie aber sogleich klar, dass es um die politische Aktivierung groß- und bildungsbürgerlicher Frauen ging.[315] Ihre Lösungsvorschläge für die „Not der Hausfrauen" zielten daher nicht nur kommunalpolitisch auf Verbesserungen bei Wohnungsbau und Infrastruktur[316] sowie eine „Nothilfe" für Hausfrauen,[317] sondern sie zeigten auch, wie stark bei aller integrativen Rhetorik Anna Krückmann den Verband auf die deutschnationale Perspektive zuzuschneiden begann: Die Lösung für die Überlastung der Hausfrauen sollte nämlich perspektivisch die Einführung eines Pflichtdienstjahres für Mädchen sein. Dies entlaste die Eltern von der Notwendigkeit, den eher unwillig vorgestellten eigenen Töchtern Haushaltsführung zu vermitteln und schaffe zugleich eine Lösung für das Problem fehlenden Dienstpersonals, und sie scheute nicht vor einer Kostenbetrachtung zurück: Die Vorteile des Pflichtdienstes überwögen, auch wenn die Verpflegungskosten für pubertierende Mädchen möglicherweise höher seien als die für älteres Personal. Zwar traute Anna Krückmann dem Weimarer Staat eine solche Dienstpflicht nicht zu,[318] aber die Lösungsperspektive zeigte deutlich: Sie war bereit, staatliche Zwangsdienste als Mittel

315 Münsterischer Anzeiger 70, 91 (25.2.1921).
316 Münsterischer Anzeiger 70, 99 (26.2.1921).
317 Münsterischer Anzeiger 70, 106 (2.3.1921).
318 Münsterischer Anzeiger 70, 99 (26.2.1921).

zum bürgerlichen Statuserhalt einzuplanen. Solange ein solch verpflichtender Haushaltsdient mit der Republik aber nicht zu machen war, entwickelte Anna Krückmann auch die Idee, dass angesichts der Not der Hyperinflation auch eine günstige Gelegenheit bestehen könnte, aus dem Kreis notleidender Arbeiterhaushalte wieder Personal für die Hausarbeit in bürgerlichen Haushalten zu gewinnen. Den Hausfrauenverein bot sie hier gerne als Vermittlungsagentur an.[319] Während ihr Mann sein Vorgehen auf Wahlkundgebungen fortwährend verschärfte,[320] bemühte sie sich um einen scheinbar gemäßigten Ton, der auf eine Sammlung bürgerlicher Frauen mit dem politischen Ziel des sozialen Statuserhalts zielte. In der Sache aber war sie nicht minder radikal.

Das erwies sich bei einem weiteren Versuch bürgerlicher Sammlungspolitik, bei dem sie mit der Abbröckelungsstrategie weiter kam als ihr Mann. Bei einer – nach dem zeitgenössischen Pressebericht nur schwach besuchten – Frauenversammlung sprach sie zusammen mit der Stadtverordneten des Zentrums, Catharina Müller. Anna Krückmann rief die Frauen dabei erstmals zu einem „Boykott der Feindbundwaren" auf. Sie zielte auf einen umfassenden Boykott britischer und französischer Importwaren als Reaktion auf alliierte Sanktionen gegen Deutschland. So hoffte sie, die Volkswirtschaften der alliierten Mächte zu schädigen. Nach ihr sprach die Zentrumspolitikerin Müller über angeblich massenhafte Vergewaltigungen deutscher Frauen im besetzten Rheinland - aus ihrer Sicht ausschließlich durch schwarze Besatzungssoldaten - und stellte die Situation in grellen Farben und rassistischen Tönen dar.[321] Die gemeinsam auf den Weg gebrachte Resolution des Abends zeigte Anna Krückmann, die deutschnationale und völkische Politikerin, und die katholische Zentrumspolitikerin in kolonialistisch-rassistischer Emphase gegen die französische Besatzung des Rheinlands geeint.[322] Auch wenn der Abend nur wenig Resonanz fand unter den Frauen Münsters, so gelangen Anna Krückmann mit ihrem auf bürgerliche Frauen zielenden Sammlungsappell ganz offensichtlich deutlichere Einbrüche in das Zentrumsmilieu als ihrem Mann, da hier punktuell eine führende lokale Zentrumspolitikerin

319 Münsterischer Anzeiger 72, 188 (14.4.1923).

320 Exakt zeitgleich zu Anna Krückmanns Namensartikel in der Zentrumspresse eine scharfe Wendung Paul Krückmanns gegen das Zentrum bei einem Auftritt im Münsterland: Münsterländische Volkszeitung Rheiner Volksblatt 45, 46 (25.2.1921).

321 Die Kundgebung fügte sich in eine umfassendere auch überregional getragene Kampagne ein, dazu C. Koller, Senegalschützen und Fremdenlegionäre, 113–117.

322 Ausführlicher Veranstaltungsbericht Westfälischer Merkur 100, 218 (21.5.1921).

auf eine deutschnationale Linie öffentlich festgelegt wurde. Dieser kurzzeitige Schulterschluss hinderte Anna Krückmann allerdings nicht, kurz darauf gegen den zentrumsgeführten Magistrat die populistische Karte bei der Empörung über die hohen Lebensmittelpreise zu spielen.[323]

Mit dem Boykott hatte Anna Krückmann zudem ein neues Thema gefunden, mit dem sie den Hausfrauenbund tiefer ins deutschnationale Netzwerk einband. Denn sie ließ nun mehrere öffentliche Auftritte zum Thema folgen, bei denen es den Hausfrauen zu einer nationalen Pflicht gemacht wurde, französische und britische Importwaren zu boykottieren. Die Hausfrauen besäßen als Verwalterinnen des Haushaltsbudgets eine entsprechende volkswirtschaftliche Bedeutung, so die Argumentation.[324] In Veranstaltungen, für die sogar in der sozialdemokratischen Presse mit bezahlten Anzeigen geworben wurde,[325] wollte Anna Krückmann für den Boykott Unterstützung potentiell aller Frauen sammeln. Es handelte sich hierbei um die erste öffentlich propagierte Boykottaktion mit politischem Ziel in der Stadt. Die theoretische und juristische Flankierung für Boykotte als Mittel des politischen Kampfes hatte Paul Krückmann 1918 mit seinem letzten relevanten wissenschaftlichen Werk geliefert, das die Initiatoren von Boykottaufrufen von zivilrechtlichen Haftungsansprüchen freistellen wollte.[326] Auch hier griff die Arbeit des Ehepaars eng ineinander. Das zeigte sich auch daran, dass bei den von Anna Krückmann organisierten Veranstaltungen zum Boykott auch die Mitglieder des Netzwerkes ihres Mannes Präsenz zeigten.[327] Allerdings fehlte in den zeitgenössischen Presseberichten selten der Hinweis auf schwachen Besuch dieser Vortragsveranstaltungen.[328] Dennoch weitete Anna Krückmann ihre Boykottwerbung bald auch in das Ruhrgebiet und nach Ostwestfalen aus.[329] Damit trug sie entscheidend dazu bei, den Warenboykott als politisches Mittel der Rechten in Westfalen zu popularisieren. Das geschah mit zunehmender Dauer nicht mehr nur mit klassischen, eher

323 Volkswille 3, 163 (17.7.1921). Krückmann warf bei einer Veranstaltung dem Magistrat vor, einseitig die Produzenteninteressen zu vertreten, womit sie erkennbar auf den Applaus des Publikums abstellte.

324 Westfälischer Merkur 100, 324 (16.7.1921).

325 Volkswille 3, 161 (15.7.1921).

326 P. Krückmann, Der Boykott im Lohnkampf.

327 So hielt Naendrup am Schluss einer Boykottveranstaltung eine Rede, in der er den Burgfrieden noch einmal beschwor. Westfälischer Merkur 100, 329 (19.7.1921).

328 Ebda.

329 Wittener Volkszeitung 26, 229 (4.10.1921); Gütersloher Zeitung 39, 256 (15.11.1921); Westfälische Neueste Nachrichten [Bielefeld] 22, 270 (30.11.1921).

schlecht besuchten Vortragsveranstaltungen, sondern mit Flugblättern[330] und in der Vorweihnachtszeit auch mit einer Art „Hausfrauenmesse", bei der Handarbeiten verkauft wurden. Auch bei dieser Gelegenheit fehlte der Appell nicht, nur Garne und Materialien aus deutscher Produktion zu verwenden und keine Importware aus den Ländern der Alliierten.[331] In dieser Form drang die Boykottbotschaft weiter in den Alltag der Hausfrauen ein und gewann an Praxisbezug.

Die Boykottpropaganda war eine Grundkonstante der Arbeit des Hausfrauenverbandes in der Stadt während der gesamten Zeit der Republik. Anfangs noch im Ton gegen die „Feindbund"-Staaten gerichtet, löste sie sich aus diesem Zusammenhang und wurde zum universal einsetzbaren Schlagwort mit dem Aufruf, nur „deutsche" Waren zu kaufen. Bald war der Ausflug von siebzig Hausfrauen zu einem regionalen Margarinewerk Anlass zu einem Appell, keine Fette aus den Niederlanden zu erwerben, da die deutsche Margarine in der Qualität wieder auf Vorkriegsniveau sei.[332] Dann galt der Aufruf der Unterstützung der deutschen Teppichindustrie, deren Fabrikanten bei Kriegsende aus dem Orient vertrieben worden seien und die nun für „500 Schwarzwaldmädel" Arbeitsplätze geschaffen hätten.[333] Der Wert deutscher Handwerksarbeit im Kontrast zu ausländischer Konfektionsware[334] war ebenso Thema der permanenten Aufrufe wie die Unterstützung der deutschen Landwirtschaft, die sich etwa im Verzicht auf Eier aus den Niederlanden äußern sollte.[335] So plädierte Krückmann neben emphatischen Sparappellen an die deutsche Hausfrau[336] dafür, statt des Importweizens deutschen Roggen zum Backen von Broten zu verwenden: „Wer gesund ist und sein Vaterland liebt, der esse Roggenbrot!"[337] Diesen Aufruf baute sie zu einer regelrechten Kampagne aus, mit der sie auch die lokale Zentrums-

330 Flugblätter in StdAMS Deutscher Hausfrauenbund Nr. 2.

331 Namensartikel Anna Krückmann in Münsterischer Anzeiger 70, 649 (13.12.1921). Indem Krückmann auf mögliche Einwände zu Vorkriegsproblemen mit einzelnen Fabrikaten einging, zeigte sie erneut ihr Gespür, sich als umfassende Praktikerin und Pragmatikerin zu gerieren, die aber zu jeder Zeit die politische Botschaft klar fokussierte.

332 Münsterischer Anzeiger 75, 519 (9.6.1926).

333 Westfälischer Merkur 105, 266 (29.6.1926).

334 Lengericher Zeitung 46, 254 (29.10.1927); Münstersche Zeitung 57, 298 (30.10.1927).

335 Münsterischer Anzeiger 81, 1137 (27.10.1932).

336 Münsterischer Anzeiger 74, 358 (22.4.1925); Münsterischer Anzeiger 75, 183 (26.2.1926).

337 Westfälischer Merkur 105, 92 (6.3.1926).

presse erreichte. Es gehe volkswirtschaftlich darum, Importe zu minimieren, die Hausfrauen könnten dabei eine zentrale Rolle übernehmen. Weizen solle nur verwendet werden, sofern er durch inländische Produktion gedeckt sei, Roggen sei ohnedies auch billiger und gesünder.[338] Damit geriet Anna Krückmann allerdings auch in den Fokus ihrer sozialdemokratischen Gegner, die ihr Engagement für das Sparen und das deutsche Roggenbrot mit demjenigen ihres Mannes für den Vermögenserhalt abgesetzter Fürstenhäuser kontrastierten.[339]

Das jahrelange Trommelfeuer an Boykottaufrufen, das die Einkaufshinweise des Hausfrauenvereins begleitete, war in mehrfacher Hinsicht bemerkenswert. Zum einen handelte es sich um ein rhetorisches Empowerment, mit dem den Frauen eine zentrale Rolle in der Volkswirtschaft zugewiesen wurde. Die Hausfrauen als Budgetverantwortliche konnten so im nationalen Sinne ihren Beitrag leisten, indem sie nur deutsche Waren kauften und so den Kapitalabfluss ins Ausland reduzierten.[340] Insofern entsprachen die Aufrufe durchaus der auf Autarkie zielenden Außenwirtschaftspolitik der Zeit und reflektierten die Erfahrungen der Kriegszeit, aber sie verwiesen zugleich auf das Kommende. Die permanenten Appelle, „deutsche" Waren zu kaufen, und die rhetorische und praktische Einübung von Boykottpraktiken schufen Akzeptanzbedingungen dafür, dass diese in der NS-Zeit auch staatlich umgesetzt werden konnten. Der nationalistische Appell zum Boykott als standardisierter Einkaufspraxis, wie Krückmann und ihr Verband sie propagierten, ermöglichten die Normalisierung, Akzeptanz und Plausibilisierung der späteren staatlichen Aufrufe der NS-Zeit. Und natürlich hatten auch die Appelle der Trutzbund-Aktivistin Anna Krückmann immer auch antisemitische Untertöne, ob es gegen die „Hausierer" ging, bei denen die Münstersche Hausfrau nicht kaufen solle,[341] gegen die „billigen" Waren, die keine deutsche Handwerksqualität böten,[342] all das entsprach den klassischen Stereotypen, die nur kurz angerissen werden mussten.

Zugleich zeigte sich, dass der Hausfrauenbund seine enge Bindung an den lokalen Einzelhandel nicht aufgegeben hatte, sondern dass hinter den Boykottaufrufen auch handfeste wirtschaftliche Interessen standen, die sich in Anna Krückmann und ihrem Netzwerk bündelten. Das manifestierte sich

338 Westfälischer Merkur 105, 157 (19.4.1926).
339 Volkswille 8, 54 (5.3.1926).
340 Münstersche Zeitung 51, 326 (26.11.1931).
341 Münsterischer Anzeiger 76, 233 (8.3.1927).
342 Münstersche Zeitung 51, 326 (26.11.1931).

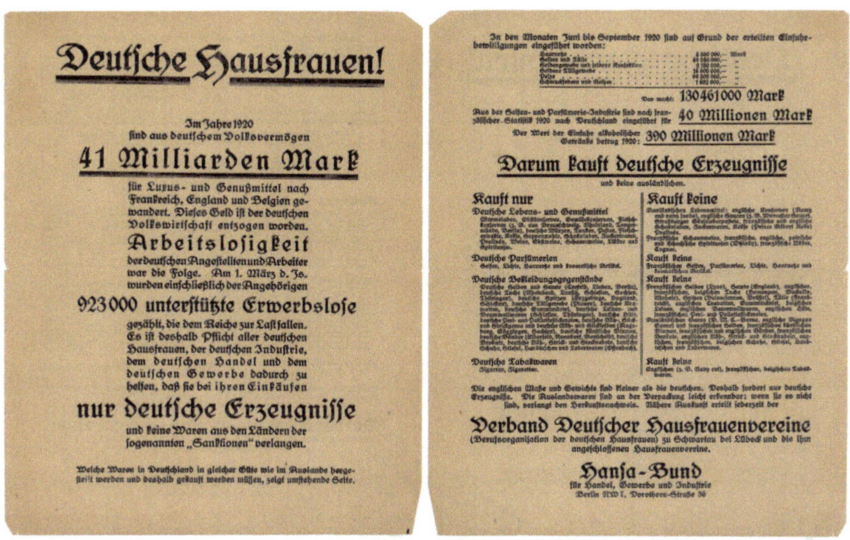

Deutsche Hausfrauen!

Im Jahre 1920 sind aus deutschem Volksvermögen

41 Milliarden Mark

für Luxus- und Genußmittel nach Frankreich, England und Belgien gewandert. Dieses Geld ist der deutschen Volkswirtschaft entzogen worden.

Arbeitslosigkeit

der deutschen Angestellten und Arbeiter war die Folge. Am 1. März d. Js. wurden einschließlich der Angehörigen

923000 unterstützte Erwerbslose

gezählt, die dem Reiche zur Last fallen. Es ist deshalb Pflicht aller deutschen Hausfrauen, der deutschen Industrie, dem deutschen Handel und dem deutschen Gewerbe dadurch zu helfen, daß sie bei ihren Einkäufen

nur deutsche Erzeugnisse

und keine Waren aus den Ländern der sogenannten „Sanktionen" verlangen.

Welche Waren in Deutschland in gleicher Güte wie im Auslande hergestellt werden und deshalb gekauft werden müssen, zeigt umstehende Seite.

In den Monaten Juni bis September 1920 sind auf Grund der erteilten Einfuhrbewilligungen eingeführt worden:

Das macht: 130461000 Mark

Aus der Seifen- und Parfümerie-Industrie sind nach französischer Statistik 1920 nach Deutschland eingeführt für 40 Millionen Mark

Der Wert der Einfuhr alkoholischer Getränke betrug 1920: 390 Millionen Mark

Darum kauft deutsche Erzeugnisse

und keine ausländischen.

| Kauft nur | Kauft keine |
|---|---|
| Deutsche Lebens- und Genußmittel | |
| Deutsche Parfümerien | Kauft keine |
| Deutsche Bekleidungsgegenstände | Kauft keine |
| Deutsche Tabakwaren<br>Zigarren, Zigaretten. | Kauft keine |

Die englischen Maße und Gewichte sind kleiner als die deutschen. Deshalb fordert nur deutsche Erzeugnisse. Die Auslandswaren sind an der Verpackung leicht erkennbar; wenn sie es nicht sind, verlangt den Herkunftsnachweis. Nähere Auskunft erteilt jederzeit der

Verband Deutscher Hausfrauenvereine

(Berufsorganisation der deutschen Hausfrauen) zu Schwartau bei Lübeck und die ihm angeschlossenen Hausfrauenvereine.

Hansa-Bund

für Handel, Gewerbe und Industrie

Berlin NW 7, Dorotheen-Straße 36

Abbildung 5: Flugblatt des Verbands Deutscher Hausfrauenvereine: „Deutsche Hausfrauen! Im Jahre 1920 sind aus deutschem Volksvermögen 41 Milliarden Mark für Luxus- und Genußmittel nach Frankreich, England und Belgien gewandert".

nicht nur darin, dass eine lokale Molkerei ihren Aufruf „Deutsche Hausfrauen, kauft deutschen Käse" zur eigenen Werbung nutzte,[343] sondern vielmehr in den Strukturen ihres Verbandes. Noch im Jahr 1930 waren die Damen des Wirtschaftsbürgertums zahlreich im Vorstand des Vereins vertreten[344] – trotz hoher Fluktuation in der Mitgliedschaft blieb die Führung über alle Umbrüche konstant. Die enge Verknüpfung Krückmanns und ihres Verbands mit den wirtschaftlichen Interessen des Münsterschen Einzelhandels zeigte sich vor allem in den regelmäßig und immer größer organisierten messeähnlichen Veranstaltungen. Die Einkaufsgemeinschaft der Kolonialwarenhändler (Edeka) gehörte zu den bevorzugten Kooperationspartnern,[345] aber auch

343 Münstersche Zeitung 57, 189 (12.7.1927).

344 Überblick über den Vorstand Hausfrauenzeitung 4, 7 (1.4.1930), 3. Rave und de la Grée sind „Ehrenmitglieder", Althoff, Bispinck, Saint Pierre, Longerich und andere Vertreterinnen des Wirtschaftsbürgertums sind weiterhin im Vorstand vertreten. Vgl. auch Hausfrauenzeitung 5, 3 (1.2.1931).

345 Münsterischer Anzeiger 75, 330 (12.4.1926).

zahlreichen anderen Mittelständlern[346] garantierte der bald wieder auf 1700 Mitglieder angewachsene Verband[347] einen privilegierten Zugang zu teilweise gutsituierter Kundschaft aus bürgerlichen Kreisen. Bei den monatlichen Versammlungen und den Ausflügen der Hausfrauen wurden stets diejenigen Firmen empfohlen, bei denen die Gattinnen der Inhaber Verbandsmitglieder waren.[348] Da war es nicht erstaunlich, dass auch der Vorsitzende des Vereins der Kaufmannschaft, der DVP-Stadtverordnete Heinrich Engberding, mit dem Paul Krückmann auch über sein Zeitungsprojekt verhandelt hatte, die Arbeit des Hausfrauenverbands und Anna Krückmanns öffentlich in den höchsten Tönen lobte: Es bestehe gutes Einvernehmen zwischen dem lokalen Einzelhandel und dem Verband.[349] Offen sprach auch Anna Krückmann davon, dass der Hausfrauenverein die Interessen des lokalen Handels gegen die Konkurrenz von außen vertrete.[350] Eine Messe für deutsche Waren, wie sie der Hausfrauenverband in der Stadt organisierte, war mehr als nationalistischer Appell, es war vor allem auch eine Veranstaltung im Interesse des lokalen Einzelhandels.[351] Boykottaufrufe verknüpften sich auf das engste mit den konkreten wirtschaftlichen Vorteilen der lokalen Einzelhandelsakteure. So wurde Anna Krückmann zur gefragten Partnerin und zum Ehrengast des Vereins der Kaufmannschaft.[352] Hier war sie weit tiefer in das katholisch geprägte Establishment der lokalen Wirtschaftselite vorgedrungen als ihr Mann. Zugleich hatte sie aber auch den nationalistischen Ton entscheidend verschärft und, gestützt auf die Basis ihrer nach Hunderten zählenden bürgerlichen Mitgliedschaft, Boykottaufrufe normalisiert und plausibilisiert.

Was für den Handel galt, traf auf die Landwirtschaft ebenso zu. Anders als noch während des Krieges suchte Anna Krückmann nun auch wie ihr Mann die Nähe zu den adelig-deutschnationalen Agrariern des Münsterlandes. Auch deren Interessen vertrat sie mit Emphase. Die deutsche Landwirtschaft gelte es mit dem eigenen Einkaufsverhalten zu stärken.[353] Rhetorisch wurde der Schulterschluss zwischen ländlichen Produzentinnen und urbanen Kon-

346 Münsterischer Anzeiger 76, 1073 (19.10.1927); Westfälischer Merkur 105, 474 (20.10.1927); Münstersche Zeitung 57, 288 (20.10.1927).

347 Westfälischer Merkur 108, 433 (6.12.1929).

348 Münsterischer Anzeiger 76, 50 (16.1.1927).

349 Münstersche Zeitung 59, 121 (2.5.1929).

350 Westfälischer Merkur 105. 508 (11.12.1926).

351 Münsterischer Anzeiger 79, 333 (27.3.1930).

352 Münstersche Zeitung 61, 21 (21.1.1931).

353 Münsterischer Anzeiger 74, 847 (30.9.1925).

sumentinnen hergestellt[354] und so letztlich eine alte Burgfriedensvorstellung aus der Kriegszeit wieder aktiviert, sollte die Einigkeit doch den außenwirtschaftlichen Interessen der Nation dienen, indem ausländische Erzeugnisse zurückgedrängt würden.[355] Doch das hatte seinen Preis, und den zahlten die Endverbraucherinnen. So forderte Anna Krückmann – bezeichnenderweise bei ihren Auftritten im ländlichen Umland, nicht in der Stadt – konsequenterweise dann auch höhere Verkaufspreise für Agrarprodukte ein, um die nationale Landwirtschaft gegen die ausländische Konkurrenz zu stärken.[356] Für die Konsumentinnenseite in der Stadt blieb dann nur die mit populistischem Aplomb vorgetragene Forderung nach niedrigeren Preisen, wenn diese wie bei Gas von der kommunalen Seite[357] oder bei Milch von einer Preiskommission des verhassten republikanischen Staates[358] eingefordert werden konnten. Der Hausfrauenverein blieb auch in der Weimarer Republik wie schon während des Krieges seiner eindeutigen personellen und inhaltlichen Verknüpfung mit den Interessen des Wirtschaftsbürgertums treu und nahm nun – ganz in deutschnationalem Sinne – zusätzlich auch noch die Interessen der Agrarier auf. Dem rhetorischen Empowerment der Konsumentinnen entsprach nicht deren wirtschaftliche und politische Interessenvertretung, vielmehr blieb der Verband, wie seine Führungsgremien um Krückmann dokumentieren, weiter eine von den Wirtschaftsinteressen vor allem des Einzelhandels gesteuerte Vereinigung.

Bürgerliche Selbsthilfe gehörte darüber hinaus zu den besonderen Kennzeichen des Vereins. Mit arbeitsaufwändigen Aktionen erhielten die Mitglieder Möglichkeiten, nicht mehr benötigte Gegenstände oder Kleidung wirtschaftlich noch zu verwerten, etwa mit einer Art Second-Hand-Markt,[359] oder das so schmerzlich vermisste Hauspersonal über eine Vermittlungsbörse für stunden- oder tageweise Hausarbeitshilfe zu ersetzen.[360] Die monatlichen Versammlungen des Vereins und seine stadtöffentlichen Aktionen aber zeigten, dass Krückmann den Verein immer als politische Vorfeldorganisation führte. Zentral war dabei vom Anfang bis zum Ende der Weimarer Republik

354 Münsterischer Anzeiger 79, 1341 (18.12.1930).
355 Münstersche Zeitung 61, 127 (8.5.1931).
356 Volkswacht 33, 63 (15.3.1922).
357 Münstersche Zeitung 61, 333 (3.12.1931). Münsterischer Anzeiger 80, 1251 (2.12.1931).
358 Münsterischer Anzeiger 81, 281 (15.3.1932).
359 Münsterischer Anzeiger 69, 189 (20.4.1920). Dazu auch der anekdotische Rückblick in Rede Anna Krückmanns 9.1.1936, in StdAMS Hausfrauenbund Nr. 2, 5.
360 Ebda. 5f.; Münsterischer Anzeiger 70, 66 (8.2.1921).

der Kampf gegen die Tarifbindung der Hausangestellten. Anna Krückmann reiste durch die Provinz, um vor der „Sozialisierungsgefahr“ für den bürgerlichen Haushalt zu warnen, die mit der Tarifbindung drohe.[361] Im Hausfrauenverein feierte man sozialkonservativ die untergehende Welt der Hausherrin und ihres Dienstpersonals. So begann, als sich neues Personal nicht mehr fand oder nicht mehr finanzierbar war, die Ehrung langjähriger Hausgehilfinnen. Die Mitglieder konnten ihr treues Personal dazu anmelden, das dann einmalig der Veranstaltung beiwohnen durfte und nach einem Vortrag des völkischen Dichters Karl Wagenfeld symbolische Auszeichnungen erhielt.[362] Als man eine achtzigjährige Hausangestellte für ihre sechzigjährige Tätigkeit im gleichen Haushalt ehrte, war man sich der Tatsache bewusst, dass es eine untergehende Welt war: Das sei ein „Festtag, der leider wohl bald zu den ausgestorbenen Sitten einer schönen Vergangenheit angehören wird.“[363] Doch Anna Krückmann kämpfte mit ihrem Verband die gesamte Republik hindurch für den Erhalt der überkommenen Sozialordnung im bürgerlichen Haushalt.[364] Doch man wusste auch, wer diese gefährdete. Und so blieb es nicht bei der nostalgischen Beschwörung der Vergangenheit bei Kaffee, Kuchen und Nippesgeschenken, sondern Krückmann und ihre Hausfrauen schritten auch zur aktionistischen Tat gegen die Gewerkschaften und suchten deren Einfluss aktiv einzudämmen. Dazu gehörte nicht nur, dass Anna Krückmann in Münster als Vertreterin des Hausfrauenverbands im Fachausschuss für weibliche Arbeitsmarktfragen dafür sorgte, dass trotz der massiven Inflation die (unverbindlichen) Lohnvorschläge für Hausangestellte nur sehr wenig stiegen.[365] Der ganze Verein wurde aktiviert, als im Februar 1922 die Eisenbahner streikten. Die Hausfrauen wurden Mitglieder der „Technischen Nothilfe“[366] und begannen den aktiven Einsatz als Streikbrecherinnen. Anna Krückmann erinnerte ihre Mitstreiterinnen noch anderthalb Jahrzehnte später daran, wie man in „Schichtwechsel je 8 Stunden“ gearbeitet habe und dabei „in den Diensthäuschen auf den Bahnsteigen unendliche Butterbröte [sic] geschnitten und Kaffee und Suppe gekocht für all die jungen Leute, die sich an Stelle der streikenden Bahnbeamten zur Verfügung

361 Neue Westfälische Volkszeitung 45, 279 (30.11.1921); Aufwärts 3, 284 (4.12.1921).

362 Westfälischer Merkur 102, 109 (21.4.1923); Münstersche Zeitung 53, 176 (7.6.1923).

363 Münstersche Zeitung 61, 131 (12.5.1931).

364 Münstersche Zeitung 59, 29 (29.1.1929).

365 Münstersche Zeitung 53, 340 (1.12.1923).

366 Zur Funktion der Technischen Nothilfe und ihrer politischen Funktion M. Kater, Die „Technische Nothilfe“.

gestellt hatten, um den Eisenbahnverkehr notdürftig aufrechtzuerhalten."[367] Was Anna Krückmann noch 14 Jahre später „eine liebe Erinnerung an jene Zeit" war – ihr persönlicher Ausweis der Technischen Nothilfe erhielt sich in der Sammlung von Erinnerungsstücken an sie[368] – war offener Streikbruch und politischer Kampf gegen das Streikrecht der Gewerkschaften. Die „jungen Leute" kamen überwiegend aus der Universität, und auch bei den Hausfrauen wirkten in der Erinnerung Anna Krückmanns „viele Studentinnen" mit.[369] Das zeigt, dass bei diesem eminent politischen Kampf sich die Netzwerke der beiden Eheleute überschnitten und die Hausfrauen eine aktive Rolle einnahmen im Eintreten für die überkommene Sozialordnung. Es blieb nicht bei der Ehrung verdienter Hausangestellter, sondern der Einsatz mit Butterbrot und Suppe am Bahnsteig sollte aktiv gewerkschaftliche Kampfmittel neutralisieren und so einen Beitrag auch in eigenem Interesse liefern für den Kampf gegen Tarifbindung und Gewerkschaftseinfluss.

Zur Beschwörung einer als ideal imaginierten Vergangenheit des Kaiserreichs gehörte auch, dass der Hausfrauenverein auch während der Zeit der Republik in dem kolonialistischen Kontext verhaftet blieb, der bereits seine Gründung bestimmt hatte. Anna Krückmann war inzwischen zur Ehrenvorsitzenden des Frauenvereins des Kolonialbunds in der Stadt avanciert, was sie weiterhin fest im Netzwerk der Damen des evangelischen münsterländischen Adels um die Fürstin von Steinfurt-Bentheim und des Großbürgertums verankerte.[370] Unter ihrem Vorsitz erhielten die Treffen des Hausfrauenvereins mehrfach ein kolonialistisches Thema, was den bürgerlichen Hausfrauen die untergegangene koloniale Welt nahebringen sollte. Dazu griff Anna Krückmann auf Referenten zurück, die sie beispielsweise aus DNVP-Zusammenhängen kannte. So durfte der lokale DNVP-Funktionär Kayser „Deutsch-Ostafrika" in Erinnerung rufen,[371] bald konnten die Zuhörerinnen bei dem Vortrag „Hausfrau und Kolonien" erfahren, wie sie mit ihrem Einkaufsverhalten und mit Spenden den Deutschen in den ehemaligen Kolonien beistehen sollten.[372] Und eine gute Woche nach der nationalsozialistischen Machtübernahme tagte der Hausfrauenverein unter dem

367 StdAMS Deutscher Hausfrauenbund Nr. 2, Rede Anna Krückmanns 9.1.1936, Blatt 8.
368 Ebda., überliefert den Ausweis im Original.
369 Ebda., Rede Anna Krückmanns 9.1.1936, Blatt 8.
370 Münstersche Zeitung 75, 583 (27.6.1926).
371 Westfälischer Merkur 102, 79 (22.3.1922).
372 Westfälischer Merkur 106, 75 (20.2.1927).

Motto „Kolonien müssen wir haben!".[373] Mit neuen Medien wie einem Kolonialfilm und alten Schlagern wie dem von einer eigens engagierten Sängerin vorgetragenen „Südwester"-Lied wurde die Kolonialnostalgie politisch aktiviert.[374] Die Medien modernisierten sich, die kolonialistischen Ziele und die rassistischen Axiome blieben die alten. Anna Krückmann suchte nicht nur den Hausfrauenverein in die kolonialistische Propaganda einzubeziehen, sie blieb auch selbst ihrem jahrzehntelangen Engagement treu: Zusammen mit der Fürstin von Steinfurt-Bentheim, die jetzt ihrerseits auch dem Hausfrauenverein beitrat, sammelte sie für deutsche Schulen in Swakopmund,[375] als ob es keinen Versailler Vertrag gegeben hätte. Kolonialismus brauchte keine realen Kolonien. Die Überzeugung von deren Notwendigkeit und die Forderung nach deren Wiedergewinnung blieben klar erkennbare Grundüberzeugungen Anna Krückmanns, die in volkswirtschaftlichen und rassistischen Superioritätsideen ihre Begründung fanden. Ihre politischen Gegner reagierten darauf erstaunlich hilflos. Die Sozialdemokraten merkten angesichts der kolonialistischen Vorträge an, Krückmann führe den Hausfrauenverein wie einen „vaterländischen Frauenverein" und könne angesichts solcher Aktivitäten kaum politische Neutralität für den Verein in Anspruch nehmen.[376] Da die Kritik der Sozialdemokraten, denen es zu Beginn der Republik nicht gelungen war, auch nur eine Frau in lokale Mandate zu bringen, direkt in Misogynie umschlug, entwerteten sie ihre grundsätzlich zutreffende Kritik an der kolonialistischen und revisionistischen Ausrichtung des Hausfrauenvereins durch Anna Krückmann direkt selbst.

Nachdem sie den Hausfrauenverein mit diesen Maßnahmen in den ersten Jahren ihres Vorsitzes politisch eindeutig verortet und auf sich zugeschnitten hatte, konnte Anna Krückmann im Jahr 1924 ihren politischen Einfluss deutlich ausweiten, als sie im Mai auf der Liste der DNVP erstmals in die Stadtverordnetenversammlung gewählt wurde. Gemeinsam mit Otto Hoffmann, dem langjährigen Partner ihres Mannes im Professorennetzwerk und nunmehrigen preußischen Landtagsabgeordneten, agierte sie zusammen mit Vertretern bürgerlicher Mittelparteien aus der „Bürgerlichen Arbeitsgemeinschaft" heraus. Die Handlungsspielräume waren in dieser Wahlperiode nicht gering, hatte das Zentrum doch bei der Wahl seine bisherige absolute Mehrheit erstmals verloren. Schon Wochen nach ihrer Wahl gab Anna Krück-

373 Münsterischer Anzeiger 82, 144 (8.2.1933).
374 Münstersche Zeitung 63, 39 (8.2.1933).
375 Münsterischer Anzeiger 77, 1308 (27.11.1928).
376 Volkswille 5, 71 (24.3.1923).

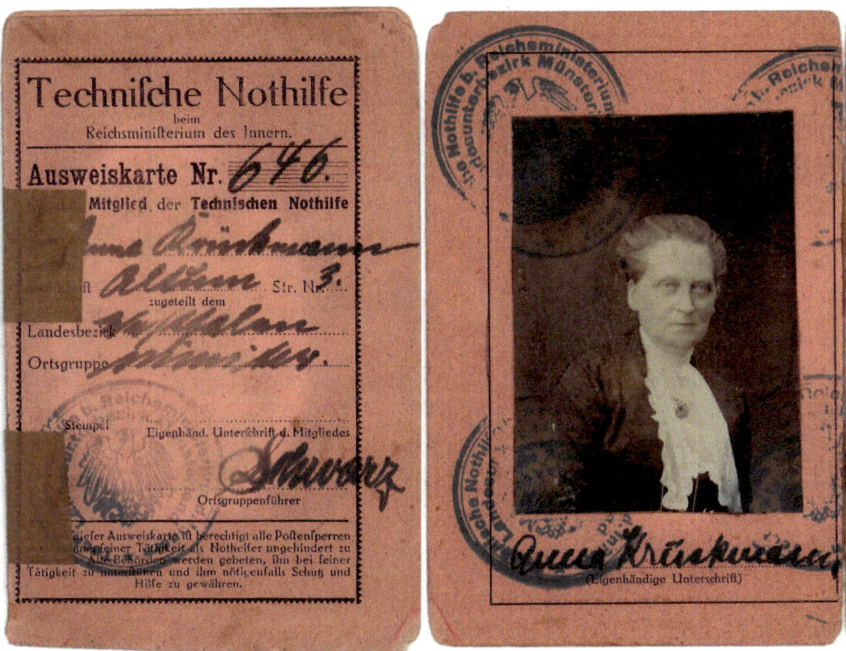

Technische Nothilfe
beim
Reichsministerium des Innern.
Ausweiskarte Nr. 646.
Mitglied der Technischen Nothilfe
Str. Nr. 3.
zugeteilt dem
Landesbezirk
Ortsgruppe
Stempel
Eigenhänd. Unterschrift d. Mitgliedes
Schwarz
Ortsgruppenführer
…ieser Ausweiskarte ist berechtigt alle Postensperren … seiner Tätigkeit als Nothelfer ungehindert zu … Alle Behörden werden gebeten, ihn bei seiner Tätigkeit zu unterstützen und ihm nötigenfalls Schutz und Hilfe zu gewähren.

(Eigenhändige Unterschrift)

Abbildung 6: Mitgliedsausweis Anna Krückmanns bei der Technischen Nothilfe.

mann im neuen Mandat eine markante Probe ihrer Überzeugungen und sorgte für ein mediales Echo weit über Münster hinaus. Der republiktreue Oberpräsident der Provinz Westfalen, Johannes Gronowski, hatte, um einen Kontrapunkt gegen den während der Ruhrbesetzung extrem zunehmenden Rechtsextremismus in der Stadt zu setzen, zu einer Feier des Verfassungstages eingeladen, und prominenter Gast sollte Reichspräsident Friedrich Ebert sein.[377] Die Rechtsextremisten bis weit in die Spitze der kommunalen Eliten nahmen das als Provokation. Oberbürgermeister Georg Sperlich, damals zwar noch zum Zentrum, aber nie zu den Unterstützern der Republik

377 Zu den Kontroversen um den Besuch und den Hintergründen der Einladung durch Gronowski: K. Teppe, Johannes Gronowski, 134f. T. Pünder, Georg Sperlich, 58; 66 verschwieg in seiner Sperlich-Biographie das Verhalten des Oberbürgermeisters und sprach nur über „Vorgänge" (66), die das Verhältnis zwischen Sperlich und Gronowski belastet hätten.

zählend,[378] wollte den Besuch zunächst unter Hinweis auf die Urlaubszeit und eigene Reisepläne verhindern, doch damit kam er bei Gronowski nicht weit. So fand eine Debatte der Stadtverordneten über die Finanzierung des Besuchs statt, die zu grundsätzlichen Aussagen über die neue Staatsform Anlass gab. Nachdem schon Otto Hoffmann Verfassungsfeiern grundsätzlich abgelehnt hatte, weil jede Partei Änderungsbedarf sehe, es nichts zu feiern gebe und das Ansinnen daher „deplaciert" sei,[379] legte Anna Krückmann in einer bemerkenswerten Rede nach, die aber in der Münsterschen Zentrumspresse anders als außerhalb nur unvollständig wiedergegeben wurde. Sie erinnerte zunächst an frühere Einzüge von Landesfürsten, die aber in einer glücklicheren Zeit stattgefunden hätten, in der aktuellen Zeit stehe kein Geld für dergleichen zur Verfügung.[380] Der Reichspräsident lege „gar keinen Wert darauf, mit Kling Klang Gloria empfangen zu werden". Die Bewirtung solle der Oberpräsident übernehmen, der ihn eingeladen habe, und nicht die Stadtkasse. Sie lehne die Finanzierungsvorlage ab. Das war eine glasklare Absage an den obersten Repräsentanten der verhassten Republik, und Anna Krückmann fand sich damit in einer nicht grundsätzlich überraschenden situativen Gemeinsamkeit der Ablehnung auch mit den Kommunisten im Stadtparlament wieder.[381] Während sich das Zentrum in der Debatte eher indifferent verhielt, nahmen SPD und DDP in ihren Wortbeiträgen und in der folgenden Presseberichterstattung eine eindeutige Bewertung des bewusst herbeigeführten Eklats vor. Anna Krückmann habe sich heftig „gegen Verfassung, Sozialdemokratie und Reichspräsident" gewandt, bilanzierte der „Volkswille" unter der zutreffenden Überschrift „Verfassungsfeinde im Stadtparlament".[382] Einzig das sozialdemokratische Blatt berichtete auch, was sich während der Redebeiträge Anna Krückmanns und des völkischen Abgeordneten Gärtner, der Ebert persönlich „für Revolution und Unglück" verantwortlich gemacht hatte, auf den Rängen abgespielt hatte. Randalie-

378 Selbst in seiner Rede beim Empfang Eberts sprach Sperlich lieber über die aus seiner Sicht dunklen Zeiten des Westfälischen Friedens und der Ruhrbesetzung, die er umstandslos parallelisierte, aber mit keinem Wort über den Anlass des Besuchs Eberts, den Jahrestag der Weimarer Reichsverfassung, das Redemanuskript Sperlichs in StdAMS Nachlass Sperlich Nr. 78.

379 Westfälischer Merkur 103, 263 (25.7.1924).

380 Auch für das folgende Zitat Essener Anzeiger 21, 189 (26.7.1924).

381 Münsterischer Anzeiger 73, 535 (25.7.1924), Westfälischer Merkur 103, 263 (25.7.1924); Münstersche Zeitung 54, 177 (25.7.1924).

382 Volkswille 6, 172 (25.7.1924).

rende und pöbelnde junge Männer hatten ihre Zustimmung lautstark artikuliert und waren mit dem Ruf „Na dann laßt den roten Banditen kommen" nach der Abstimmung gegangen.[383] Anna Krückmann hatte erkennbar den Verfassungsfeinden und dem Rechtsextremismus eine Stimme in der Stadtverordnetensitzung gegeben, aber angesichts der provokanten Auftritte auf den Rängen sah sie sich im Nachgang zur Relativierung genötigt. Obwohl ihre Worte in allen Zeitungen auch außerhalb der Stadtgrenzen wörtlich identisch, aber in unterschiedlichem Umfang wiedergegeben worden waren, schrieb sie der Redaktion des „Volkswille", sie habe nichts „gegen Verfassung, Sozialdemokratie und Reichspräsident" gesagt.[384] Die Provokateurin ruderte aus taktischen Gründen zurück, was wohl mehr dem unvorteilhaften Eindruck einer Abstimmungsgemeinschaft mit Kommunisten einerseits und einer Überzeugungsgemeinschaft mit den Randalierern im Publikum andererseits geschuldet war als einer tatsächlich falschen inhaltlichen Auffassung ihrer Worte. Ein gutes Jahr nach dem Auftritt ihres Mannes an der Spitze einer Schar radikaler junger Männer hatte eine ähnliche Gruppe nun auch den parlamentarischen Auftritt Anna Krückmanns begleitet.

Nach diesem markanten Einstand in der Stadtverordnetenversammlung beteiligte sich Anna Krückmann in den folgenden Jahren durchaus an der Sacharbeit. Eine Grundkonstante ihrer Tätigkeit war – angesichts der Gründungsgeschichte der DNVP in der Stadt wenig überraschend – die Vertretung evangelisch-konfessioneller Interessen im Stadtparlament, die sich naturgemäß kritisch gegenüber der katholischen Mehrheit verhielt. So konnte in Schulfragen auch situativ eine Abstimmungsgemeinschaft mit den Sozialdemokraten in Frage kommen, wenn evangelische Interessen berührt waren.[385] Bei der Errichtung des Schöllingstiftes als Unterkunft für alleinstehende Damen trat sie vehement für konfessionelle Parität ein[386] (und profitierte in der letzten Phase ihres Lebens selbst davon). In der Alltagsarbeit positionierte sich Anna Krückmann gerne als Stimme aus der Praxis und der Hausfrauen, wenn es etwa um Planungsfragen in der Innenstadt, Straßenbeleuchtung oder die Marktorganisation ging. In diesen Zusammengang gehört auch ihr Eintreten für öffentliche Frauentoiletten auf dem Domplatz,[387] was später entkontextualisiert noch eine überraschende Be-

383 Volkswille 6, 174 (27.7.1924).
384 Volkswille 6, 175 (29.7.1924).
385 Westfälischer Merkur 104, 203 (14.5.1925).
386 Münsterischer Anzeiger 77, 228 (28.2.1929).
387 Westfälischer Merkur 107, 242 (12.7.1928).

deutung bekommen sollte. Weniger Beachtung fand in späterer Zeit, dass sie sich deutlich gegen die Errichtung von Berufsschulen für Hauswirtschaft aussprach, was sie in der Sitzung mit situativen und finanzpolitischen Überlegungen begründete – es seien „im Augenblick vordringlichere Aufgaben zu erledigen".[388] Angesichts ihres jahrelangen Kampfes gegen eine arbeitsrechtliche Normierung des Hausangestelltenverhältnisses und ihrer Ideen zu einem Pflichtjahr für Mädchen in bürgerlichen Haushalten war das Nein zu einer schulischen Ausbildung aber völlig konsequent. Nur auf den ersten Blick überraschend war, dass Anna Krückmann ein Verhältnis persönlicher Nähe zu Oberbürgermeister Georg Sperlich aufbauen konnte, der nach ihrer Wahl auch mehrfach größere Veranstaltungen des Hausfrauenvereins besuchte. Es war der einzige Spitzenvertreter des Zentrums, mit dem sie und ihr Mann engeren persönlichen Kontakt pflegten, das Privathaus des Oberbürgermeisters wurde Ende 1931 über seine Ehefrau auch Sammelstelle bei einer Aktion des Hausfrauenvereins.[389] Angesichts der republikfeindlichen persönlichen Überzeugungen Sperlichs war das Bündnis allerdings folgerichtig. Entsprechend warm fielen die Stellungnahmen Anna Krückmanns zu seinen Gunsten aus: So beantragte sie, ein städtisches Kindererholungsheim auf Juist zu seinen Ehren „Georgsheim" zu benennen – und natürlich zielte sie damit bewusst auf die sich deutlich abzeichnenden Bruchlinien innerhalb des Zentrums in der Oberbürgermeisterfrage.[390] Auch wenn sich ihr Hausfrauenverein auf dem Höhepunkt der Oberbürgermeisterkrise formal für neutral erklärte,[391] fand sie zum Abgang Sperlichs überaus warme öffentliche Dankesworte für ihn.[392] Das Engagement seiner Ehefrau für den Hausfrauenverein 1931 und vor allem sein eigener Wechsel zu den Deutschnationalen 1932 war der spektakulärste „Abbröckelungserfolg", den es in der Weimarer Republik in Münster gab, und er war sicher nicht das Ergebnis der politischen Arbeit des Ehepaars Krückmann, sondern vor allem zentrumsinterner Konflikte. Aber bei seinem Wechsel auf die deutschnationale Seite stand Anna Krückmann dem abgewählten Oberbürgermeister ganz sicher näher als ihr Mann.

Als sich dieser Erfolg abzeichnete, wurde er allerdings durch den alles beherrschenden Aufstieg der Nationalsozialisten verdeckt, und Anna Krück-

388 Münsterischer Anzeiger 79, 194 (20.2.1930).
389 Münsterischer Anzeiger 80, 1243 (30.11.1931).
390 Westfälischer Merkur 107, 195 (25.5.1928).
391 Münsterischer Anzeiger 80, 564 (29.5.1931).
392 Münstersche Zeitung 61, 305 (5.11.1931).

mann hatte zu diesem Zeitpunkt ihr Mandat als Stadtverordnete bereits wieder verloren. Bei der 1930 notwendig werdenden Wiederholung der Wahlen von 1929 – das Zentrum war rechtswidrig mit zwei Listen angetreten – konnte sie ihren Sitz nicht verteidigen. Das lag noch nicht am Aufstieg der Nationalsozialisten, sondern an internen Querelen der Deutschnationalen. Otto Hoffmann verzichtete auf eine erneute kommunale Kandidatur, blieb aber Landtagsabgeordneter und warnte in markigen Worten vor der Abspaltung des „Evangelischen Volksdienstes". Mit der Gründung sei „ein Geschwür am Parteikörper" geplatzt, es drohe sogar eine „gewerkschaftliche Tendenz".[393] Dem widersprach als Sprecher der neuen Gruppierung der inzwischen zum Pfarrer avancierte langjährige deutschnationale studentische Aktivist Martin Niemöller. Die Spaltung der lokalen DNVP vollzog den Bruch auf der Reichsebene nach, der sich nach der Wahl Hugenbergs zum Vorsitzenden manifestiert hatte. Während der Evangelische bzw. Christlich-Soziale Volksdienst Brünings Präsidialkabinett stützte, suchte Hugenberg in der Harzburger Front den Schulterschluss mit Stahlhelm und Nationalsozialisten. In Münster verblieben Anna Krückmann und ihr Mann konsequent an der Seite Hoffmanns und Hugenbergs.[394] Bei der Wiederholungswahl aber zeigte sich: Dieser Kurs reichte nur noch für ein Mandat, die Wählerschaft wechselte für den Moment zum Volksdienst, der fünf Sitze erhielt. Anna Krückmann hatte sich wie ihr Mann für die radikal republikfeindliche und extremistische Positionierung innerhalb der DNVP entschieden, was angesichts der langjährigen Bindung an Hugenberg und Hoffmann nicht verwundern konnte, und für den Moment dadurch ihr Mandat verloren. Der Münsterische Anzeiger, gewohnt konfessionell orientiert, bescheinigte den ausgeschiedenen Stadtverordneten Hoffmann und Krückmann, evangelische Interessen wirksam vertreten zu haben,[395] während die Münstersche Zeitung, die schon seit längerem den Hausfrauenverein intensiv publizistisch begleitete und der Vorsitzenden regelmäßig Raum für Kolumnen zur Verfügung stellte, den Mandatsverlust Krückmanns „als bedauerlichen Verlust" für das Gremium bewertete.[396] Das Ausscheiden aus dem Stadtverordnetengremium ermöglichte es Anna Krückmann zugleich, den Hausfrauenverein noch einmal neu auszurichten, und das tat sie mit gewohnter Energie.

393 Münsterischer Anzeiger 79, 270 (11.3.1930).

394 So ließ sich Anna Krückmann „auf Drängen ihrer Freunde" erneut aufstellen, so Münstersche Zeitung 60, 70 (13.3.1930).

395 Münsterischer Anzeiger 79, 342 (29.3.1930).

396 Münstersche Zeitung 60, 88 (31.3.1930).

# X. Niederlagen für Paul Krückmann: Investieren und verlieren mit Hugenberg

Paul Krückmann hatte sich, genau wie seine Frau bei ihrem Start in der Stadtverordnetenversammlung, als Anführer der Jugend inszeniert, aber die öffentlich provozierte Konfrontation mit dem Kanzler war nicht ohne Peinlichkeit geblieben. Das hinderte ihn zunächst in der aufgeheizten Lage von Ruhrbesetzung und Hyperinflation nicht, weiterhin zu agieren wie zuvor. Es war die Zeit der Paramilitärs und der Ruhrbesetzung, aber es ist aus den Quellen nicht sicher zu rekonstruieren, welche Verbindungen Paul Krückmann zu diesen rechten illegalen bewaffneten Formationen unterhielt.[397] Angesichts seiner langjährigen politischen und privaten Nähe zu seinem Fakultätskollegen Naendrup ist es aber recht unwahrscheinlich, dass er dessen paramilitärische Aktivitäten zuerst in der Akademischen Legion und später im Westfalen-Treubund nicht unterstützt hätte. Dafür spricht auch, dass Naendrup hier die politische Prärogative der Rechten auch im universitären Kontext für das Professorennetzwerk gegen einen aufstrebenden Konkurrenten innerhalb der Universität verteidigte. Der Staatswissenschaftler Johann Plenge hatte in der Revolutionszeit mit seiner Initiative zu einer „Akademischen Volkswehr" den Führungsanspruch des Netzwerkes in der Universität offen in Frage gestellt.[398] Das korrigierte Naendrup mit seinen vom Generalkommando nachdrücklich geförderten Truppen bereits in Zusammenhang mit dem Kapp-Putsch grundlegend, und Krückmann als etablierter Ordinarius verfolgte den Konkurrenten auf der universitären Ebene mit Nachstellungen.[399] Dass Krückmann darüber hinaus auch persönlich Kontakt zu der von der republiktreuen Preußenregierung verbotenen Organisation Escherich („Orgesch") pflegte und nicht nur Naendrup seine

397 Zu diesen Formationen in Münster grundlegend G. Krüger, Treudeutsch allewege, 72–134; daneben auch L. Grevelhörster, Münster zu Anfang der Weimarer Republik, 80–84.

398 S.-M. Demiriz, Aus den „Ideen von 1914", 1102–1104, hat nicht erkannt, dass es sich bei dem Konflikt, der zur Schließung von Plenges Institut führte, keinesfalls nur um Organisationsfragen handelte, sondern dass dahinter der fundamentale universitätsinterne Konflikt Plenges mit dem Netzwerk um Hoffmann und Krückmann stand.

399 Münsterischer Anzeiger 74, 853 (1.10.1925). Auch Otto Hoffmann verweigerte innerhalb der Fördergesellschaft dem Konkurrenten Plenge alle Zusagen, da dieser schon „genug staatliche Mittel" von der republiktreuen Preußenregierung erhalte, UAMS Bestand 183, Nr. 2, Protokoll Verwaltungsausschuss vom 23.2.1920, Blatt 3.

Einheiten in deren Strukturen überführte, erhellt aus der persönlichen Bekanntschaft mit Georg Eickemeyer aus München,[400] der als lokaler Anführer einer Einwohnerwehr in der Szene bayerischer Paramilitärs unter Escherich eine größere Rolle spielte. Zu eigener paramilitärischer Aktivität brachte es der ungediente Endfünfziger Krückmann allerdings nicht, aber Teil seines Netzwerkes waren einzelne Akteure zweifellos.

Innerhalb der Stadt lief es nach dem verunglückten Auftritt vor dem Schloss auch weiterhin nicht gut für Paul Krückmann als Politiker. Während die Zentrumspresse seine politischen Aktivitäten weiterhin mit Schweigen ignorierte, galt das für die Sozialdemokraten nicht, aber das machte es kaum besser. Im Kontext der ersten Reichstagswahl 1924 nach dem Ende der Regierung Stresemann trat Paul Krückmann noch in bereits bekannten Formen als Redner auf. Die Rolle als sachkompetenter Professor spielend, hielt er in universitärem Kontext einen Vortrag über Geldentwertung und Steuerpläne, was in der Sache einer scharfen Wendung gegen die große Koalition unter Stresemanns Führung gleichkam.[401] Dann aber entschloss er sich, zusammen mit anderen führenden Rechtsextremisten der Stadt eine Wahlkampfveranstaltung der SPD in provokatorischer Absicht zu besuchen. Er nahm zusammen mit dem völkischen Stadtverordneten Gärtner – der ein halbes Jahr später zusammen mit Anna Krückmann den Eklat um den Ebert-Besuch orchestrieren sollte –, dem Nationalsozialisten Orth und einem namentlich nicht bekannten Vertreter des Jungdeutschen Ordens teil,[402] und allein diese Kooperation zeigt bereits, wie tief Paul Krückmann nach dem Krisenjahr 1923 in der fluiden, aber hochradikalisierten rechten Szene Münsters verankert war. Krückmann suchte die Auseinandersetzung mit dem SPD-Redner in der Außenpolitik. Mit einer Reichsregierung unter SPD-Beteiligung, äußerte er sich, würden die Engländer gar nicht erst verhandeln, und er warnte in scharfen Tönen vor einer Rückkehr der SPD in die Regierung.[403] Der gemeinsame provokatorische Auftritt vor feindlichem Publikum gelang aber nicht, was auch daran lag, dass Krückmann offenbar den Redner etwas unterschätzt hatte. Der preußische Innenminister Carl Severing ließ sich die Vorlage des Professors nicht entgehen, und noch im zweiten Reichstagswahlkampf des Jahres und einem weiteren Auftritt in Münster verspottete der kampferprobte Minister den in der Außenpolitik dilettieren-

400 Vgl. unten zum Lawaczeck-Projekt.
401 Münstersche Zeitung 54, 24 (25.1.1924).
402 Volkswille 6. 82 (5.4.1924).
403 Volkswille 6, 79 (2.4.1924).

den, aber dieses Mal abwesenden Professor von der Bühne herab namentlich zur Erheiterung des Publikums.[404] Damit hatte einer der beiden wichtigsten SPD-Politiker in Preußen seiner vor Ort schwachen Partei nicht nur den Gegner, sondern auch den Ton vorgegeben. Die sozialdemokratische Presse würdigte Paul Krückmanns Wirken fortan bevorzugt in satirischer Form, wobei sie allerdings seine Verbindungen zu den in Preußen verbotenen Nationalsozialisten selten unerwähnt ließ.[405] Auch bei der Darstellung des Ebert-Eklats seiner Frau fehlte im „Volkswille" nicht die Erinnerung an die Peinlichkeit seines Auftritts vor dem Schloss mit dem Reichskanzler. Als der „Volkswille" dann in Zusammenhang mit dem Volksentscheid über die Fürstenvermögen auch noch seine Aktivitäten für die Abgesetzten karikierte,[406] konnte er es nicht unterlassen, auf einer Korrektur zu bestehen. Anders als behauptet, werde er von den Fürstenhäusern nicht honoriert, er habe vielmehr das ihm zustehende Honorar gestundet. Das wiederum veranlasste die Zeitung zu der naheliegenden öffentlichen Frage, wie ein Honorat, das gar nicht gezahlt werde, gestundet werden könne.[407] In der Folgezeit reduzierte Paul Krückmann seine öffentlichen Auftritte in der Stadt deutlich. Schon im zweiten Reichstagswahlkampf 1924 kam es zu keinen Wahlreden mehr. Zum einen hatte sich das politische Klima im Reich wie in Münster erkennbar abgekühlt, ein rasches Ende der verhassten Republik war nicht mehr wahrscheinlich und zum anderen zeigten auch die Ergebnisse der zweiten Wahl, dass die Unterstützung für die Extremisten zumindest etwas zurückging. Paul Krückmann zog sich aus der vordersten Linie städtischer Politik ein Stück weit zurück und überließ den öffentlichen Auftritt in der Stadt jetzt seiner Frau. Er selbst wandte sich Projekten der politischen Rechten zu, die stärker im nichtöffentlichen Bereich stattfanden, die aber vor allem auch wirtschaftlich ertragreich zu sein versprachen. Aber auch die funktionierten längst nicht so, wie Krückmann sich das vorstellte. Nach dem Scheitern des Zeitungsprojekts standen weitere Misserfolge an.

Das älteste dieser Projekte reichte noch in die Kriegszeit zurück, als das Professorennetzwerk sich im Zenit seiner Bedeutung sah. Schon im Zusammenhang mit der Ausarbeitung von Denkschriften hatten die mitarbeitenden Professoren größten Wert darauf gelegt, dass ihr privilegierter Zugang zu den schwerindustriellen Fonds exklusiv blieb, und neue Mitstreiter fern-

404 Volkswille 6, 284 (4.12.1924).
405 Volkswille 6, 78 (1.4.1924).
406 Volkswille 8, 54 (5.3.1926), vgl. oben.
407 Volkswille 8, 79 (4.4.1926).

zuhalten versucht. Dabei hatte man auch eine Klärung der Frage angestrebt, welche Mittel überhaupt in Summe für sie zur Verfügung stünden, aber keine definitiven Zusagen erhalten.[408] Im November 1917 dann begannen die Erörterungen, wie man die Zusammenarbeit von Hochschule und Schwerindustrie auf eine institutionalisierte Grundlage stellen könne. Von Seiten des Professorennetzwerkes wurden in einem ersten Vorschlag als inhaltliche Gegenstände der Kooperation genannt: Schulwesen, berufliche Bildung, Volksbildung, „Kolonialwesen und das Deutschtum im Auslande". Als Organisationsmodell nahm man eine von Duisberg gegründete Gesellschaft in den Blick.[409] Diese Ideen gingen vor allem auf Krückmann (Bildung und Schule) und Hoffmann (Deutschtum im Ausland) zurück, entsprach das doch ihren langjährigen Schwerpunkten in der politischen Agitation. In einem kleineren Kreis wollte man zunächst im Gespräch bleiben, ohne zu diesem Zeitpunkt bereits Geld zu sammeln. Wichtiger erschien es für den Moment, erst die Ziele genauer zu definieren und von Fall zu Fall öffentlich aufzutreten: „Hauptsache ist, daß Wissenschaft und Industrie in dauernde Fühlung und Gedankenaustausch über unser Staatsleben im Inneren und Äußeren kommen."[410] Paul Krückmann entwickelte die Idee für ein „Unterrichtsinstitut", mit der er sich direkt an Hugenberg wandte. Damit aktualisierte er seine alte Idee, direkt in die Schulbildung einzugreifen. Von einer Unterstützung der Industrie für dieses Vorhaben ging man selbstverständlich aus.[411] Was sich das Professorennetzwerk zu diesem Zeitpunkt vorstellte, ist offensichtlich: Mit der Gründung einer Gesellschaft oder Stiftung wollte man die im Krieg von Fall zu Fall erfolgte Finanzierung der eigenen Vortrags- und Propagandaaktivitäten auf Dauer stellen. Diese dachte man sich als professorale Lehrvorträge, mit denen eine passiv-rezeptiv vorgestellte Bevölkerung politisch „gebildet" werden sollte. Außerdem hoffte man, die Medien in eigenem Sinne beeinflussen zu können. Bald aber zeigten sich Schwierigkeiten. Der amtierende Rektor der Universität, Hermann Ehrenberg, fragte im Vorfeld eines ersten größeren Treffens an der Universität zu dem Vorhaben seinerseits ebenfalls Gelder der Industrie für Vortragsveranstaltungen an, was das Netzwerk nicht goutierte.[412] Bei dem universitären Koordinierungstreffen ließ sich der aktuelle Rektor allerdings nicht überge-

408 Brief Hoffmanns an Hugenberg vom 23.2.1916, BA N 1231, 42, 36-38.
409 Brief Hoffmanns an Hugenberg vom 13.11.1917, BA N 1231, 42, 304.
410 Brief Hoffmanns an Hugenberg vom 20.11.1917, BA N 1231, 42, 303.
411 Brief Hoffmanns an Hugenberg vom 3.1.1918, BA N 1231, 42, 297.
412 Brief Hoffmanns an Hugenberg vom 24.1.1918, BA N 1231, 42, 295.

hen. Otto Hoffmann war erkennbar verstimmt, dass mit der Aussicht auf Geld aus industriellen Fonds jeder Hochschullehrer seine Partikularinteressen verfocht. Auch der Chemiker Schenck und Naendrup würden „einfach mitbrausen", Rektor Ehrenberg nur Sonderinteressen verfolgen.[413] Hoffmann wollte universitätsintern die Linie klarstellen. In der Sache einigte man sich, ein Stiftungsmodell in den Blick zu nehmen, an dem sich – um das Projekt auch mit der Regierung formal abzustimmen – auch die Provinz mit einem Stiftungskapital von 2000 Mark beteiligen solle.[414] Angesichts der kriegsbedingt geringen Studierendenzahlen wollte das Netzwerk die Dinge zunächst noch auf der Zeitachse schieben, die Professoren diskutierten weiterhin vorrangig die Frage, wie der fest erwartete Geldregen am besten verwendet werden könne.[415] Doch war der Kreis der Beteiligten zu groß geworden, als dass das Netzwerk noch die volle Kontrolle über die Steuerung des Vorhabens ausüben konnte. Schon zwei Wochen nach dem Treffen mit dem Vertagungsvorschlag nämlich wandten sich die Messingwerke Unna an den Kurator mit der Frage, ob nicht angesichts ähnlicher Planungen im Rheinland (Bonn) auch in der Provinz Westfalen eine Fördergesellschaft für die Universität Münster Sinn mache.[416] Nach den vorausgehenden inneruniversitären Konflikten bei dem Treffen zwei Wochen zuvor war offensichtlich, dass dieser Brief bestellt war, und schon im Mai 1918 nahm Rektor Ehrenberg, offiziell vom Kurator aufgefordert,[417] den Brief gerne zum Anlass für eine öffentliche Proklamation in eigener, amtlicher Regie, mit der er zur Gründung einer Stiftung aufrief.[418] Im Sommer lud er interessierte Unternehmen zu einem ersten Treffen nach Dortmund ein.[419] Dabei wurden die politischen Zielsetzungen deutlich benannt: Es ging auch um Vorkehrungen „gegenüber den uns drohenden inneren Gefahren", also um den Erhalt der bestehenden politischen und sozialen Ordnung. Der amtierende Rektor hatte dem auf Zeit spielenden und auf Exklusivität hoffenden Netzwerk erkennbar die Initiative aus der Hand genommen, bezog sich auch inhaltlich nur allgemein auf dessen Vorarbeiten. Deutlicher war der Bezug in personeller Hin-

413 Brief Hoffmanns an Hugenberg vom 27.1.1918, BA N 1231, 42, 293f.

414 Ebda.

415 Brief Hoffmanns an Hugenberg vom 26.2.1918, ebda., 291f.

416 Schreiben der Messingwerke Unna an den Kurator, Abschrift, 14.3.1918. UAMS Bestand 4, 1329, 3.

417 Schreiben des Kurators an den Rektor vom 30.3.1918, ebda., 1.

418 Proklamation des Rektors aus dem Mai 1918, ebda., 7.

419 Musterschreiben des Rektors vom 3.7.1918, ebda., 16.

sicht, denn im Einladungsschreiben tauchten die Vertreter des Netzwerks alle namentlich wieder auf: Hugenberg, sein Nachfolger Beutenberg, Stinnes, Kirdorf, die Adeligen Salm-Horstmar und Landsberg-Velen – das waren die zentralen Kontaktpersonen der letzten Jahre in der Kriegszielagitation und der Vaterlandspartei, die jetzt auch bei der Gründung einer universitären Fördergesellschaft als Referenzen benannt wurden. Doch in einem weiteren Einladungsschreiben vom Oktober 1918 für ein Treffen, das wegen der Revolution nicht stattfinden konnte, zeigte sich, dass das Netzwerk nicht nur die Verfahrenshoheit, sondern auch die inhaltliche Definitionsmacht deutlich eingebüßt hatte: Aus den sehr konkreten Vorstellungen vor allem Krückmanns und Hoffmanns waren jetzt Allgemeinplätze geworden – Förderung der Lehr- und Forschungstätigkeit, Vermehrung der Lehrmittel, Unterstützung von Forschungsbereichen, für die es wenig oder keine staatliche Mittel gebe, die „Einführung der akademischen Jugend in alle Fragen des öffentlichen Lebens".[420] Das war noch keine Absage an die ursprünglichen Pläne, aber es war deutlich, dass hier jetzt auch andere ihre Interessen deutlich verfolgten. Von einer auf Dauer gestellten Finanzierung der Kriegsaktivitäten konnte keine Rede mehr sein. Die Revolution verzögerte die tatsächliche Gründung der Fördergesellschaft dann um ein Jahr, sie konnte erst Ende 1919 erfolgen. Auch hier waren gegenüber den ursprünglichen Ideen markante Rückschläge für das Netzwerk zu verzeichnen: Zum einen gelang es nicht, eine Stiftung mit großem Gründungskapital zu schaffen, sondern nur eine Gesellschaft, die auf Mitgliedsbeiträge und projektbezogene Spendenzusagen angewiesen war. Aus dem Modell, bei dem die Industrie dem Netzwerk dauerhaft eine Fortsetzung ihrer Kriegstätigkeit finanzierte, war also nichts geworden. Auch war mit Hugenberg einer der zentralen Unterstützer des Netzwerks nicht mehr Teil der Gesellschaft geworden, seine Rolle übernahm Albert Vögler, der zwar grundsätzlich ähnliche politische Zielsetzungen teilte, aber weit weniger politisch exponiert war als Hugenberg. Seine Wahl zum Vorsitzenden der Gesellschaft entsprach daher einer zwar im grundsätzlichen politischen Kurs konstanten Zielsetzung, die aber mehr Distanz zu den Netzwerkstrukturen wahrte. Die Beteiligung der kommunalen Vertreter aus der Provinz Westfalen schärfte zwar die regionale Bindung, brachte aber vollständig andere politische Interessen in die Gesellschaft ein als die der Professoren und trieb die Gesellschaft zu ganz anderen Aktivitäten, als man sie im Krieg geplant hatte. Die kommunale Beteiligung führte

420 Einladungsschreiben des Rektors „im Oktober 1918", UAMS Bestand 4, 1329, 35.

nämlich dazu, dass die Hälfte von deren Beiträgen für soziale Zwecke, nämlich für die materielle Unterstützung von Studierenden, vorgesehen werden musste.[421] Die Beiträge der Wirtschaft, auf deren ständige Einwerbung man durch das Scheitern des Stiftungsmodells angewiesen war, blieben weit hinter den Erwartungen zurück. Zwar förderte die Phoenix-Gesellschaft aus Hörde einmalig die physikalisch-technische Forschung mit 250.000 Reichsmark,[422] doch das war die größte Einzelspende, alle anderen Spenden und Beiträge zusammen erreichten bis Ende 1921 etwa dieselbe Höhe (272.885 Reichsmark).[423] Daraus ergab sich 1922 ein Förderbetrag von 120.000 Reichsmark insgesamt,[424] was angesichts wachsenden inflationären Drucks nicht mehr viel war. Immer wieder durchzogen Klagen über fehlende Spendenbereitschaft der Wirtschaft die Sitzungen der Gremien – es war offensichtlich, dass die Schwerindustrie nach dem Ende der sprudelnden Kriegsgewinne der Gesellschaft weit weniger Gelder zur Verfügung stellte, als die universitäre Seite sich das vorgestellt hatte, und dass andere Geldgeber wie Landwirtschaft oder Textilindustrie diesen Ausfall nicht ansatzweise kompensierten.[425] Zwar konnte Otto Hoffmann als Vertreter des Netzwerks nach dem Ende des Rektorats Ehrenbergs zum zweiten Vorsitzenden der Gesellschaft avancieren und auch noch einmal inhaltliche Zielsetzungen des Netzwerks in den Aufgaben der Gesellschaft verankern, aber die einst als imperialistisches Beherrschungsinstrument konzipierte Auslandskunde beispielsweise schrumpfte zu wirtschaftlichen und kulturellen Kontakten in die Niederlande,[426] von den Professoren des Netzwerks gelang es allein Meister, sein Zeitungsinstitut in die Förderung zu bringen,[427] Krückmann stellte seine Unterrichtsvorhaben hintan und warb „mit Wärme" für seine alte Idee einer Krebs- und Lupusklinik.[428] Aber das alles war natürlich, gemessen an den hochfliegenden Plänen der Professoren in der zweiten Kriegshälfte, wenig. Die Gesellschaft förderte zwar unter dem Einfluss Otto Hoffmanns in späteren Jahren universitäre Sportanlagen, zu denen auch Schießplätze ge-

421 Bericht an den Dortmunder Oberbürgermeister Eichhoff, Vorsitzender des Westfälischen Städtetages, 18.6.1927, UAMS Bestand 4/1329, 121.

422 Ebda., 54.

423 Spendenliste, o.D., ebda., 69.

424 Protokoll der Vorstandssitzung vom 27.5.1922, UAMS Bestand 183/02.

425 Ebda.

426 Protokoll der Sitzung des Verwaltungsausschusses vom 23.2.1920, ebda., Blatt 4.

427 Ebda., Blatt 3.

428 Ebda., Blatt 4.

hörten, und trieb so die verdeckte Wehrertüchtigung trotz erheblichen Widerstands des republiktreuen Oberpräsidenten Gronowski voran,[429] doch gemessen an den einstigen Zielen einer faktischen Lenkung der öffentlichen Meinung durch Beherrschung von Medien und Unterricht einerseits und Forschung für rüstungswirtschaftliche Ziele und imperialistische Beherrschung andererseits war das fast nichts. Dass auch die Pläne für eine technische Fakultät, die am ehesten noch an die einstigen rüstungswirtschaftlichen Forschungsziele hätte anknüpfen können, am Widerstand des Rheinlands scheiterten, zeigt, in welchem Ausmaß das Professorennetzwerk hier hinter den eigenen Zielsetzungen zurückblieb. Auch wenn Hoffmann bis zu seinem Tode Vizepräsident der Gesellschaft blieb und auch Krückmann bis zu seiner Emeritierung immer wieder in den Gremien vertreten war, war die Fördergesellschaft nie das Instrument machtvoller und auf Dauer gestellter Einflussnahme auf Politik und Gesellschaft in den Händen der Professoren geworden, das diese 1917/18 imaginiert hatten. Für den politischen Einfluss der Gruppe war das ein gravierender Rückschlag – die erhofften dauerhaften Finanzströme fehlten. Doch neben dem Scheitern des deutschnationalen Zeitungsprojekts war das nicht die einzige Enttäuschung für Paul Krückmann.

Dass er auch nach dem Ende der Zeitung „Der Westfale“ bereit war, ökonomische Zusammenhänge dem Primat einer politischen Betrachtung unterzuordnen, zeigte sich auch an anderer Stelle. Krückmann wuchs in der ersten Hälfte der 1920er Jahre immer mehr in die Rolle eines Wirtschaftsberaters und Akquisiteurs von Investitionsmöglichkeiten für das Netzwerk der rechten adeligen Agrarier hinein. Es ging dabei um den Kauf einer Sodafabrik durch den Fürsten von Sayn-Wittgenstein und den Baron von Romberg,[430] aber spektakulärer war ein Start-up in Bayern, für das Krückmann seine adeligen und deutschnationalen Partner erfolgreich zu interessieren versuchte. Seit Ende 1922 – das Scheitern des Zeitungsprojekts lag gerade zwei Jahre zurück – warb Krückmann für ein Vorhaben der „Physikalisch-Technischen Versuchsanstalt“ des Ingenieurs Franz Lawaczeck. Ein ausführliches Konzept vom 23. Januar 1923 zeigte,[431] worum es dabei ging: Der bayerische Ingenieur versprach, die deutsche Energieversorgung mit erneuerbaren Energien autark machen zu können. Grüner Wasserstoff sollte die Lösung für das

429 J. Schäfer, Eine wirkliche Landesuniversität schaffen, 98–100.

430 Schreiben Krückmanns an Romberg vom 29.6.1924, LAV NRW (W) Gesamtarchiv von Romberg 1150.

431 Das Konzept ebda.

im Ersten Weltkrieg offenkundig gewordene Energieproblem des Reiches sein. Lawaczeck meinte, es könne physikalische Lösungen geben, wie mit Wasserkraft und Windenergie Wasserstoff erzeugt werden könne, der dann die Energielücke schließen könne. Er besitze einen höheren Wirkungsgrad als Kohle, so könne nicht nur in der Industrie, sondern auch in Privathaushalten – wenn entsprechende Umrüstungen vorgenommen worden seien – der grüne Wasserstoff ein günstigerer Energieträger werden. Schlüssel zu diesem technologischen Durchbruch sollte die von Lawaczeck entwickelte „Unipolarmaschine" sein, die für die Erzeugung und Speicherung des Wasserstoffs zentrale Bedeutung haben sollte. Mit neuartigen Turbinen, für die Lawaczeck über die notwendigen Patente verfüge, könne die Wasserkraft in Energie umgesetzt werden. Das Vorhaben klang auch 1923 spektakulär angesichts der französischen Besetzung des Ruhrgebiets – konnten erneuerbare Energien dem Deutschen Reich den Weg zur Energieautarkie weisen und die französische Ruhrbesetzung so am Ende ins Leere laufen lassen? Lawaczeck suchte für sein Start-up dringend Geldgeber. Es war Krückmann, der hier als Vermittler von Venture-capital eine entscheidende Rolle übernahm. Er kannte aus dem Umfeld Lawaczecks nicht nur Georg Eickemeyer aus München, der als Organisator einer Einwohnerwehr dem rechten Lager angehörte und der Krückmann nur in Zusammenhängen der Orgesch begegnet sein kann, sondern auch potentielle Geldgeber: Zum einen den Münsterschen Unternehmer Kiesekamp, der auch Gründungsmitglied der DNVP in Münster war, und das in den Quellen „Fürstentrust" genannte Adelsnetzwerk Krückmanns.[432] Die Prämisse für die vorgesehene Finanzierungsrunde war politisch: Es war das Ziel, „den für die Entwicklung notwendigen Geldbedarf durch nationale Kreise sicherzustellen."[433] Die Energieautarkie des Deutschen Reiches mit grünem Wasserstoff sollte durch ein deutschnational bestimmtes Netzwerk erfolgen. Benötigt wurden dabei erhebliche Mittel.[434] Lawaczeck aber versprach seinen rechten Geldgebern schon nach zwei Jahren schwarze Zahlen. Das überzeugte schnell. In München trafen sich am 24.5.1923 Lawaczeck und Eickemeyer einerseits, der Vermittler Krückmann und andererseits sein Parteifreund Kiesekamp sowie der Hofmarschall Gustav von Halem als Vertreter des entthronten Fürsten Günther von Schwarz-

432 „Bericht über die Gründungssitzung vom 24.5.1923 und über die der Sitzung vorausgehenden Besprechungen und Festlegungen", Seite 1, ebda.

433 Seite 1, ebda.

434 In dem Bericht aus dem Mai 1923 ist ebda. von 300 bis 350 Millionen Mark bei einem Mark-Dollar-Kur von 1:20.000 die Rede.

burg-Rudolstadt, für den Krückmann als Rechtsberater arbeitete. „Deren nationale Gesinnung" war „über jeden Zweifel erhaben"[435] – der grüne Wasserstoff sollte also ein gemeinsames Projekt der republikfeindlichen Rechten aus Bayern und dem Münsterland sein. So wurde man sich politisch und finanziell rasch einig. Das Grundkapital sollte gering gehalten werden und durch mehrere Kapitalerhöhungen in der Zukunft angepasst werden – das war auch der galoppierenden Inflation geschuldet. Der Münstersche Unternehmer Kiesekamp war bereit, den größten Anteil der Investition zu übernehmen, Krückmann sorgte dafür, dass auch die Adeligen Anteile erhalten konnten.[436] Es war zu jedem Zeitpunkt klar, dass dieses spektakuläre Start-up ein politisches Projekt war: Krückmann war allerdings dabei, denselben Fehler wie beim Zeitungsprojekt zu wiederholen.

Schon am 13. Juni 1923 wurde die Gesellschaft gegründet. Dem Gründer Lawaczeck wurde die Hälfte der Stimmrechte und ein Fünftel des Kapitals zugesprochen, während die Finanzierungsrunde mit 10 Millionen Mark Grundkapital endete, von denen Kiesekamp 71 % zeichnete. Der Hofmarschall von Halem war mit 5 % beteiligt, Vertreter der Deutschen Bank und verschiedene Akteure aus dem rechten Netzwerk in München und Münster waren engagiert, darunter auch Krückmann selbst mit 1 %.[437] Es spricht viel dafür, dass er persönlich bei dem Projekt weiter beteiligt sein wollte, um auch den rechten Adeligen seines Netzwerks aus dem Münsterland hier noch Zugang zu ermöglichen. In den Folgemonaten bemühte Krückmann sich nämlich intensiv, auch seine früheren Projektpartner von Romberg und von Ratibor für eine Beteiligung zu gewinnen.[438] Als die avisierten Nachschusspflichten im Januar 1924 kamen, musste Krückmann passen, „weil mir das Geld dazu im Augenblicke fehlt".[439] Er bot seine Optionen Romberg an. Nach manchen Verzögerungen waren vor allem solche Vertreter der münsterländischen Adels mit an Bord bei dem Projekt des grünen Wasserstoffs für die Energieautarkie, die sich auch parteipolitisch den Deutschnationalen zugewandt hatten.[440] Krückmann war in der Folgezeit bestrebt, den münsterländischen Gesellschafteranteil tendenziell zu erhöhen. Als sich bei Gesell-

435 Seite 1, ebda.

436 Seite 2, ebda.

437 Brief Berchtolds an Krückmann vom 15.6.1923 und anliegend „Bericht" als Gründungsprotokoll vom 13.6.1923, in: Ebda.

438 Schreiben Krückmanns an Romberg vom 25.11.1923, ebda.

439 Schreiben Krückmanns an Romberg vom 30.1.1924, ebda.

440 Beteiligungsbestätigung für Romberg vom 26.5.1924, ebda.

schaftern Zahlungsprobleme bei Nachschusspflichten zeigten, wies er den Baron von Romberg auf die Chance hin, er könne „das Schiff flott machen helfen".[441] Allerdings zeigte sich, dass auch die Adelsvertreter nicht so flüssig waren, wie Krückmann sich das gewünscht hätte, und so musste er auch die Nachschusspflichten anmahnen.[442] Die Finanzierungsrunden gestalteten sich immer schwieriger, und auch Krückmann versuchte, eigene Anteile an den formal bei ihm unterbeteiligten von Romberg abzustoßen.[443] Das gelang zu einem kleinen Teil, sodass Krückmann sich selbst finanziell entlasten konnte und zugleich die münsterländische Adelsbeteiligung an dem Projekt stärkte.[444] Doch es wurde immer klarer: Das Projekt funktionierte nicht wie vorgesehen. Weder war der Break-even im vorgesehenen Zeitraum erreicht worden, noch war er in Sicht. Die Gesellschafter hatten das auf dem Höhepunkt der Ruhrbesetzung in die Wege geleitete Projekt erheblich kapitalisiert, aber auch erkennbar zum Teil die Geduld verloren.

1926 nahte scheinbar Hilfe für das Vorhaben, und an der nationalen Zuverlässigkeit des Helfers konnte aus Sicht der Gesellschafter kaum ein Zweifel bestehen. Der grüne Wasserstoff blieb in den Händen der Rechten, denn das frische Geld kam von Alfred Hugenberg. Allerdings war der Preis dafür eine Neuordnung der Gesellschaftsstruktur. Die 1923 gegründete Lawaczeck GmbH war mit 50 % an einer neuen „Technischen Vertriebs GmbH" beteiligt, deren Aufgabe nun stärker fokussiert worden war: Es ging jetzt um die Errichtung und den Vertrieb von Zersetzeranlagen, die Herstellung eines Prototyps aber verzögerte sich weiter. So war nicht nur das von Hugenberg in die neue Gesellschaft eingebrachte Eigenkapital, sondern auch die Lawaczeck als Darlehen zur Verfügung gestellten Mittel verbraucht worden.[445] Hugenberg forderte daher jetzt eine noch weitere Konzentration der Tätigkeit auf landwirtschaftlich nutzbare Anwendungen und zielte hier vor allem auf die Sodaproduktion. Eine Fusion der Gesellschaften war Bedingung für eine weitere erhebliche Kapitalerhöhung, wobei Hugenberg nun Lawaczecks Anteil an der ursprünglichen, nach ihm benannten GmbH übernahm. Damit hatte Hugenberg die Mehrheit der Stimmrechte zur Bedingung für weitere Kapitalspritzen gemacht. Außerdem sollte die fusionier-

441 Schreiben Krückmanns an Romberg vom 28.7.1924, ebda.

442 Schreiben Krückmanns an Romberg vom 21.10.1924, ebda.

443 Schreiben Krückmanns an Romberg vom 12.8.1925, ebda.

444 Notarielle Beurkundung der Abtretung von 700 Mark Grundkapital von 5300 Mark vom 6.11.1926, ebda.

445 Geschäftsbericht 1926/27, Seite 1, ebda.

te Gesellschaft der von Hugenberg mit ostelbischen Investoren betriebenen „Land Industrie AG“ angeschlossen werden. Der neue Großinvestor zielte erkennbar auf Technologietransfer in seinen Konzern.[446] Krückmann und Kiesekamp reisten zur Gesellschafterversammlung nach München, wo ihnen nur die Zustimmung zu den Bedingungen blieb:[447] Hugenberg stellte mit klaren Fristen darauf ab, dass Lawaczeck wirtschaftlich verwertbare Ergebnisse liefern sollte. Der Preis für sein Venture-Capital war die faktische Übernahme der Gesellschaft durch seinen Konzern. Die 1923 gegründete Gesellschaft wurde liquidiert, und ihre Gesellschafter erhielten Anteile an einer neuen Gesellschaft, die den Namen der alten weiterführte. Diese aber wurde nun vollständig von Hugenberg kontrolliert, die Anteile der Altgesellschafter waren so verwässert, dass sie faktisch enteignet worden waren.[448] Paul Krückmann, der Freiherr von Droste-Hülshoff, der Hofmarschall von Halem, der Baron von Romberg, der Fürst von Salm-Horstmar, Kiesekamp und der Chefarzt Becher, also alle Mitglieder des alldeutsch-deutschnationalen Netzwerks Krückmanns, hielten nun nur noch eine formale Beteiligung. Aber es ging noch weiter: Ein weiterer Kapitalbedarf wurde von der von Hugenberg kontrollierten Ostbank als Darlehen gewährt, das 1928 in Eigenkapital umgewandelt werden sollte.[449] Die Altgesellschafter durften mit Bürgschaften zwar einen unmittelbaren Kapitaleinsatz vermeiden, nahmen dafür aber weitere Verwässerung in Kauf und gingen ein Risiko für die Zukunft ein. Als diese Finanzmittel ebenfalls verbraucht waren, kam es zum Untergang: Lawaczeck, inzwischen von Hugenberg auf einen Entwickler für landwirtschaftliche Nutzanwendungen zurückgestuft, sollte nun auch die technische Leitung aus der Hand genommen bekommen; dagegen verwahrte er sich.[450] Das Ergebnis war die Liquidation der Geschäftstätigkeit Ende 1928.[451] Lawaczeck wandte sich danach den Nationalsozialisten zu und versuchte sich erneut an der Energieautarkie.[452]

Am 13. Dezember 1928 zog Krückmann brieflich eine Bilanz, fünf Jahre nach seinem Einstieg in das Start-up aus München. Lawaczeck machte

446 Ebda., Seite 2–3.
447 Protokoll der Gesellschafterversammlung vom 26.7.1926, ebda.
448 Protokoll der Gesellschafterversammlung vom 24.8.1927, ebda.
449 Schreiben Lawaczeck GmbH vom 3.2.1928, ebda.
450 Schreiben Lawaczeck vom 28.8.1928, ebda.
451 Rundschreiben vom 20.11.1928, ebda.
452 Die Bemühungen Lawaczecks um Förderung durch die nationalsozialistische Regierung und das Scheitern seines Projekts ist dokumentiert in BA R 3101/18739.

er schwere Vorwürfe: Er habe das versprochene Verfahren nicht geliefert, Hugenberg habe geholfen, aber die eigentlich Geschädigten seien die Venture-capital-Geber der ersten Runde. „Wir stehen da mit unseren Schulden und ohne Verfahren", so seine Bilanz.[453] Das war nur zur Hälfte richtig: Lawaczeck hatte in der Tat nicht geliefert, was er versprochen hatte, aber das lag auch daran, dass die Investoren, Krückmann und die Mitglieder seines Netzwerks, wenig bis keine Expertise mitbrachten und nicht einmal eine geordnete Geschäftsführung und Rechnungslegung erwarteten. Nationale Gesinnung war im Augenblick der Ruhrkrise wichtiger als fachliche Expertise. Dass das deutschnationale Netzwerk aus dem Münsterland und Bayern anschließend vom eigenen Parteivorsitzenden ausgespielt worden war, entging der Aufmerksamkeit Krückmanns völlig. Er war fasziniert von der Idee, angesichts der Ruhrbesetzung durch Energieautarkie und technische Innovation die Alliierten ins Leere laufen zu lassen, aber er war wie die übrigen Mitglieder seines Netzwerks unfähig, die Sachverhalte anders als politisch zu bewerten. Dieses Mal hatte Krückmann auch einen erheblichen privaten Vermögensschaden, den er nicht so leicht kompensieren konnte wie seine überwiegend adeligen Partner. 1928 hatte Krückmann damit eine weitere schwere Niederlage zu verzeichnen, die sein Netzwerk auch beschädigte. Deutlich wird aber an allen gescheiterten Projekten Krückmanns – der Zeitung, der Fördergesellschaft und dem Lawaczeck-Projekt –, dass die rheinisch-westfälische Schwerindustrie sich keineswegs von den Professoren des Netzwerkes einfach steuern ließ, und dass insbesondere Hugenberg sein eigenes Spiel betrieb und sowohl die Zeitung als auch die Fördergesellschaft im Stich ließ und die münsterländischen Finanziers aus dem von ihnen aufgebauten Unternehmen heraustrieb.

Die deutschnationalen Republikfeinde um Krückmann waren also vor Ort auf sich selbst verwiesen, und da fehlte es an vielem: Am offensichtlichsten war, dass die Deutschnationalen nicht in der Lage waren, die Medienhegemonie des Zentrums in der Stadt zu brechen. Nach dem Scheitern von „Der Westfale" trat zwar die Landeszeitung an die Stelle einer Tageszeitung für das rechte Lager, mit den unterschiedlichen Organen des Zentrumsspektrums aber konnte diese nicht konkurrieren, weil sie sich auch auf einen viel weiteren, nicht nur auf die Stadtöffentlichkeit beschränkten Einzugsbereich richtete. Vor allem aber war die Landeszeitung kein Organ, das von der Pro-

453 Schreiben Krückmanns an Romberg mit Weiterleitung eines Schreibens an die Lawaczeck GmbH vom 13.12.1928, LAV NRW (W) Gesamtarchiv von Romberg 1150.

fessorengruppe gesteuert werden konnte, wie das bei ihrem eigenen Projekt konzipiert war. Die Nachfrage nach einem eigenen deutschnationalen Medium in der Stadt war ebenso schwach wie die Bereitschaft, Mitgliedsbeiträge für die DNVP zu zahlen.[454] Bei Paul Krückmann wurde zudem immer klarer, dass der öffentliche politische Auftritt es zwar nicht an ideologischer Standfestigkeit, wohl aber an Charisma fehlen ließ. Auf einer Liste der DNVP-Studierenden wurde er zwar als potentieller Redner aufgeführt, aber der Hinweis auf gute rhetorische Fähigkeiten war auf der Liste mit anderen Namen verknüpft.[455] Der verunglückte Auftritt vor dem Schloss hatte auch öffentlich gezeigt: Der Weg vom Katheder zum Anführer der Jugend war mit Ende 50 nicht erfolgversprechend, wenn die neue nationalsozialistische Konkurrenz mit dem Prinzip „Jugend führt Jugend" antrat.

Entscheidend für den Misserfolg Krückmanns und der Professoren waren am Ende vor allem die Finanzierung ihrer Projekte und die republikanische Ordnung selbst. Schon während des Krieges bestand das Konzept der Gruppe darin, mit Geld der Industrie medialen und politischen Einfluss kaufen und sichern zu wollen. Mit dem Scheitern ihrer Pläne für die Fördergesellschaft und der fehlenden Bereitschaft der Schwerindustrie, in Münster dauerhaft die deutschnationalen Strukturen zu finanzieren, reduzierten sich die politischen Möglichkeiten dramatisch. Neben dem Ende der außerordentlichen Kriegsgewinne waren die erkennbaren Zielkonflikte innerhalb der Schwerindustrie ausschlaggebend. Sie erschwerten den Zugang zu den erhofften Finanzhilfen ebenso wie die spätestens seit dem Ende der Ruhrkrise abnehmende strategische Bedeutung Münsters. Die verzweifelten Versuche, das fehlende Geld von den adeligen Agrariern des Münsterlands zu gewinnen, scheiterten ebenfalls. Zudem fehlte es an den privilegierten Zugängen zur Macht jenseits von Öffentlichkeit und Parlament. Nur noch im Bereich des Militärs konnten bis in die Ruhrbesetzung hinein die etablierten Wege genutzt werden. In Verwaltung und Politik waren unter den Bedingungen der Republik dieser Einflussnahme enge Grenzen gesetzt, die Personalpolitik der republiktreuen Preußenregierung hatte durchaus Wirkung gezeigt:

454 Zu der chronischen Finanzschwäche der DNVP insgesamt M. Ohnezeit, Zwischen „schärfster Opposition" und dem „Willen zur Macht", 74–83. Das Problem war auch in Münster eklatant, wie aus dem Brief Kaysers an Hugenberg vom 26.12.1922 hervorgeht, BA N 1231/18, 241f.

455 Brief des DNVP-Landesverbands an den Studenten Gerhard Weber vom 14.1.1925, BA R 8005/311, 16. Genannt werden als DNVP-Professoren neben Krückmann Naendrup und Wätjen, letzterer „sehr guter Redner".

Anders als im Kaiserreich fehlten dem Netzwerk die Kooperationspartner in den Spitzen der Verwaltungen – eine Ausnahme stellte nur die Stadtverwaltung dar. Die Republik reduzierte für Männer wie Paul Krückmann also die Möglichkeiten aktiver wie informeller politischer Wirksamkeit drastisch. Seine Frau dagegen hatte diese deutlich steigern können, weil ihre Methoden – einschließlich der Bereitschaft, die parlamentarische Bühne auf kommunaler Ebene zu nutzen – sich stärker modernisiert hatten als die des elitären Professors, der sich Politik weiter vorwiegend als Vorlesung für passiv-rezeptive Auditorien, als autoritativen Ratschlag für Entscheider hinter den Kulissen oder als selbst verfassten Leitartikel in wirtschaftlich kontrollierter Presse vorstellen konnte. Es fehlte also an vielem für den politischen Erfolg, nur an einem fehlte es nicht: An politischer Radikalität, wie sich auch in der Schlussphase der Republik zeigen sollte.

# XI. Auf der Schwelle zum Dritten Reich

Paul Krückmann zog sich nach 1924 aus dem Bereich öffentlicher politischer Auftritte jedenfalls in der Stadt Münster weitgehend wieder zurück und konzentrierte sich wieder stärker auf seine juristische Expertise, die er aber weiter unbedingt politisch einsetzte. Auswärts trat er daher noch zu dem Thema auf, für das er sich seit Jahren engagierte, nämlich für den Vermögenserhalt der enteigneten Fürstenhäuser. Dies wurde öffentlich vor allem in Zusammenhang mit dem Volksentscheid über die Fürstenenteignung 1926 relevant. Krückmann hatte seit Beginn der Republik für zwei der abgedankten Fürsten die juristische Beratung übernommen, nämlich für den Fürsten von Schwarzburg-Rudolstadt (wo es nicht nur gegen das Land Thüringen ging, sondern auch um Erbauseinandersetzungen innerhalb der Familie des ehemaligen Fürsten)[456] und den Fürsten von Lippe-Detmold. In Zusammenhang mit dem Volksentscheid versuchte Krückmann die Wählerschaft mit dem Argument zu überzeugen, ein Vermögensverlust der abgesetzten Fürstenhäuser sei eine Bedrohung des Eigentumsrechts auch des Bürgertums und der Anfang einer weiteren sozialistischen Bedrohung. Die Fürsten forderten in seiner Darstellung nur den Gegenwert zu dem, was sie jahrhundertelang für das Land aus eigenem Vermögen geleistet hätten.[457] Das war auch die Grundtendenz seiner juristischen Beratung für die Fürsten selbst. In Gutachten für mehrere Prozesse gegen die neuen republikanischen Regierungen Lippes vertrat Krückmann in den Jahren 1922, 1925 und 1930 die Fürsteninteressen.[458] Dabei konstruierte er seit einem Gutachten vom 16. Februar 1922 die Rechtsfigur, dass es Privatvermögen der Fürsten, von diesen verwaltetes Staatsvermögen und Zweifelsfälle gegeben habe, und bei einer Teilung seien die Zweifelsfälle hälftig zwischen Dynastie und Land aufzuteilen.[459] Dieser Versuch, das einstige Fürstenvermögen zu einem möglichst großen Teil zu privatisieren, war auch fachlich doch sehr anspruchslos ausgefallen, genüg-

456 Vgl. etwa im dritten Gutachten Krückmanns für Schwarzburg-Rudolstadt aus dem Jahre 1927: P. Krückmann, Drittes Gutachten. Für das Engagement dort hatte Krückmann sich offensichtlich mit früheren juristischen Studien zum Familienrecht im Adel qualifiziert, vgl. etwa P. Krückmann, Der Adel der unehelichen Kinder.

457 Generalanzeiger für Oberhausen, Sterkrade, Osterfeld und das nordwestliche Industriegebiet 23, 165 (15.6.1926).

458 Lippische Post 84, 183 (6.8.1931).

459 Lippische Landeszeitung 36, 181 (5.8.1931).

te aber, um in den jahrelangen gerichtlichen Auseinandersetzungen immer wieder als Gutachter hinzugezogen zu werden. Die langjährige Tätigkeit zeigte, wie stark Paul Krückmann als Jurist der untergegangenen sozialen und politischen Ordnung des Kaiserreichs verpflichtet war und wie sehr diese seinen Referenzrahmen bildete. Aber dabei blieb es nicht.

So polemisierte der Jurist gegen den Weimarer Staat, etwa wenn es um dessen sozialstaatliche Ambitionen im Bereich des Mietrechts ging, wo er für einen konsequenten Rückbau des Mieterschutzes auftrat.[460] Das war aber eine Randnotiz und fast schon Alltagsgeschäft für den Gegner der Republik im Vergleich zu den Rechtsgutachten, mit denen er 1928 hervortrat. Hier verließ Krückmann die an der Gesellschafts- und Sozialordnung des Kaiserreichs orientierte Rolle des bürgerlichen Rechtsgelehrten und offenbarte seine ungebrochene Bereitschaft, auch Grundsätze der Rechtsordnung in Frage zu stellen, wenn es politisch notwendig erschien. Als Ende der 1920er Jahre die juristische Aufarbeitung der Gewaltexzesse aus der Anfangsphase der Republik Fahrt aufnahmen, war Krückmann zur Stelle. Sein Doktorand Friedrich Grimm spielte in den Prozessen auf Seiten der Verteidigung der Angeklagten eine Schlüsselrolle, und Paul Krückmann als sein akademischer Lehrer unterstützte ihn dabei mit Gutachten.[461] Im Stettiner Fememordprozess[462] gegen den nationalsozialistischen Reichstagsabgeordneten und SA-Führer Edmund Heines[463] wie in dem Revisionsprozess für den bereits zum Tode verurteilten Fememörder und ehemaligen Oberleutnant Paul Schulz[464] trat er entsprechend auf. Heines und Schulz waren nicht nur prominente Nationalsozialisten, sondern entstammten beide der Frontkämpfergeneration und hatten im Rahmen sogenannter „Feme“ Morde an angeblichen Verrätern verübt, welche die irregulären Freikorps und ihre Waffendepots gemeldet haben sollten. Die Morde hatten vielfach den Charakter von Exzess-Taten. Krückmann zeigte in seinen Gutachten, dass er bereit war, selbst als Morde erwiesene Taten zu rechtfertigen, sofern sie den politischen Zwecken der Rechten dienten. Er forderte vollständige Freisprü-

460 P. Krückmann: Einige kurze Bemerkungen, 1219f.

461 Zu der Tätigkeit Grimms S. Felz, Recht zwischen Wissenschaft und Politik, 302–316.

462 Zum Prozess S. Felz, Staatsnothilfe und politischer Mord?.

463 Aufwärts 10, 100 (28.4.1928).

464 Zum Hintergrund dieses Prozesses A. Hoffstedt – R. Kühl, „Dead Man Walking“, 273–275; zur juristischen Kontroverse ebda., 279. Zur Amnestiekampagne B. Sauer, Schwarze Reichswehr und Fememorde, 281–287.

che und (im Fall von Schulz)[465] sofortige Entlassung der Täter: Bürgerkrieg galt ihm wie Krieg, das „Lebensgesetz“ der Reichswehr gelte auch für die paramilitärischen Formationen. Damit hatte Krückmann den rechtsstaatlichen Rahmen eindeutig verlassen, und im Dienst der radikalen Rechten vertrat er nun sogar Mord als gerechtfertigtes Instrument des bewaffneten politischen Kampfes. Mit den Rechtsgutachten lieferte er eine juristische Legitimation der politischen Gewalt. Zugleich näherte Krückmann, dessen Verbindungen zur Orgesch mindestens wahrscheinlich sind, sich hier der SA und den Nationalsozialisten deutlich an: Heines wie Schulz waren Galionsfiguren der NS-Propaganda und überaus prominente Anführer der SA und spielten bis zum 30. Juni 1934 eine wichtige Rolle für die alltägliche Praxis der NS-Gewalt auf den Straßen. Ausgerechnet diesen Männern hatte Krückmann mit seinen Gutachten sogar den Mord als legitimes politisches Mittel zugebilligt. Es war nicht mehr weit bis zum Nationalsozialismus für Krückmann.

Dies zeigte sich auch kurz nach den Reichstagswahlen von 1930 bei einer der Reichsgründungsfeiern, mit denen die Universität Münster ihre Distanz zum republikanischen Staat zelebrierte. Im Januar 1931 hielt Paul Krückmann dabei die Festrede, die es wieder einmal nicht durch den Filter der Zentrumspresse in Münster schaffte. Allerdings brachte der sozialdemokratische „Volkswille“ eine bemerkenswerte Replik in Form eines anonymen Briefes, der mit „einige republikanische Akademiker“ gezeichnet war.[466] Krückmann brachte in seiner Rede offenbar eine Mischung seiner aus der Weltkriegszeit stammenden Thesen, etwa die, dass das Kaiserreich unzureichende Rüstungspolitik betrieben habe. Allerdings formulierte er auch einige charakteristische Aktualisierungen: Pazifismus sei als „Unsittlichkeit zu verwerfen“, „die Außenpolitik könne sich nicht nach der Moral jedes kleinen Spießbürgers richten“. Konkret warnte er, vor dem Krieg habe es Bedenken gegen eine Zusammenarbeit mit dem zaristischen Russland wegen dessen Innenpolitik gegeben, in der Gegenwart hege man ähnliche Bedenken gegen das faschistische Italien. Krückmann wollte das offenbar ändern, für besondere Wut der republiktreuen Kritiker seiner Rede sorgte allerdings seine innenpolitische Aussage, dass „eine neue nationale Bewegung“ unter der deutschen Jugend zu begrüßen sei. Das war kaum anders als auf die NSDAP zu beziehen, die hier Krückmanns Lob erhielt. Auch diese Rede, die aufgrund der zahlreichen Parallelen zu seinen früheren Aussagen zweifellos in den Grundzü-

465 Lenneper Kreisblatt 99, 82 (9.4.1929); Münsterischer Anzeiger 78, 387 (8.4.1929).

466 Volkswille 13, 19 (23.1.1931).

gen richtig wiedergegeben sein wird, zeigte, dass Krückmann wie in seiner Kriegszieleingabe moralische Standards als Zeichen der Schwäche deutete und sich inhaltlich wie politisch den Nationalsozialisten immer deutlicher anzunähern begann. In seiner Rolle als Hochschullehrer aber entgrenzte er sowohl mit seinen Gutachten als auch mit seiner Festrede die rechte Politik weiter: Wenn Mord in der Innenpolitik nicht nur straffrei, sondern notwendig und die Außenpolitik frei von Moral und Pazifismus sein sollten, dann war das anschlussfähig an den Nationalsozialismus. Es gibt keinen Beleg für einen Beitritt Krückmanns zur NSDAP,[467] aber 1931 wollte er sie gewissermaßen als Jugendorganisation der Rechten sehen. Diese Ausführungen zeigten, dass ihn inhaltlich wenig von der Partei trennte, es war vor allem ein generationeller Abstand, den er spürte, und vielleicht war die NSDAP auch zu wenig elitär im Anspruch. Ein schon bekanntes Nachspiel hatte der Bericht der SPD-Zeitung auch: Weil der Redakteur August Freudenthal den anonymen Brief noch mit einer deutlichen Kommentierung der Rede versehen hatte, verklagte Krückmann ihn, und der Redakteur musste – ebenso wie der Demokrat Bothe neun Jahre zuvor – eine Geldstrafe bezahlen und der Volkswille seine Wertung neun Monate später zurücknehmen.[468] Die gerichtliche Einschüchterung demokratischer Gegner und die Einnahme der Opferrolle gehörten immer noch zu Krückmanns Methodenrepertoire.

Krückmann legte aber weiter Wert auf die Fassade bürgerlicher Wohltätigkeit. Als 1930 der Grundstein für die Krebs- und Lupusklinik in Handorf-Hornheide gelegt wurde, würdigte selbst die Zentrumspresse Krückmanns Engagement für das Projekt.[469] Seit 1927 hatte er als Vorsitzender eines neu gegründeten Fördervereins[470] für das 1912/13 zuerst angestoßene Projekt erneut lobbyiert.[471] Allerdings hatten sich seine Finanzierungsforderungen nicht nur an die Sozialversicherungsträger, sondern auch an die staatlichen Instanzen gerichtet.[472] Und so war es nicht Paul Krückmann, der dieses sozi-

467 Paul Krückmann war seit 1937 Mitglied der Nationalsozialistischen Volkswohlfahrt (BA R 9361/VI-1659). Am 8.12.1941 bescheinigte ihm die NSDAP-Kreisleitung Münster-Warendorf „politische Zuverlässigkeit (…), da seine Einstellung zur NSDAP. durchaus positiv beurteilt wird." (ebda.) Eine Parteimitgliedschaft ist für ihn ebenso wenig nachweisbar wie für seine Frau Anna.

468 Volkswille 13. 249 (24.10.1931).

469 Münsterischer Anzeiger 79, 673 (23.6.1930).

470 Altenaer Kreisblatt 94, 187 (12.8.1927).

471 Münstersche Zeitung 60, 46 (16.2.1930).

472 Münstersche Zeitung 57, 220 (13.8.1927), Bochumer Anzeiger 37, 40 (17.2.1930), Münstersche Zeitung 60, 46 (16.2.1930).

al- und gesundheitspolitische Projekte am Ende umsetzen konnte, sondern es war eine Kraftanstrengung des Weimarer Staates: Das Grundstück für die Klinik stellte die Stadt Münster kostenfrei zur Verfügung, die Finanzierung regelten die Provinz Westfalen, das Land Preußen und das Reich.[473] Die Würdigung Paul Krückmanns als des eigentlichen Initiators und Wohltäters anstellte des Weimarer Staates gehört dann bereits in die Zeit des Nationalsozialismus. Für den Moment aber war die Errichtung der Klinik und die Rolle als engagierter Wohltäter eine willkommene bürgerliche Fassade für den längst in Richtung des Nationalsozialismus radikalisierten Professor. Imagepflege dieser Art aber war gefragt – und so fuhren bald auch 200 Hausfrauen aus Münster nach Hornheide, um nach Kaffee und Kuchen den Baufortschritt der neuen Klinik zu besichtigen und von dem verdienten Wohltäter zu hören.[474]

Der Hausfrauenverein hatte sich seit 1929, als Anfang Mai in Münster die Reichstagung des Hausfrauenverbands in Münster stattfand, noch stärker auf Anna Krückmann ausgerichtet. Selbst in der Münsterschen Zeitung, die von allen Medien der Zentrumspresse den Aktivitäten des Vereins den breitesten Raum gab, erschienen jetzt regelmäßig Artikel, die von der Schriftführerin des Vereins, Martha Rösler-Block, verfasst und unverändert angedruckt wurden. Diese zeigten seit 1929 eine deutliche Tendenz, Anna Krückmann eine über die Rolle der Vorsitzenden hinausgehende Rolle zuzuschreiben. So wurde im Januar 1929 nicht nur ganz im Sinne Krückmanns jungen Mädchen von betrieblicher Ausbildung zugunsten des Hausangestelltendaseins abgeraten, sondern vor allem die Arbeit des Vereins „unter der zielbewussten und doch so warmherzigen Leitung“ Krückmanns herausgestellt. Erstmals fanden Geldsammlungen statt, um der Vorsitzenden „eine Freude zu bereiten“: Die Beträge waren nicht unerheblich und gingen weit über ein kleines Präsent hinaus.[475] Bei einem weiteren Treffen wurde ein Gedicht zum Lob der Vorsitzenden vorgetragen und löste „großen Jubel aus.“[476] So hieß es nach einer Bettensammelaktion des Vereins in einem Gedichtvortrag, der nun regelmäßiger Bestandteil der Versammlungen wurde: „Für die Mühe, für die Last/Die du von den Betten hast,/Bleibt mit Recht dein Le-

473 Münsterischer Anzeiger 80, 731 (13.7.1931).

474 Münsterischer Anzeiger 80, 1118 (28.10.1931).

475 Münstersche Zeitung 59, 31 (31.1.1929) – das Geschenk hatte einen Wert von 27 RM, also 15 % des damaligen Monatsdurchschnittsgehalts.

476 Münstersche Zeitung 59, 175 (26.6.1929).

ben lang/Dir des Vaterlandes Dank."[477] Zum fünfzehnjährigen Bestehen des Vereins hieß es: „Münsters Hausfrauen! In fünfzehn Jahren/trug euch ein rastloser Führerwille/zu mächtigem Einfluß aus beschaulicher Stille."[478] Die Geburtstage Krückmanns wurden jetzt zu großen Festen ausgestaltet, bei denen die anwesenden Hausfrauen die Vorsitzende feierten. Das galt auch für den zehnten Jahrestag der Übernahme des Vorsitzes.[479] Die Inszenierung mit Blumensträußen in den Münsterschen Stadtfarben und Geldspenden entrückten Krückmann aus der Gemeinschaft und gaben der Ehrung einen gewissermaßen offiziellen Charakter mit deutlichen Huldigungselementen.[480] Dem entsprach in der Öffentlichkeit eine immer stärkere Personalisierung in der Außendarstellung des Hausfrauenvereins. Anlässlich der hauswirtschaftlichen Messe „Wi-Wa-Wo"[481] Ende März 1930 erschien in der rechten Westfälischen Landeszeitung eine ganzseitige Sonderbeilage, die bei einem mittig großformatig platzierten Foto Krückmanns die eigentliche Messe nur in einer Randspalte darstellte, aber zentral „Frau Anna Krückmann und ihr Werk" würdigte.[482] Dabei diente ein Bismarck-Zitat „Ich stelle stets das Vaterland über meine Person" zur Charakterisierung der Vorsitzenden, auf deren Wirken jetzt die gesamte Tätigkeit des Vereins zurückgeführt wurde. Doch so ganz dem Bismarck-Wort verpflichtet sah die Realität nicht aus: Als dem Hausfrauenverein Ende 1929 vom Kaufhausbesitzer Theodor Althoff, dessen Frau von Anfang an im Vorstand mitwirkte, dessen Jagdhaus an der Werse übereignet wurde, erhielten die Hausfrauen nicht nur ein „Erholungsheim", sondern es stellte sich auch die Frage nach der Benennung der neuen Lokalität. Sie erhielt den Namen „Anna-Amalien-Haus".[483] Das war nicht etwa eine Reminiszenz an die Weimarer Klassik, sondern eine Huldigung an Anna Krückmann und Amalie Althoff. Der offensiv betriebene

477 Gedicht „Wieviel Mühen, wieviel Plagen", undatiert, Anfang der 1930er Jahre, StdAMS Deutscher Hausfrauenbund Nr. 2. In der Akte sind noch mehrere weitere Gedichte auf Krückmann überliefert von unterschiedlichen Autorinnen.

478 Hausfrauenzeitung 4, 22 (15.11.1930), 1.

479 Aufruf zu Spenden Hausfrauenzeitung 4, 4 (15.2.1930), 1; der Dank Krückmanns Hausfrauenzeitung 4, 11 (1.6.1930), 2.

480 Münstersche Zeitung 61, 35 (4.2.1931).

481 Zu Konzept und Durchführung Hausfrauenzeitung 4, 8 (15.4.1930), 1f.

482 Rösler-Block sammelte in ihrer Akte, die StdAMS Deutscher Hausfrauenbund Nr. 2 überliefert ist, weitere Berichte über die größte Messe des Hausfrauenvereins 1930, die übrigen Berichte zeigen eine ähnliche Tendenz der starken Personalisierung.

483 Hausfrauenzeitung 3, 22 (1.12.1929), 3f. über das Geschenk; Westfälischer Merkur 108, 433 (6.12.1929); Einweihung (mit Bild) Hausfrauenzeitung 4, 11 (1.6.1930), 1f.

Personenkult um Anna Krückmann nahm zur selben Zeit Fahrt auf, als sich auf der Reichsebene Hugenberg als „Führer" der DNVP bezeichnen ließ und die Organisationen der politischen Rechten insgesamt einen zügigen Umbau erfuhren, der sie der Leitung mehr oder weniger charismatischer „Führer"-Gestalten unterstellte. Der Hausfrauenverein Münster vollzog diesen Trend auf der weiblichen Seite deutlich nach, und es dauerte nicht lang, bis die Begriffe „Vorsitzende" und „Mitglieder" längst vor dem Januar 1933 durch „geliebte Führerin"[484] und „Gefolgschaft"[485] ersetzt waren. Der Hausfrauenverein wandelte sich zu einer zunehmend autoritär von Anna Krückmann geführten und einzig auf ihre Person ausgerichteten Vereinigung. Er nahm mit diesen Versuchen zu einer eindeutigen Charismatisierung der autoritär führenden Vorsitzenden und den Akklamationsritualen auf den Versammlungen auf der lokalen Ebene bereits seit 1929 Entwicklungen vorweg, die ihn anschlussfähig machten für das, was kommen sollte. Zugleich zeigten sie einmal mehr, dass Anna Krückmann in ihrem Netzwerk gelang, woran ihr Mann scheiterte: Ihr wurde Charisma zugeschrieben, und sie nutzte dies zur Etablierung einer politischen Führungsrolle. Zur Vermittlung diente auch die seit 1927 erscheinende und von Krückmann persönlich redigierte und kontrollierte „Hausfrauenzeitung" – auch bei der Etablierung eines eigenen Pressemediums war sie erfolgreicher als ihr Mann.

Doch auch in seiner inhaltlichen Arbeit entwickelte der Hausfrauenverein Anfang der 1930er Jahre neben der Fortführung der Polemiken gegen gesetzliche Normierungen der Hausangestelltenverhältnisse[486] und der bekannten Boykottaufrufe, die sich in der Wirtschaftskrise erneut verschärften,[487] neue Themen und Aktionsformen. Schon 1931 hielt der Universitätsprofessor Besserer einen Vortrag über „Die Frau als Hüterin der Volksgesundheit". Dabei mischte sich die „Rassenhygiene" in charakteristischer Weise mit dem sozi-

484 Münstersche Zeitung 61, 199 (22.7.1931).

485 Hausfrauenzeitung 5, 15 (1.8.1931).

486 Münstersche Hausfrauenzeitung 2, 6 (25.6.1928): „Der Haushalt unter Staatsaufsicht".

487 Beispielsweise Münstersche Zeitung 51, 326 (26.11.1931) mit Einkaufshinweisen für das Weihnachtsgeschäft: „alle entbehrlichen Auslandswaren ablehnen"; „Ihr Tun und Lassen nützt oder schadet der deutschen Wirtschaft", die Hausfrauen sollten zudem vor allem in Münster kaufen und dabei kleinen Geschäften Beachtung schenken und „nichts Billiges, Minderwertiges kaufen". Die Zeitung kommentierte in einem redaktionellen Kommentar kurz darauf ausnehmend positiv, Münstersche Zeitung 61, 329 (29.11.1931). Das alles wurde prägnant in sieben Punkten zusammengefasst „Der Hausfrauenverein Münster e.V. erwartet von seinen Mitgliedern", in: Hausfrauenzeitung 4, 23 (1.12.1930), 1.

alkonservativen Programm des Vereins: Der Redner warnte, dass „durch die Durchmischung der verschiedenen Stände und Erbmassen vielfach Spannungen in den Ehen entstanden seien".[488] Soziale und rassistische Abgrenzung gingen programmatisch fließend ineinander über, neu war allerdings die Verknüpfung mit der Rassenlehre, die im wissenschaftlichen Gewand daherkam. Ende 1931 etablierte der Verein außerdem eine „Winterhilfe".[489] In einer über Wochen beworbenen Sammlung wurde um „Pfundspenden" geworben. Hausfrauenverein und Vaterländischer Frauenverein, auf der Vorstandsebene ohnehin mit deutlichen personellen Überschneidungen, mahnten jetzt erneut zu nationaler Solidarität: „Ein Pfund Mehl oder Grütze kann wohl jede Hausfrau entbehren."[490] Die Damen des Bürgertums aus den beiden Vereinen sammelten jetzt in ihren Privathäusern die Spenden der Hausfrauen ein, und es waren neben der Gattin des Oberbürgermeisters und adeligen Damen der Rechten wie der Gräfin Merveldt erneut die Frauen des Wirtschaftsbürgertums, aber auch diejenigen des Professorennetzwerks wie Rosenfeld und Krückmann selbst, die jetzt Sammelstellen einrichteten.[491] Das bedeutete einerseits personelle Kontinuität, aber andererseits eine erhebliche Veränderung zum Ersten Weltkrieg. So schuf die „Winterhilfe" bereits öffentlichen Druck durch den beständig wiederholten Aufruf zur Spende potentiell jeden Haushalts durch eigenen Verzicht zugunsten der nationalen Gemeinschaft. Auch hier etablierte der Hausfrauenverein wie bei seinen Boykottaufrufen bereits Aktionsformen, die im Nationalsozialismus unter staatlicher Regie und mit Zwang fortgesetzt wurden. Es war nur folgerichtig, dass der Hausfrauenverein seine „Winterhilfe" 1933 fortsetzte,[492] und dass diese schließlich von den Hausfrauen unter dem Dach des nationalsozialistischen „Winterhilfswerks" weiter durchgeführt wurde.

Die Rhetorik der Wirksamkeit für nationale Zwecke hatte der Hausfrauenverein bereits seit seiner Gründung gepflegt, doch nun in der Wirtschaftskrise verschärfte sich der Ton noch einmal deutlich. Der schwierige Alltag wurde durch die Beschwörung der Selbstwirksamkeit für die Nation und der

488 Hausfrauenzeitung 5, 3 (1.2.1931).

489 Diese Winterhilfe gehört in den größeren Kontext lokaler Sammel- und Spendenaktionen in Zusammenhang mit der sich verschärfenden Wirtschaftskrise, zu den lokalen Strategien L. Kilian, Die unbekannte Winterhilfe, 286–292, zu den reichsweiten Bemühungen der „Deutschen Liga" 242–286.

490 Münsterischer Anzeiger 80, 1083 (7.10.1931).

491 Münsterischer Anzeiger 80, 1243 (30.11.1931).

492 Münsterischer Anzeiger 82, 277 (13.3.1933).

hingebungsvollen Opferbereitschaft aufgewertet. Die Verbesserung der Lage der deutschen Industrie und Landwirtschaft hänge allein vom patriotischen Einkaufsverhalten der deutschen Hausfrau ab: „Es gibt in diesen Zeiten nur einen Herrscher und das ist die Hausfrau."[493] Ihr nationales Bewusstsein war von volkswirtschaftlich entscheidender Bedeutung, jede „kann auch im kleinsten Kreis für das große Vaterland wirken."[494] Die maßgeblich vom Hausfrauenverein in Münster umgesetzten „Deutschen Wochen"[495] verschärften den öffentlichen Druck zum national bewussten Einkauf.[496] Solchermaßen politisch aufgewertetes Alltagshandeln fügte sich in ein größeres Ganzes, dessen ideale Verkörperung sich im Zusammenwirken im Hausfrauenverein zeigte: „Treue um Treue, ein Abglanz großer, wenn auch ernster Tage, ein Leuchten ferner, besserer Zukunft liegt über allem. Ueber 80 Frauen wandern seit zehn Jahren unter der genialen, zielbewußten Führung durch ‚Dick und Dünn' dem großen Gedanken näher: ‚Alle für einen, einer für alle'. Aller Parteihader, alle konfessionellen Gegensätze überbrückt im gemeinsamen Dienst an der Familie, am geliebten deutschen Vaterlande." [497] Es liegt auf der Hand, wie gut derartige Vorstellungen von der Arbeit der Hausfrauen anschlussfähig waren für die Volksgemeinschaftsideologie der nationalsozialistischen Zeit. Auch hier etablierte der Hausfrauenverein schon vor 1933 Alltagspraktiken und die Rhetorik der klassenlosen Volksgemeinschaft, die er aber in der Realität mit seinem seit 1915 weitgehend konstanten und sozial eindeutig verorteten Führungszirkel zu keinem Zeitpunkt wirklich darstellte. Bemerkenswert ist allerdings, wie es Anna Krückmann gelang, die Strukturen des von ihr geleiteten Vereins auf sich als charismatische „Führerin" an der Spitze einer klassenlos und überkonfessionell imaginierten Gemeinschaft von Frauen auszurichten[498]. Anna Krückmann schuf hier auf der lokalen Ebene eine Formation, die nicht nur anschlussfähig war für den Nationalsozialismus, sondern dessen Aktionsformen und Verge-

493 Münsterischer Anzeiger 81, 39 (12.1.1932).

494 Münstersche Zeitung 59, 99 (10.4.1929).

495 Hausfrauenzeitung 5, 19 (1.10.1931); 20 (15.10.1931).

496 Münstersche Zeitung 61, 251 (12.9.1931). Münsterischer Anzeiger 80, 1067 (15.10.1931).

497 Münstersche Zeitung 61, 199 (22.7.1931).

498 So etwa in der Hausfrauenzeitung 4, 3 (1.2.1930), 5 über die Jugendgruppe: „Zusammenschluß der Jugend tut not, Im Zeitalter der Krisen und Zersetzung, der Unwahrheiten und Widersprüche, gerät die Jugend in wirtschaftliche und geistige Notlage, die sie leicht die Richtung verlieren läßt (...) Ausgeschlossen bliebt bei uns alles Störende, das sind die Unterschiede der Klasse, des Standes, der Konfession und des Geldbeutels."

meinschaftungsideologie bereits vorwegnahm und alltagspraktisch etablierte – deutlich bevor die Machtübergabe an die Nationalsozialisten erfolgte. Sie selbst beanspruchte auf der lokalen Ebene eine zentrale politisch und charismatisch aufgeladene Führungsrolle unter den Frauen. Betrachtet man allerdings das Wahlergebnis zur Stadtverordnetenversammlung 1930, dann wird klar, dass die DNVP mit Krückmann als Kandidatin weniger Stimmen erhielt als der Hausfrauenverein Mitglieder hatte. Trotz der „genialen, zielbewußten Führung" folgte offenbar politisch längst nicht jede Hausfrau diesem Weg. Aber der engere Kreis um Krückmann modifizierte den Ton so, dass er bereits nationalsozialistische Anklänge hatte. Die alte Elite transformierte so ihren überkommenen Führungsanspruch jetzt in neuen Worten und Formen. Das dokumentierte den ungebrochenen und unbedingten Willen, die überkommene Gesellschafts- und Sozialordnung – wenn auch neu legitimiert – zu erhalten. Darin liegt die Kontinuität seit 1915 bei allem sich abzeichnenden Wandel. In der schon vor 1933 vorweggenommenen Anpassung an die neuen Formen zeigte sich die deutlich erkennbare Absicht, die eigene Führungsrolle in einem kommenden Dritten Reich zu behaupten, aber auch das Risiko, von den Nationalsozialisten als Konkurrenz gesehen zu werden.

# XII. „Das Alte ändert nur die Form“: Anpassung und Selbstbehauptung

Als Reichspräsident Paul von Hindenburg die Nationalsozialisten in die Regierung brachte, schien sich für Münsters Hausfrauenverein zunächst wenig zu ändern. Zwar war Anna Krückmann in jenen entscheidenden Tagen krank,[499] und auch ihr 65. Geburtstag konnte deswegen nicht wie sonst üblich gefeiert werden, doch bald darauf nahm das Vereinsleben mit Karnevalsfeiern wieder Fahrt auf, als wäre nichts geschehen. Doch schon zur Reichstagswahl am 5. März 1933 sah sich die Hausfrauenzeitung erstmals genötigt, einen Wahlaufruf zu bringen – das war bei den Reichstagswahlen 1930 und 1932 noch nicht der Fall gewesen, sondern nur bei den Stadtverordnetenwahlen 1929, an denen Anna Krückmann ein naheliegendes eigenes Interesse gehabt hatte.[500] Bei der ersten Versammlung nach der Wahl, eine Woche vor dem Ermächtigungsgesetz, betonte sie noch einmal den überparteilichen Anspruch des Vereins, was in Anbetracht der Umstände nur als Pochen auf der überkommenen Autonomie des Hausfrauenvereins verstanden werden konnte.[501] Doch schon sechs Wochen später waren größere Anpassungsleistungen erforderlich, und Anna Krückmann wusste, was die neue Zeit erforderte. Die Geschichte ihres Vereins deutete sie nach dem „Tag der nationalen Arbeit“ in einer Weise, die die bekannte Rhetorik mit den neuen Anforderungen verband: Nach einem Lob für die Inszenierungen des 1. Mai – jedem sei „es vergönnt, den Wiederaufstieg Deutschlands mit zu erleben [sic]“ – betonte sie, schon immer habe der Hausfrauenverein die Prinzipien der neuen „Volksgemeinschaft“ realisiert: „Zu jeder Zeit habe man im Hausfrauenverein deutsch und national empfunden (…) Vor 8 Jahren (…), da konnte mit gewissem Stolz gesagt werden: Hier sitzt die Baronin neben

499 Münsterischer Anzeiger 82, 90 (24.1.1933).

500 Hausfrauenzeitung 3, 21 (15.11.1929), 1: „Wahlrecht begründet Wahlpflicht“; ebda. 2–4 ein längerer Namensartikel Anna Krückmanns: „Die Mitarbeit der Frau in der Gemeinde“. Darin wird argumentiert, Frauen „können in nahezu allen Kommissionen Ersprießliches leisten“, besonders die Arbeit im Stadtparlament für Wohnungen und Alters- und Ledigenheime wird besonders betont. Da dies der einzige Wahlaufruf vor 1933 überhaupt in der Hausfrauenzeitung ist, wird man ihn weniger als generellen Aufruf zu politischem Engagement von Frauen werten können als einen – im Rahmen des überkonfessionellen und überparteilichen Anspruchs des Vereins – als leicht verbrämte Eigenwerbung für die bevorstehenden Wahlen werten müssen.

501 Münstersche Zeitung 63, 75 (16.3.1933).

der Putzfrau, bei uns herrscht kein Klassendünkel und Standesvorurteil.“[502] Ihr Verein wurde so zum Modell für die neue „Volksgemeinschaft“ und nicht umgekehrt. Darin zeigte sich ein enormes Selbstbewusstsein, und nach einem Lob für den Reichskanzler und seine Wohnungspolitik schloss sie mit einem „Heil Deutschland“. In diesen Formulierungen konnte man eine leichte Distanz der lokalen „Kampffront Schwarz-Weiß-Rot“-Kandidatin für das Stadtparlament gegenüber der NSDAP als Parteiorganisation sehen, aber an der grundsätzlichen Loyalitätsbereitschaft bestand kein Zweifel. Und schon einen Monat später verdiente sich die neue Regierung ein besonderes Lob für die Novellierung des Hausangestelltengesetzes. Nachdem der Verein die gesamte Zeit der Republik über gegen Tarifbindung und arbeitsrechtliche Vorgaben gekämpft hatte, lobte Anna Krückmann nun das neue Gesetz, „das es den Hausfrauen durch Senkung der Lasten ermögliche, wieder Hausgehilfen zu beschäftigen.“[503] Eben hatten noch Baronin und Putzfrau in egalitärer Volksgemeinschaftsrhetorik gemeinsam als Hausfrauen gegolten, jetzt jubelte man über die Möglichkeit, wieder Hausangestellte zu beschäftigen und den Beginn der Wiederherstellung der traditionellen Sozialordnung im bürgerlichen Haushalt. Dieses Lob war ebenso ehrlich wie die an gleicher Stelle erklärte Bereitschaft, nur deutsche Waren zu kaufen, entsprach beides doch den politischen Kernthemen des Vereins der letzten Jahre. Die Widersprüche allerdings wurden erkennbar größer. In der Wirklichkeit nämlich zeigten sich die ersten Brüche: Anderthalb Jahrzehnte hatte der Verein unter ihrer Führung gegen alle Versuche der Republik opponiert, das Hausangestelltenverhältnis auf eine arbeitsrechtliche und tarifvertragliche Basis zu stellen. Als der Nationalsozialismus dann aber die Hausfrauen aufforderte, Mädchen wieder anzustellen und sie im bürgerlichen Haushalt auszubilden, so wie Krückmann das mit einem Pflichtjahr gefordert hatte, da wurde klar: Die meisten Hausfrauen waren dazu aus finanziellen Gründen gar nicht bereit und in der Lage.[504] Die alte Welt des bürgerlichen Haushalts mit der Hausfrau als Herrin im Hause kehrte offensichtlich auch nach dem Untergang der verhassten Republik nicht zurück.

Im Herbst 1933 schließlich erhielt Anna Krückmann die Möglichkeit, einen großen Aufruf in der Lokalpresse zu platzieren, der wortgleich auch in der internen Hausfrauenzeitung erschien und der zeigt, wie sich die bishe-

502 Münsterischer Anzeiger 82, 460 (3.5.1933).
503 Münsterischer Anzeiger 82, 637 (20.6.1933).
504 Münsterischer Anzeiger 83, 80 (23.1.1934).

rige Arbeit des Vereins nahtlos in die neue Wirklichkeit der NS-Diktatur einfügte. Unter dem Titel „Des Vaterlandes Kochtopf" rief sie zur Beteiligung am „Eintopfsonntag" auf.[505] Sie blickte dabei auf die Kriegssituation 1915 zurück – das Gründungsjahr des Vereins – und erinnerte vor allem an die große national aufgeladene Opferbereitschaft: „‚Was kann ich tun, damit das Vaterland durchhält in seiner Not?' Helfen! Helfen!"[506] Damals habe ein großer Konsens der Opferbereitschaft bestanden. An Jahre des Mangels und der Not konnte sich Krückmann auch erinnern, allerdings waren das in ihrer Darstellung nicht die Kriegsjahre, sondern die Zeit der Republik. Man habe auf Rettung gehofft, die in der Person des neuen Reichskanzlers nun da sei. Der Eintopfsonntag sei nun die Gelegenheit, nationale Solidarität zu üben und so an die alte Opferbereitschaft der idealisierten Kriegszeit wieder anzuknüpfen. Auch der bekannte Appell, nur Lebensmittel heimischer Produktion zu verwenden, fehlte nicht, und so gipfelte der Aufruf in einem emphatischen Lob der deutschen Kartoffel. Mit diesem prominent platzierten Appell wurde Krückmann medial durchaus eine Führungsrolle für die Hausfrauen der Stadt zugebilligt, und es bedurfte dabei keiner großen Anpassungsleistungen von ihrer Seite: Die Konzeption des „Eintopfsonntags" mit ihrer Beschwörung der Selbstwirksamkeit der deutschen Hausfrau für die nationale Gemeinschaft, der Appell zur Verwendung von Waren ausschließlich deutscher Herkunft[507] und den Mahnungen zu Sparsamkeit und Opferbereitschaft entsprach sehr genau der jahrelang geübten Rhetorik des Hausfrauenverbands. Die Interpretation der aktuellen Situation im Sinne der Kriegslage 1915 mit dem vorgeblichen „Burgfrieden" zeigt zudem, wie sehr Anna Krückmann die NS-Machtübernahme im Licht der als Referenzepoche begriffenen Kriegszeit wahrnahm, in der die Republik zu einer leidvollen Zwischenzeit schrumpfte zwischen den Perioden des nationalen Zusammenschlusses.

Gleichzeitig fand auch zum ersten Mal eine stadtweite Sammelaktion des „Winterhilfswerkes" statt, und auch bei diesem Aufruf durfte Krückmann mit ihrem Verein eine prominente Rolle spielen. Zusammen mit den kirchlichen Hilfswerken, dem Roten Kreuz, dem Vaterländischen Frauenverein und der NS-Frauenschaft, die zu diesem Punkt gemeinsam mit den anderen Organisationen auftrat, durfte auch der Hausfrauenverein und sie selbst als

505 Hausfrauenzeitung 7, 19 (1.10.1934).
506 Münsterischer Anzeiger 82, 1020 (28.9.1933).
507 Vgl. auch Hausfrauenzeitung 7, 17/18 (September 1933).

Vorsitzende den stadtweiten Aufruf unterzeichnen.[508] Der Aufruf markiert eine bemerkenswerte Übergangsperiode: Zwar fanden die vom Hausfrauenverein zusammen mit dem Vaterländischen Frauenverein etablierten Wintersammlungen jetzt, von Fanfarenstößen begleitet und zentral organisiert, wieder statt, aber noch nicht in staatlicher Regie. Vielmehr konnte der Eindruck entstehen, das Winterhilfswerk sei eine Fortsetzung bekannter Wintersammlungen der etablierten Hilfsorganisationen – ob kirchlich oder national – und als seien die NS-Organisationen bereit, sich in deren Netzwerk subsidiär organisierter Hilfe einzubinden. Die der traditionellen Honoratiorenpolitik entsprechenden Unterschriftenlisten vermittelten den Eindruck der Kontinuität,[509] und es gibt kaum einen Zweifel, dass Anna Krückmann und ihr Hausfrauenverein diese Wochen als Höhepunkt der eigenen Wirksamkeit erleben konnten. Ihre enorme Organisationserfahrung und ihr Machtstreben führten dazu, dass es Anna Krückmann vorerst gelang, die „Kreisführung“ eines Bereichs des lokalen Winterhilfswerks zu übernehmen.[510] Sogar Versuche der NS-Frauenschaft, stärkeren Zugriff auf das so dominierte Winterhilfswerk in der Stadt zu gewinnen, konnte Krückmann noch Anfang 1934 abwehren.[511] Zur Absicherung dieser Stellung pflegte auch ihr Hausfrauenverein gemeinsame Aktivitäten mit NS-Organisationen wie dem BDM[512] und demonstrierte so auch seinerseits den Willen zur Kooperation und zur aktiven Mitarbeit. Dazu gehörten auch Umbesetzungen im Vorstand des Vereins: Es rückten nun „bewährte Mitglieder des Hausfrauenvereins und der Nationalsozialistischen Partei“ nach:[513] Sozial blieb alles beim Alten – das Nachrücken mehrerer Professorengattinnen veränderte den Charakter des Vorstands kaum, auch wenn mit der Ehefrau des eindeutig nationalsozialistisch verorteten Professors Max Apffelstaedt und der Gattin des neuen NS-Universitätsrektors der Hausfrauenverein auch personell an die NSDAP heranrückte. Da es sich bei der letzteren Dame aber um Maria Naendrup handelte, mit der Anna Krückmann schon seit über 20 Jahren gemeinsam gearbeitet hatte (ebenso wie ihre Männer eng kooperierten), sah es nach außen nach dem ersten Akt der Gleichschaltung aus, was aber

508 Münsterischer Anzeiger 82, 1028 (1.10.1933).

509 Ganz entsprechend auch etwas später Münsterischer Anzeiger 82, 1148 (1.11.1933); 1268 (3.12.1933).

510 Münsterischer Anzeiger 82, 1248 (24.11.1933).

511 Münsterischer Anzeiger 83, 123 (4.2.1934).

512 Münsterischer Anzeiger 82, 1054 (10.10.1933).

513 Münsterischer Anzeiger 82, 1122 (25.10.1933).

der Sache nach nur Personalrochaden im vertrauten politischen Netzwerk waren. Vor allem blieb der Führungsanspruch Anna Krückmanns dadurch völlig unangetastet. Noch einmal adaptierte das alte Netzwerk neue, jetzt nationalsozialistische Formen, behielt aber den alten sozialen und politischen Führungsanspruch bei. Die neue Zeit fand vorerst mit den altbekannten Gesichtern statt, so ließ sich die „Gleichschaltung“ aushalten. Anna Krückmann gelang es noch im Winter 1933/34 in bemerkenswerter Weise, den Prozess zu kontrollieren, und sie konnte ihren Führungsanspruch vorerst nahtlos behaupten, sogar mit dem Winterhilfswerk noch ein ganzes Stück über den Hausfrauenverein hinaus ausweiten. Entsprechend selbstbewusst fiel ihre Bilanz bei der Weihnachtsfeier des Vereins aus: „Durch die nationale Erhebung haben wir ein Jahr erlebt, um das uns noch spätere Generationen beneiden werden. Vor allem für die deutsche Frau war dieses Jahr von höchster Bedeutung, da es die neue Reichsregierung als eine der Hauptaufgaben ansieht, das Familienleben wieder in den Mittelpunkt des völkischen Lebens zu stellen. Damit aufs Engste verbunden ist die Voranstellung des Hausfrauenberufes an die Spitze aller Berufe.“[514] Die Dankbarkeit dafür könne die Hausfrau dem „Führer“ durch ihre Beteiligung am Winterhilfswerk zeigen. In Münster, so konnte man die Rede auch verstehen, stand eine Frau an der Spitze der Hausfrauen und damit auch aller Frauen, und Anna Krückmann hatte wohl keinen Zweifel, wer diese Frau sein sollte.

Das zeigte sich bald auch im Hausfrauenverein. Die Satzungen des Vereins mussten geändert werden.[515] Im März 1934 führte der Verein den Arierparagraphen ein, und das Führerprinzip kam hinzu: Anna Krückmann erhielt jetzt das Recht, auch ohne ihren Vorstand zu entscheiden.[516] Beides war den Anforderungen der NS-Diktatur ebenso geschuldet, wie es in konsequenter Weiterentwicklung der ohnehin bestehenden Tendenzen des Vereins entsprach: Krückmann hatte bereits seit 1929 begonnen, sich als charismatische und autoritäre „Führerin“ zu etablieren, diese Entwicklung wurde jetzt auch in den Satzungen festgeschrieben. Gegen einen Arierparagraphen dürfte es bei einem ehemaligen Mitglied des Deutsch-völkischen Schutz- und Trutzbunds ebenso kaum Bedenken gegeben haben. Auch diese zweite Phase der „Gleichschaltung“ wusste Anna Krückmann also zur Konsolidierung ihres eigenen Macht- und Führungsanspruchs zu nutzen. Dies war ihr aus meh-

514 Münsterischer Anzeiger 82, 1306 (13.12.1933).

515 Verschiebung der eigentlichen Jahreshauptversammlungen wegen der erforderlichen Änderungen, Münstersche Zeitung 64, 10 (11.1.1934).

516 Münsterischer Anzeiger 83, 242 (6.3.1934); Münstersche Zeitung 64, 65 (8.3.1934).

reren Gründen gelungen: Zum einen verfügte sie über etablierte Netzwerke und weiterhin privilegierte Zugänge zu den Spitzen der Stadtgesellschaft und der Verwaltung, zum anderen aber war sie als bekannte Gegnerin der Republik und rechte Politikerin wohl auch die einzige Frau, die in dieser Phase vor Ort eine organisationspolitische Alternative zu den ansonsten konfessionell gebundenen Fürsorge- und Frauenvereinen darstellen konnte. Ihre Organisationskompetenz tat ein Übriges: So war Anna Krückmann für die neuen Machthaber auf lokaler Ebene in dieser Phase der Etablierung eine unverzichtbare Partnerin, und sie durfte für den Moment glauben, ihren Führungsanspruch erfolgreich in die neue Zeit transformiert zu haben. Das galt, solange die kommunale Ebene diesen Prozess maßgeblich und relativ autonom steuerte.

Erste Wolken zogen aus Berlin auf. So informierte Anna Krückmann ihre „Gefolgschaft“[517] bald, dass ihr bisheriger Dachverband in dem neuen „Deutschen Hausfrauenbund“ aufgegangen sei, und die Münstersche Gruppe dementsprechend ebenfalls.[518] Natürlich erklärte sich die „Führerin“ vor Ort bereit, die bisher geleistete Arbeit in den neuen Strukturen weiterzuführen.[519] Bei dieser Gelegenheit zeigte sie sich stolz, dass der Verein mit seinen Aufrufen zum national bewussten Einkauf immer schon Forderungen des Nationalsozialismus umgesetzt habe.[520] Organisationspolitisch wurden die Verhältnisse aber schwieriger: So informierte Anna Krückmann ihren Verein bei einer Versammlung im Sommer, dass die bisherigen Vorstandsstrukturen aufgelöst seien, und dass sie weiterhin an der Spitze der neuen Ortsgruppe stehe – allerdings vorläufig und ernannt von der „Reichsführerin“ der Hausfrauen. „Launig“ fiel diese Feststellung aus,[521] und der lokalen „Führerin“ dürfte klar gewesen sein, dass ihre Stellung jetzt nicht mehr nur von den von ihr kontrollierten lokalen Netzwerken abhing. Und schon kurz darauf zeigte sich: Mit den alten Aufrufen im Honoratiorenstil war es vorbei. Den Appell an junge Mädchen, sich für eine Tätigkeit als Hausfrau zu entscheiden, zeichnete sie zwar als Vorsitzende der Berufsvereinigung der Hausfrauen, aber jetzt gemeinsam mit Frauenschaft, BDM und Arbeitsamt.[522] Das Regime begann, die Vereinigung der Hausfrauen stärker in seine Strukturen

517 Münsterischer Anzeiger 83, 614 (14.6.1934).
518 Münsterischer Anzeiger 83, 372 (10.4.1934); Münstersche Zeitung 64, 98 (11.4.1934).
519 Münstersche Zeitung 64, 120 (4.5.1934).
520 Münsterischer Anzeiger 83, 458 (3.5.1934).
521 Münsterischer Anzeiger 83, 564 (1.6.1934).
522 Münsterischer Anzeiger 83, 612 (14.6.1934).

einzubinden, vorerst blieb Krückmann noch der Platz an der Spitze. Zwar setzte die Ortsgruppe die alte Ausflugspraxis weiter fort, doch kamen nun mit der Berufsberatung für Hausfrauen und der Abnahme von Prüfungen neue Aufgaben hinzu, die vom NS-Staat zugewiesen wurden.[523] Anna Krückmann beeilte sich, erneut zu betonen, dass die Ziele des Dritten Reiches bereits seit Jahren zum Programm des Hausfrauenvereins gehört hätten.[524] Die Mahnung an die Hausfrauen, ihre Hausangestellten für Veranstaltungen der DAF freizustellen,[525] aber war neu und zeigte, dass der Zugriff des Regimes stärker wurde und alle Versuche der Republik, die Arbeitsverhältnisse im Privathaushalt rechtlich zu normieren, weit übertraf.

Als das Jahr 1934 zu Ende ging, sah es nach einer Stabilisierung der neuen Verhältnisse aus. In der neuen Kampagne des Winterhilfswerks standen jetzt alte und neue Formen nebeneinander: Die Hausfrauen führten ihre schon seit der Wirtschaftskrise etablierte „Pfundsammlung“ durch, und der neue Eintopfsonntag stand neben den alten Appellen, mit dem eigenen Einkaufsverhalten die deutsche Volkswirtschaft zu stärken.[526] Doch die nächste Umstrukturierung der Organisation stand bereits bevor: Die Reichsgemeinschaft der Hausfrauen wurde der NS-Frauenschaft angegliedert, und zwar als „Abteilung Volkswirtschaft – Hauswirtschaft“. Auch wenn Krückmann ihrer „Gefolgschaft“ das als kleinere Organisationsveränderung darzustellen versuchte,[527] war offensichtlich, dass die Hausfrauenorganisationen ausgedient hatten und das Regime jetzt alle Frauenorganisationen unter dem Dach zuerst der Frauenschaft, später des Deutschen Frauenwerks[528] vereinigen wollte. Die Frage war, welche Folgen das für Münster haben würde. Einstweilen beruhigte Krückmann ihre „Gefolgschaft“, der Hausfrauenverein sei nicht in der NS-Frauenschaft aufgegangen, sondern man arbeite „Hand in Hand, Schulter an Schulter mit der N[ational] S[ozialistischen] F[rauenschaft]“.[529] Auch Widerstände gegen die vom Regime verordnete Teilnahme an der „Mütterschulung“ suchte sie zu beschwichtigen – aber offensichtlich spürten die Hausfrauen, dass das Regime die bisherigen Strukturen nicht mehr aufrechterhalten wollte. Das neue Jahr 1935 zeigte, wie richtig

523 Münstersche Zeitung 64, 166 (19.6.1934); Münsterischer Anzeiger 83, 769 (25.7.1934).
524 Münsterischer Anzeiger 83, 665 (27.6.1934).
525 Münsterischer Anzeiger 83, 760 (23.7.1934).
526 Münsterischer Anzeiger 83, 1052 (5.10.1934).
527 Münsterischer Anzeiger 83, 1098 (17.10.1934).
528 Münsterischer Anzeiger 84, 55 (1.2.1935).
529 Münsterischer Anzeiger 83, 1149 (30.10.1934).

die Vermutung der Mitglieder war. Die im Rahmen der neuen Struktur neu in die jetzt nach Abteilungen gegliederte Hausfrauenorganisation aufgenommene Frau Elster-Düsing war in Doppelfunktion jetzt zugleich die Leiterin der „Abteilung Volkswirtschaft – Hauswirtschaft“ im Frauenwerk geworden. So war Anna Krückmann, obwohl sich die Hausfrauen weiterhin zu geselligen Anlässen wie einer Weiberfastnacht trafen, scheinbar bereits entmachtet worden. Im März 1935 fand die erste Versammlung der neuen Abteilung statt, und dabei zeigte sich, wie sich die lokalen Vertreterinnen der Frauenschaft die Zukunft vorstellten: Die stellvertretende Führerin der Frauenschaft war es, die die Versammlung der neuen Abteilung leitete, und sie war erkennbar bemüht, die alte „Führerin“ der Hausfrauen einzubinden: Die Hoffnung auf harmonische Zusammenarbeit in der neuen Struktur und die Bitte an Anna Krückmann, der neuen Abteilung mit Rat und Tat zur Seite zu stehen, vermittelten den Eindruck einer Fusion. Aber Anna Krückmann durfte schon nichts mehr zu den nächsten Zielen und Aufgaben sagen, denn das übernahm Elster-Düsing. Sie durfte nur noch am Ende ihren gewohnten Rückblick auf die letzten zwanzig Jahre halten.[530] Es konnte kaum einen Zweifel geben, dass diese Versammlung aus Sicht der NS-Frauenschaft das Ende des Hausfrauenvereins sein sollte – die Choreographie war eindeutig.

Doch so schnell gab Anna Krückmann die alten Strukturen nicht auf: Schon eine Woche später betonte sie, dass neben der neuen Struktur der Hausfrauenverein weiterbestehen werde, und dass die neue Abteilung gewissermaßen nur die Vernetzung mit anderen Ebenen darstelle und weitertrage, was der Verein begonnen habe: „Der Hausfrauenverein bleibt in seiner alten Form bestehen, und seine Führerin, Frau Krückmann, wird weiter an der Spitze ihrer großen Gefolgschaft stehen.“[531] Auch wenn die Lokalpresse wegen des Ostergebäcks unter der Schlagzeile „Zuckersüße Angelegenheiten“ berichtete, war klar, dass der Vorgang weit davon entfernt war. Anna Krückmann hatte die „Gleichschaltung“ bewusst ignoriert und ihren Verein einfach zu einer eigenständigen Organisation unter einem ziemlich weit entfernten Dach der neuen Frauenwerksabteilung erklärt, während die Frauenschaft ihn mit ihrer Organisation fusionieren und Krückmann dabei mit freundlicher Geste die Rolle einer älteren Beraterin zubilligen wollte. Damit aber hatten die Frauen der NS-Frauenschaft den Macht- und Selbstbehauptungswillen Krückmanns ebenso unterschätzt wie Krückmann den Herr-

530 Münsterischer Anzeiger 84, 134 (20.3.1935).
531 Münsterischer Anzeiger 84, 146 (27.3.1935).

schaftsanspruch des Regimes. Der sogar in der Presse abgedruckte Hinweis, sie werde weiter „an der Spitze ihrer großen Gefolgschaft“ stehen, zeigte, dass die Frauenschaft hier von einer „Führerin“ eigenen Rechts herausgefordert wurde. Damit war klar, dass der Machtkampf ausgerufen war, und es konnte wenig Zweifel geben, wie er enden würde.

Zunächst aber sah es nach einem Sieg für Anna Krückmann aus, denn im Juni konnte sie ihrer „Gefolgschaft“ eine Mitteilung machen, die „mit allergrößter Freude aufgenommen“ wurde: Sie habe zusätzlich zum Hausfrauenverein nun selbst die Leitung der „Abteilung Volkswirtschaft – Hauswirtschaft“ im Frauenwerk übernommen.[532] Die neuen Verhältnisse wurden klargestellt, indem die bisherige und nun entmachtete Vorsitzende der Abteilung, Frau Elster-Düsing, bei der Gelegenheit des Hausfrauentreffens den Vortrag des Tages zum Thema „Der Mülleimer“ halten durfte. Das war die Revanche für die Veranstaltung der Abteilung vom März, bei der Elster-Düsing die Zukunftsaufgaben skizziert hatte und Krückmann am Ende von alten Zeiten sprechen durfte. Ganz offensichtlich war der Frauenschaft auf der lokalen Ebene weiter daran gelegen, Krückmann und ihre Anhängerschaft einzubinden, und man war daher dazu bereit, ihr auch weiter eine zentrale Rolle zuzugestehen und sogar eigene Protagonistinnen zu opfern. Krückmann verstand es selbst im Sommer 1935 noch, auf der lokalen Ebene die „Gleichschaltung“ zum Ausbau ihrer persönlichen Macht zu nutzen. Daher ließen sich die Dinge auch zunächst so an, als ob der Plan aufgehen könnte: In ihrer neuen Funktion lud Krückmann nun zu Hausfrauensprechstunden ein in die Geschäftsstelle des Hausfrauenvereins. Sie führte die alte Arbeit fort, aber durch die neue Funktion band sie diese in die NS-Frauenschaft ein.[533] Doch die gemeinschaftsstärkenden und identitätsstiftenden Fahrten des Hausfrauenvereins fanden auch weiter separat statt[534] – ganz offensichtlich war Krückmann also auch, wenn man ihr die Leitung der Frauenwerksabteilung übertrug, nicht bereit, die alten Organisationsstrukturen aufzugeben und sich der Basis ihres auf sie eingeschworenen Anhangs zu berauben.

Das Ende kam auf der Reichsebene. Anna Krückmann hatte zwei Versuche, den Hausfrauenverein zu zerschlagen und in die NS-Strukturen zu überführen, auf lokaler Ebene erfolgreich abgewehrt – zuerst den der Eingliederung in die Reichsvereinigung der Hausfrauen, dann den in die Abtei-

532 Münsterischer Anzeiger 84, 315 (12.7.1935).
533 Münsterischer Anzeiger 84, 348 (1.8.1935).
534 Münsterischer Anzeiger 84, 369 (13.8.1935).

lung „Volkswirtschaft – Hauswirtschaft“ des Frauenwerkes. In beiden Fällen hatte sie die alte Organisationsstruktur einfach bewahrt und die neue Struktur zu einer unverbindlichen Dachorganisation erklärt, innerhalb derer in Münster gewissermaßen alles beim Alten bleibe. Den dritten Schlag hielt sie nicht mehr auf. In Leipzig beschloss die Reichsvereinigung der Hausfrauen ihre Selbstauflösung und ihren Übergang ins Frauenwerk. Damit war dem Versuch der organisatorischen Selbstbehauptung in Münster die Basis entzogen. Erst jetzt – und nicht schon im Sommer bei Übernahme ihres neuen Amtes – forderte Anna Krückmann ihre „Gefolgschaft“ auf, der Abteilung „Volkswirtschaft – Hauswirtschaft“ im Frauenwerk beizutreten. Mit einem Gedicht Rückerts illustrierte sie die Notwendigkeit zur Aufgabe des Bestehenden: „Stell Dich in Reih und Glied/das Ganze zu verstärken/Mag auch, wer's Ganze sieht/nicht dein bemerken/Das Ganze wirkt/Und du bist drin mit deinen Werken.“[535] Vor Ort in Münster blieben die Worte und Formen nach dem Ende des Machtkampfes freundlich. Während Krückmann zum Übergang in die neuen Strukturen mahnte, gab es freundliche Worte der Frauenschaftsführerin Mahne für die geleistete Arbeit des Hausfrauenvereins.[536] Was blieb, war der Schlussverkauf für die verbliebenen Abzeichen und Erinnerungsstücke des Vereins, ein geselliger Jahresausklang und die formelle Auflösungsveranstaltung Anfang Januar 1936.[537] Das Vereinsvermögen wurde aufgeteilt, die Leitung der Frauenwerksabteilung neu besetzt, und erheblich später fiel auch das Wersehaus an die Stadt Münster.[538] Anna Krückmann tröstete ihre Anhängerschaft dennoch: „Der Inhalt wechselt nur die Form“.[539]

Damit hatte sie recht. Der Hausfrauenverein hatte über Jahre bereits Aktions- und Agitationsformen durchgeführt und Verhaltensweisen propagiert und alltagspraktisch eingeübt, die in der NS-Diktatur allgemeinverbindlich wurden: Ob das der nationalistische Boykott ausländischer Waren war, die Sammelaktionen für die nationale Gemeinschaft (und nicht für alle sozial Bedürftigen), das charismatisch aufgeladene „Führer“-Prinzip, das Empowering der Hausfrauen als volkswirtschaftlich relevante Akteurinnen – das ließ sich bruchlos fortführen, und das hatte Anna Krückmann von 1933 bis

535 Münsterischer Anzeiger 84, 465 (8.10.1935).

536 Münsterischer Anzeiger 84, 503 (30.10.1935).

537 Münsterischer Anzeiger 84, 546 (27.11.1935).

538 Rede Anna Krückmann vom 9.1.1936 und das Protokoll der Übertragung des Wersehauses in StdAMS Deutscher Hausfrauenbund Nr. 2.

539 Münsterischer Anzeiger 84, 510 (5.11.1935).

Abbildung 7: Zeitungsfoto von „Anna Krückmann bei ihrer Ansprache" auf der letzten Veranstaltung des Hausfrauenbundes am 5. Januar 1936. Es zeigt eindrücklich das Führungsverständnis Anna Krückmanns im Hausfrauenbund.

1935 auch demonstriert. Am Ende aber war es nicht möglich, als unabhängig vom Nationalsozialismus bereits etablierte „Führerin" mit einer aus eigenem Recht bestehenden „Gefolgschaft" organisatorisch eigenständig fortzubestehen. Für den Prozess der „Gleichschaltung" selbst ist bemerkenswert, dass es auf der lokalen Ebene aber trotz eines markanten Versuchs 1935 nicht gelang, Anna Krückmann zu entmachten. Das funktionierte erst, als die Reichsebene ihrem Beharren die Grundlage entzog. Insofern stellt der Prozess einen bemerkenswerten Ansatz von Machtwillen und Resilienz der alten Rechten in Münster gegenüber dem Nationalsozialismus dar. Der Gegensatz war zu keiner Zeit inhaltlich, sondern persönlich und organisationspolitisch. Am Ende unterlag die ältere Generation. Anna Krückmann wurde kurz nach der Auflösung des Vereins, bei der sie in einer langen Rede die zwanzigjährige Geschichte des Hausfrauenvereins aus ihrer Sicht darstellte, 68 Jahre alt. Zwei Jahre später gab es für die einst omnipräsente Lokalmatadorin noch einen medialen Glückwunsch in den unfreiwilligen politischen Ruhestand zum runden Geburtstag.[540] Ihre politische Rolle war damit ausgespielt.

Auch ihr Ehemann spielte zu diesem Zeitpunkt keine politische Rolle mehr in der Stadt. Auf dem Höhepunkt der Regierungskrisen im Sommer 1932 war Paul Krückmann noch einmal in gewohnter Form hervorgetreten, indem er außerhalb Münsters in überregionalen Leitmedien einen Aufruf deutscher Professoren unterstützt hatte.[541] Dieser Appell formulierte eine Unterstützung für die Pläne der Papen-Regierung zum autoritären Staatsumbau. Eine weitgehende Ausschaltung des Parlaments und der Parteien als Akteure einer pluralistischen Gesellschaft, eine Regierung unabhängig von Wahlergebnissen, das entsprach schon lange seinen politischen Vorstellungen. Zugleich blieb das für die längere Zeit die letzte politische Stellungnahme Paul Krückmanns. Die entscheidenden Monate des Übergangs von den Präsidialkabinetten zur NS-Diktatur verbrachte er nämlich nicht in Münster, sondern in Italien. Schon im Frühjahr 1932 hatte er um Genehmigung der Beurlaubung für das Wintersemester 1932/33 für einen Aufenthalt am Istituto di studi legislativi nachgesucht, und natürlich besaß ein potentieller Italien-Aufenthalt eines Mannes wie Paul Krückmann aus seiner Sicht erhebliche politische Bedeutung: Seine Reise könne „uns die Italiener (…) verbinden“, auch volkswirtschaftlich sei es von Bedeutung, wenn er Einfluss auf die Formulierung italienischen Zivilrechts bekomme: Dann werde sich die italienische Jugend deutschen Universitäten zuwenden.[542] An Selbstbewusstsein fehlte es Krückmann weiterhin nicht. Die preußische Staatsregierung bewilligte die Beurlaubung,[543] das Auswärtige Amt aber verweigerte Zuschüsse, was für Ärger sorgte.[544] Am Ende gelang es Krückmann allerdings, sowohl das Wintersemester 1932/33 als auch dasjenige 1933/34[545] im faschistischen Italien als Zivilrechtsberater zu verbringen. Das bedeutete, dass er zum Zeitpunkt der Machtübergabe an die Nationalsozialisten nicht in Münster war. Nach sei-

540 Münsterischer Anzeiger 87, 51 (31.1.1938).

541 H. Döring, Der Weimarer Kreis, 265.

542 GStA PK, I. HA Rep. 76, Va Nr. 10631, 160.

543 Ebda. 161 und 167.

544 Ebda. 166. – Krückmann forderte daraufhin vom Kurator der Universität den erheblichen Zuschuss von 7200 Mark (169f.) zusätzlich zu seinem Gehalt. Nachdem er nicht durchdrang, führte er die Konkurrenz seiner Rechtsberatung zu einer möglichen französischen ins Feld (181); Am Ende erhielt er keinen Zuschuss, die Genehmigung der Reise Schreiben des Ministeriums an Krückmann vom 15.4.1932 UAMS Bestand 10 Nummer 4171.

545 Antrag ebda. 210.

ner Rückkehr im Frühjahr aber positionierte Krückmann sich sofort: Noch vor der Reichstagswahl am 5. März 1933 unterzeichnete er zusammen mit zahlreichen weiteren Hochschullehrern der Universität eine Erklärung, mit der er sich nach dem Reichstagsbrand hinter die neue Regierung stellte, allerdings die Loyalität vor allem gegenüber dem Reichspräsidenten erklärte.[546] Der Appell zur nationalen Sammlung hinter Präsident und Regierung war eine eindeutige Loyalitätsadresse, die Paul Krückmann ebenso wie die allermeisten seiner Kollegen unterstützte. Als schwerwiegende Anpassungsleistung wird man diese Erklärung nicht werten können, aber es war der erste formale Schritt, den Paul Krückmann in die neue Zeit tat. Das sicherte ihm zunächst eine bruchlose Fortsetzung seiner akademischen Tätigkeit, auf die er sich nun voll konzentrierte. Anders als seine Frau spielte er schon länger keine öffentliche Rolle mehr in der Stadt, und auch sein Ehrenamt als Vorsitzender der Krebs- und Lupusstiftung gab er im Sommer 1934 an einen Landesrat ab, die Provinzialverwaltung übernahm also das, was sie zuvor ohnehin bereits finanziert hatte.[547] Als Paul Krückmann allerdings von seinem zweiten Italienaufenthalt zurückkehrte, musste er feststellen, dass die nationalsozialistische Regierung mit ihren politischen Maßnahmen auch seinen Lebensbereich erreichte. Es ist bezeichnend für Krückmann, was ihn zum Protest motivierte: Es war nicht etwa die Verfolgung von Studierenden oder Kollegen, es war die Einführung der Arbeitsdienstpflicht. Die führte zu einem fehlenden Abiturjahrgang an der Hochschule. Für sein letztes Semester forderte Krückmann daher in gewohnt scharfem Ton eine finanzielle Kompensation für ausfallende Kolleggelder, die er auf 3000 Mark bezifferte. Bei Ablehnung bat er um vorzeitige Emeritierung.[548] Doch dazu bestand kein Anlass, trotz knapper Kassen bewilligte das NS-Ministerium die geforderte Entschädigung schon zwei Wochen später.[549] Das blieb Paul Krückmanns einziger Protest als deutscher Hochschullehrer gegen Maßnahmen des NS-Regimes, und so konnte er mit dem Ende des Wintersemesters 1934/35 planmäßig emeritiert werden nach über dreißigjähriger Tätigkeit als Hochschullehrer an der Universität Münster.

Schon vor seiner Emeritierung aber hatte er eine Tätigkeit wieder aufgenommen, die er in der Zeit der Republik eingestellt hatte. Er verfasste jetzt wieder Eingaben an die Regierung. Damit knüpfte er an die Beziehungen

546 UAMS Bestand 4, 1033, 47f.
547 Münsterischer Anzeiger 83, 834 (12.8.1934).
548 UAMS Bestand 10 Nummer 4171, Brief Krückmanns vom 29.9.1934.
549 Ebda., Brief des Ministeriums vom 16.10.1934.

zu den kaiserlichen Regierungen wieder an, die Machtübernahme der Nationalsozialisten markierte also hier in seiner Wahrnehmung einen Wendepunkt, der die Regierung als Korrespondenzpartnerin erneut qualifizierte. Krückmann begann schon im Sommer 1933, die Reichskanzlei zu kontaktieren. Am 2.8.1933 wandte er sich an die Reichskanzlei und schilderte ausführlich, wie er sich geärgert habe über einen Verlag, der seine Rezension eines juristischen Werkes nicht habe drucken wollen. In dem Werk finde sich, so führte er antisemitisch aus, „viel vergeudeter Scharfsinn, gegenstandslose Rabulistik, um nicht zu sagen Talmudistik“. In der Konsequenz forderte Krückmann von der Reichskanzlei, den Verlag, über den er sich geärgert hatte, zu enteignen. Die Zurückweisung seiner Rezension war für ihn nur mit jüdischem Einfluss zu erklären, den er mit einer Eigentumsübertragung an „Deutsche“ mit Hilfe der Reichsregierung zu beseitigen suchte.[550] Schon vier Tage später erhielt er eine Antwort von Staatssekretär Hans-Heinrich Lammers persönlich: Der Verlag sei nicht in jüdischem Eigentum, aber bei der Schriftleitung sei eine „Umschaltung“ angezeigt. Der preußische Justizstaatssekretär Roland Freisler solle die nötigen Schritte veranlassen.[551] Weitere zwei Tage später antwortete Krückmann Lammers, indem er in brutaler antisemitischer Sprache erneut die Besitzverhältnisse thematisierte.[552] Mit dieser antisemitischen Attacke hatte Paul Krückmann sich nicht nur für eine persönliche akademische Kränkung revanchiert, sondern auch einen Briefkontakt in die NS-Reichskanzlei aufgebaut. Die nutzte er in der Folgezeit auch, um für eigene akademische Vorhaben und Ideen zu werben.[553]

Endlich hatte er wieder Gelegenheit, seine politischen Vorstellungen unbedrängt von einer feindlichen Öffentlichkeit direkt den Mächtigen vorzutragen. Im September 1934 begann er, Lammers seiner außenpolitischen Vorstellungen zu erläutern und – die Idee aus der Kriegszeit aufgreifend – für ein Bündnis mit Japan zu werben. Er bat Lammers, seinen Überlegungen „auch Zugang zu den massgebenden [sic] Herren zu verschaffen. Aber geräuschlos!“[554] Das war der Weg, den Paul Krückmann sich seit jeher politisch gewünscht hatte: Unbeobachtete und unkontrollierte Einflussnahme aus der Position des wissenschaftlichen Experten auf die Mächtigen,

550 Brief Krückmann an Lammers vom 2.8.1933, BA R 43/4085, 1f.

551 Antwort Lammers an Krückmann vom 6.8.1933, ebda., 3.

552 Brief Krückmann an Lammers vom 8.8.1933, ebda., 4.

553 Ebda., 8; Brief vom 2.11.1933, das Justizministerium lehnte allerdings am 29.12.1933 ab (ebda., 9).

554 Brief Krückmanns an Lammers vom 19.9.1934, ebda., 15. Daneben auch 16f.

jetzt schien sie wieder möglich, denn Lammers antwortete ihm wieder umgehend: Er werde Gelegenheit finden, Krückmanns Ausführungen „dem Führer und Reichskanzler und den sonst in Frage kommenden Herren zu unterbreiten.“[555] Lammers antwortete Krückmann stets umgehend und persönlich. Das war wohl nur möglich, weil die beiden sich persönlich kannten. Lammers hatte sich vor seiner Hinwendung zu den Nationalsozialisten auf dem äußersten rechten Flügel der DNVP betätigt,[556] sodass eine Bekanntschaft mit Krückmann nicht unwahrscheinlich ist. Dies ermutigte Krückmann offensichtlich, dem damaligen Staatssekretär immer wieder umfangreiche Stellungnahmen zur Geopolitik und Außenpolitik zuzuleiten, die stark den alten alldeutschen Konzeptionen verbunden waren.[557] Doch als der Kontakt einmal etabliert war, erweiterte Krückmann das Themenfeld auch auf die Innenpolitik, so etwa auf die zu Beginn erwähnten Hinweise zum richtigen Umgang mit dem politischen Katholizismus. Nach dem erneuten Überfall auf Belgien und Luxemburg und dem Einmarsch in die Niederlande im Mai 1940 sah Paul Krückmann dann die Zeit gekommen, die alten Mitteleuropa-Konzeptionen aus der Kriegszieleingabe wieder zu aktualisieren und übersandte der Reichskanzlei seine früheren Beiträge.[558] Damit zeigte sich einmal mehr, wie stark die Erfahrungen des Ersten Weltkrieges ihn noch immer prägten. Die damals erlebte politische Wirksamkeit wollte er erneuern. Allerdings war die Reichskanzlei jetzt nicht mehr bereit, die Ideen des alternden Professors aus Münster weiterzuverfolgen. Offenkundig war auch Lammers nicht mehr persönlich in den Briefwechsel involviert.[559] Die eingangs zitierte Warnung vor der Wiederbelebung der Zentrumspartei in Münster allerdings wurde – anders als die alte Publizistik von 1916 – dann wieder sehr ernst genommen. Paul Krückmann hatte einen direkten persönlichen Kontakt in die Reichskanzlei, und es kann kaum einem Zweifel unterliegen, dass dies genau die Art war, wie er sich politischen Einfluss im-

555 Brief Lammers an Krückmann vom 21.9.1934, ebda., 18.

556 V. Koop, Hans-Heinrich Lammers, 18.

557 So etwa Brief Krückmann an Lammers vom 21.9.1934, BA R 43/4085, 21–23. Dieses Mal überließ Lammers die Antwort einem Referenten, der zunächst einmal Erkundigungen zur Person Krückmanns und seiner politischen Agenda einholte, ebda. 25f. Der Quellenbestand umfasst noch weitere außenpolitische Eingaben Krückmanns, die im Kern seine Thesen aus der Kriegszeit wiederholen und die Persistenz seiner Konzeptionen erweisen.

558 Brief Krückmanns an Lammers vom 13.5.1940, ebda., 51-60.

559 Vermerk Reichskanzlei vom 19.1.1942: „Es kann davon abgesehen werden, die Anregungen Professor Krückmanns weiterzuverfolgen.“ (ebda., 61).

mer vorgestellt hatte: Eine „nationale“ Regierung, die seinen Expertenrat annahm und aufgriff, und die auch seinen vehementen Antisemitismus teilte.

An anderer Stelle aber wurde klar, dass die Tage des Ersten Weltkrieges nicht wiederkehrten. Als Krückmann den Versuch unternahm, auch seine publizistische Tätigkeit wiederaufzunehmen, zeigte sich das Regime von seiner anderen Seite. Eine von ihm an den „Völkischen Beobachter“ übersandte Eingabe mit einer politischen Kommentierung unbekannten Inhalts führte zu einer harten Reaktion. Das eingeschaltete Erziehungsministerium wies den Rektor der Universität an, „den Professor Dr. Krückmann auf das Unzulässige seines Verfahrens hinzuweisen und ihn zu ersuchen, von einer Veröffentlichung von Fragen, die die Universität angehen, abzusehen.“ Die Rüge wurde in die Personalakte aufgenommen.[560] Das war eine deutliche Warnung vor unerwünschter politischer Einmischung: Einen Zugang zur Publizistik gewährte ihm das Regime nicht mehr. Wo es an politischen Beziehungen und Kontakten fehlte, war auch Paul Krückmanns Meinung nicht mehr gefragt.

Das änderte aber an dem grundsätzlich positiven Verhältnis Paul Krückmanns zum Regime wenig. Als es um die Feier seines fünfzigjährigen Doktorjubiläums ging, da gab es keinerlei politische Bedenken der NSDAP: „Über Prof. Dr. Paul Krückmann ist in politischer und charakterlicher Hinsicht nichts Nachteiliges bekannt geworden“,[561] hieß es da von der Kreisleitung aus Münster. Auch bei „Sammlungen und Spenden“ beteilige er sich „seinen Verhältnissen entsprechend“. Dem Verbot, weiterhin Pressearbeit zu betreiben, folgte keine weitere Maßregelung durch das Regime.

560 UAMS Bestand 10 Nummer 4171 (Personalakte), undatierter Vermerk, 1941 oder später.

561 Schreiben der NSDAP-Kreisleitung Münster-Warendorf vom 27.11.1941, BA R 9361/VI-1659.

# XIII. Das Ende und eine Legende über Anna Krückmann

Am 10. Oktober 1943 wurde die Stadt Münster erstmals bei Tage bombardiert. Knapp 500 Tote unter der deutschen Bevölkerung und eine weithin zerstörte Innenstadt waren das Ergebnis. Die Bomben verschonten auch das Haus an der Burchardstraße 14 nicht, in dem Paul und Anna Krückmann inzwischen lebten. Bei dem Angriff kam Paul Krückmann durch einen herabfallenden Stein ums Leben, seine Frau überlebte.

Die Nachrufe auf Paul Krückmann unterschieden sich deutlich von dem, wie der Lebende zu seinem 70. Geburtstag 1936 in den NS-Medien gewürdigt worden war. Damals war noch die Rede von seinem „Manneszorn", der „die Jugend gegen pazifistische Verweichlichung zur Stählung für den Kampf um unsere seelische Selbstbefreiung aufzurufen" verstand:[562] Damit war seine Rolle im politischen Kampf der Rechten gewürdigt und für die Durchsetzung des Nationalsozialismus positiv konnotiert worden. Schon zum 75. Geburtstag aber war aus dem politischen Kämpfer ein um die Volksgesundheit verdienter Rechtsprofessor geworden, der vor allem für sein Engagement für die Krebs- und Lupusstiftung ausgezeichnet wurde.[563] So klangen nun auch die Nachrufe. Krückmanns Name wurde mit der Gründung der Klinik in Hornheide verbunden,[564] von seinem jahrzehntelangen politischen Engagement war jetzt keine Rede mehr. Das galt auch für die Würdigung Krückmanns im akademischen Bereich. Dort erschien er als ein über Jahrzehnte emsig forschender und publizierender Rechtsgelehrter mit besonderen Verdiensten um die akademische Lehre. Seine politischen Tätigkeiten wurden eher angedeutet als beschrieben: Er sei ein „von tiefem Nationalbewußtsein erfüllter Deutscher, eine gerade, aufrechte Natur, die an bewährtem Altem in konservativer Gesinnung festhielt und für das als wahr und richtig Erkannte mit unbeugsamem Willen und leidenschaftlichem Temperament eintrat."[565] Die Nationalsozialisten entpolitisierten Krückmann aus Kalkül ebenso zum akademischen Rechtsgelehrten mit sozialem Engagement wie es die Zentrumsmedien der Stadt über Jahre ebenso bereits versucht hatten. Der Nationalsozialismus wollte keine deutschnationale Vorgeschichte haben. Als der Krieg zu Ende ging, lag in dieser reduzierten Sichtweise auf Paul Krückmann

562 Münsterischer Anzeiger 85, 491 (25.10.1936).
563 Westfälische Tageszeitung 89, 339 (10.12.1941).
564 Westfälische Tageszeitung 92, 286 (18.10.1943)
565 M. Kaser, Paul Krückmann, 474.

eine politische Chance zur Umdeutung – und es konnte keinen Zweifel geben, wer den Blick dafür hatte.

Doch zuvor lagen noch schwierige Monate vor Anna Krückmann. Sie hatte nicht nur ihren Mann, sondern auch ihre Wohnung verloren. Es zeigte sich, dass sie sich über die seit Jahrzehnten tragfähigen deutschnationalen Netzwerke weiter verlassen konnte. Sie verließ Münster in den letzten anderthalb Kriegsjahren und fand Aufnahme innerhalb des münsterländischen Adels[566] im Umfeld der Fürstin von Steinfurt-Bentheim, mit der sie seit Jahrzehnten politisch zusammengearbeitet hatte. Gleichzeitig begann sie direkt nach dem Tod ihres Mannes mit der Universität Münster einen jahrelangen Streit über die ihr zustehende Witwenpension, der nach einer zeitweisen Zahlungseinstellung durch die Militärregierung erst im Jahr 1953 endete und von bitteren Vorwürfen und Aufrechnungen geprägt war.[567] Am Ende erhielt sie eine Pensionsleistung, die 1953 dem doppelten Durchschnittseinkommen in Westdeutschland entsprach.[568]

1949 kehrte Anna Krückmann zurück, und sie fand ihre letzte Wohnung ausgerechnet im Schöllingstift, bei dem sie sich einst als Stadtverordnete so intensiv für die konfessionelle Parität der dort Wohnenden eingesetzt hatte. Nun war sie genau jene alleinstehende evangelische Dame, deren Interessen sie seinerzeit im Blick gehabt hatte. Es kann keinen Zweifel geben, dass sie bei ihrer Rückkehr – 1949 war sie 81 Jahre alt – in der Lage war, ihre alten Netzwerke allmählich wieder zu reaktivieren. Dass sie ihre alte „Gefolgschaft" weiter im Blick hatte, zeigte sie 1951, als sie ein Grußwort für die erste Ausgabe der neu erschienenen Hausfrauenzeitung verfasste. Da gedachte sie zwar mancher verstorbener Mitstreiterinnen, aber die Namen der Lebenden erwiesen die Tragfähigkeit der alten Netzwerke – unter anderem die Töchter der Professoren Seeck und Rosemann, mit denen Paul Krückmann Jahrzehnte zuvor die Kriegszieleingabe verfasst hatte, daneben die Damen des Wirtschaftsbürgertums, die jahrelang im Vorstand des Hausfrauenvereins gewesen waren:[569] Anna Krückmann konnte sich im hohen Alter auf die jahrzehntelang gepflegten Verbindungen im Netz der Rechten weiter verlassen. Dort und in den lokalen Medien erhielt sie immer wieder die Gelegen-

566 StdAMS Deutscher Hausfrauenbund Nr. 32, Biographie 1987.

567 UAMS Bestand 10, Nummer 4171, Kopien dieser Vorgänge sind auch in StdAMS Deutscher Hausfrauenbund Nr. 32 enthalten.

568 UAMS Bestand 10, Nummer 4171, Bescheid vom 20.8.1953: Die Pensionsleistung betrug 705 DM monatlich.

569 Münstersche Hausfrauenzeitung 1, 1 (Oktober 1951).

heit, ihre Geschichte zu erzählen. Sie deutete selbst, was geschehen war, und die loyalen Anhängerinnen trugen es weiter. Die Krückmann-Loyalistinnen aus dem Hausfrauenverein hatten nicht geruht. Die Schriftführerin Rösler-Block beispielsweise hatte alle verfügbaren Briefe, Reden und Presseartikel aus Krückmanns Feder oder zu ihrem Wirken sowie die Lobgedichte auf sie wie Reliquien gesammelt und zu einer Akte zusammengefasst, die ihren Weg später ins Stadtarchiv Münster fand.[570]

Schon zum 80. Geburtstag 1948, aber noch mehr zum 85. Geburtstag 1953, als sie wieder vor den Toren Münsters lebte, erhielt Anna Krückmann die Gelegenheit, ihre Deutung der Vergangenheit medial zu verbreiten. Der Hausfrauenverein bekam rückblickend eine entscheidende Modernisierungsfunktion zugeschrieben. Schulung und Belehrung von Hausfrauen, Vermittlung von technischen Innovationen und Entlastung der Arbeitskraft der Hausfrauen seien Kernthemen des Vereins gewesen, hieß es jetzt.[571] Die Überschriften immerhin erinnerten noch ein wenig an die alten Schlagworte: „Hauswirtschaft ist ein Teil der Volkswirtschaft", hieß es da wieder.[572] „Trockene Wissenschaft" habe Krückmann den Hausfrauen immer „in Form eines Bonbons vermittelt".[573] Die Tätigkeit des Vereins habe vor allem soziale Züge gehabt, indem man günstigen Zugang zu Lebensmitteln verschafft und mit Sammlungen Bedürftigen geholfen habe.[574] Daneben erinnerte man sich an Verkaufsstellen des Hausfrauenvereins, an Geselligkeit und das Erholungsheim an der Werse.[575] Ihr Verein sei der „Gleichschaltung" der Nationalsozialisten zum Opfer gefallen und reihte sich nun ein in die große Opfergemeinschaft der Nachkriegsdeutschen.[576] Bei der entscheidenden Abstimmung 1935 sei man von der NS-Frauenschaft getäuscht worden, nur so sei die Selbstauflösung auf der Reichsebene möglich geworden.[577] Allein diese Erzählung spiegelt noch etwas von dem Selbst- und Machtbewusstsein, das Krückmann und ihr Hausfrauenverein besessen hatten. Wäre man

570 StdAMS Deutscher Hausfrauenbund Nr. 2.
571 Sammlung aller Artikel zu Krückmanns 85. Geburtstag in StdAMS Deutscher Hausfrauenbund Nr. 13.
572 Westfälische Nachrichten, 5.2.1952.
573 Ebda.
574 Münstersche Hausfrauenzeitung 5, 2 (Februar 1952).
575 Münstersche Zeitung, 30.1.1952.
576 Lokal-Anzeiger, 1.2.1952.
577 Münstersche Hausfrauenzeitung 5, 2 (Februar 1952).

nicht getäuscht worden, hätte man die „Gleichschaltung" weiter selbst kontrolliert, war man überzeugt.

Auch über sich selbst wusste Anna Krückmann Bemerkenswertes zu erzählen: „Mein Mann, der bekannte Jurist Geheimrat Prof. Dr. Krückmann, hat es jedem erzählt, der es hören wollte, daß er mit seiner ‚Köchin Anna' immer sehr zufrieden gewesen ist."[578] Damit präsentierte sich die langjährige Vorsitzende des Hausfrauenvereins jetzt als Mittelschichtshausfrau, die für ihren Mann am Herd gestanden habe. Allerdings dokumentieren ständige Personalsuchen über die Lokalzeitungen über vierzig Jahre, dass die reale Anna Krückmann für die eigene Küche stets Personal beschäftigte. Dennoch war die Stilisierung eindeutig: Sie passte für die Mittelstandsgesellschaft der beginnenden Nachkriegszeit die Erinnerung an. Für ein ausführliches Porträt zeichnete sie von sich das Bild der gütigen älteren Ratgeberin, die von der interviewenden Journalistin mit Goethes Mutter verglichen wurde und von sich zu berichten wusste, sie habe schon als Kind lieber mit Kochgeschirr als mit Puppen gespielt.[579] Die Selbststilisierung entsprach ganz dem Leitbild rekonstruierter Bürgerlichkeit in der Nachkriegsgesellschaft, auch wenn nun eine offenkundige Mittelschichtsorientierung vorherrschte. Anna Krückmann und ihr Hausfrauenverein wurden nun zu Protagonistinnen der Nachkriegshausfrau, die trotz schmaler Budgets für ihre Familie stets preisgünstiges, aber schmackhaftes und hochwertiges Essen auf den Tisch brachte und die von technischem Fortschritt eine Entlastung von den körperlichen Anstrengungen ihrer Arbeit erwarten durfte. Bemerkenswerter war, gerade im Vergleich zu ihrer großen Bilanzrede bei der Selbstauflösung 1936, was jetzt aus der Erinnerung fiel: Vom Kampf für die Beschäftigung von Hausangestellten, von Boykott ausländischer Waren und von der „vaterländischen" Ausrichtung des Vereins war jetzt keine Rede mehr, ebenso wie Anna Krückmann nun die Verknüpfung zum Kolonialverein aus der Erinnerung gestrichen hatte. Was bleiben sollte, war ein Hausfrauenverein, der sich um Fortbildung, soziale Sicherheit und Geselligkeit gekümmert hatte. Das passte zwar zur Nachkriegszeit, aber es war nur die halbe Wahrheit.

Als Anna Krückmann am 10. Februar 1955 in Wolbeck an den Folgen einer Lungenentzündung starb, war sie 87 Jahre alt. Die Nachrufe zeigten, dass es nun kaum noch Mitstreiterinnen aus gemeinsamer Zeit gab, denn die Würdigungen orientierten sich wörtlich an den Texten, die zwei Jahre

578 Ebda.

579 Westfalenspiegel 1, 9 (September 1952).

# Hauswirtschaft ist ein Teil der Volkswirtschaft

**Das Verdienst Anna Krückmanns / Zu ihrem 85. Geburtstag**

Das, was das Wirken Anna Krückmanns aus der Arbeit in Frauenorganisationen heraushebt und ihr die Wertschätzung in der ganzen münsterschen Öffentlichkeit, daneben aber die Verehrung und Liebe aller münsterschen Hausfrauen eingebracht hat, ist die Tatsache, daß sie es verstand, der Hausfrau neue volkswirtschaftliche Erkenntnisse in lebendiger und wirklich anregender Form nahezubringen. Sie sagte einmal hierzu, daß sie den Hausfrauen trockene Wissenschaft immer in Form eines Bonbons vermittelt habe . . .

Der Erfolg hat ihr recht gegeben. Denn Anna Krückmann ist für Münster das geworden, was Hedwig Heyl für die Hausfrauenarbeit insgesamt war: Wegbereiterin der Idee der an der Gesamtvolkswirtschaft orientierten Haushaltsführung, und damit Verfechterin eines modernisierten und reformierten Haushalts. Als 1915 Hedwig Heyl im gesamten Reich zur Bildung von Hausfrauenbünden aufrief, war es vor allem die immer schwieriger werdende Ernährungslage, die die einzelne Hausfrau vor Probleme stellte, die einzeln nicht gemeistert werden konnten und die zur Berufsorganisation der Hausfrau drängten.

Anna Krückmann war Hausfrau aus ganzem Herzen. „Ich habe mich“, so erzählte sie beim letzten Besuch des Vorstandes der HVM in Wolbeck im Schöllingheim, wo sie jetzt lebt, „immer für Hauswirtschaft und gute Küche interessiert. Und mein Mann (der bekannte Jurist Geheimrat Professor Dr. Krückmann) hat es jedem erzählt, der es hören wollte, daß er mit seiner ‚Köchin Anna‘ immer sehr zufrieden gewesen ist . . . “

Anna Krückmann erkannte aber beim Aufruf von Hedwig Heyl zur Bildung von Hausfrauenvereinen, aus der Not der damaligen Zeit heraus, daß es nicht genügt, daß die Hausfrau in Haushalt und Familie ihre Pflicht tut. Sie sah, daß Frauenwirken darüber hinaus in der großen Staatsfamilie not tut, getreu dem Worte Helene Langes, daß „Abwesenheit der Frau im Staat sich auswirkt wie Mutterlosigkeit in der Familie . . .“ Sie wußte um die veralteten und reformbedürfigen Methoden der Haushaltsführung bei uns in Deutschland, und hier setzte sie ihre Arbeit an. In einer planmäßig durchgeführten Schulung und Belehrung der Hausfrau in Vorträgen und Betriebsbesichtigungen, in einer ausgezeichnet redigierten Hausfrauenzeitung, in drei großen münsterschen hauswirtschaftlichen Ausstellungen, in einer hauswirtschaftlichen Beratungsstelle, in Propaganda für Milch- und Fischkonsumsteigerung packte sie das Problem aus der Praxis der Hausfrau heraus an. Dabei vergaß sie nicht, daß die durch überalterte Betriebsmethoden im Haushalt überlastete Hausfrau auch dringend Erholung und Entspannung brauchte, und gab der Freude im Hausfrauenverein ihren Raum. Fast alljährlich feierte der Hausfrauenverein seine „Altweiberfastnacht“ und machte Sommerausflüge und Theaterabende.

**Anna Krückmann**

Diesem blühenden Vereinsleben — etwa 2000 Mitglieder hatte der Hausfrauenverein zuletzt — machte im Jahre 1936 die berüchtigte „Gleichschaltung“ ein Ende. Der Verein wurde aufgelöst, das Vereinsvermögen zum guten Schluß veräußert und der Erlös der Stadt Münster zu wohltätigen Zwecken übergeben . . .

Anna Krückmann und ihr Hausfrauenverein haben die Katastrophe überlebt. Die tragende Idee der Hausfrauenarbeit, die Reform der Hauswirtschaft, koordiniert der gesamten Volkswirtschaft, ist heute so aktuell wie damals. Anna Krückmann ist dieser Arbeit immer noch mit dem Herzen verbunden. Ihr Rat gibt der HVM viel Anregung und manchen Impuls. Münsters Hausfrauen wünschen ihr viel Glück zum 85. Geburtstag am 1. Februar!

Abbildung 8: Artikel zu Anna Krückmanns 85. Geburtstag im Lokal-Anzeiger vom 1. Februar 1952. Mit weiteren Zeitungsartikeln findet sich dieser in der Überlieferung des Deutschen Hausfrauenbundes.

zuvor zu ihrem 85. Geburtstag veröffentlicht worden waren. Noch einmal wurde das neue Bild der Vergangenheit evoziert, nur der Nachruf der Stadt Münster setzte noch einmal einen anderen Akzent, denn die Stadt erinnerte an eine verstorbene ehemalige Stadtverordnete, ließ aber offen, welche Partei sie vertreten hatte.[580] Das entsprach der rückblickenden Entpolitisierung der Tätigkeit, die auch Anna Krückmann selbst in der Nachkriegszeit vorgenommen hatte.

Der wiederbegründete Hausfrauenverein hatte 1946 seine Tätigkeit wieder aufgenommen, Frau Unckell hatte „alte Getreue" wieder zusammengebracht.[581] Sie war schon zuvor eine enge Mitstreiterin Anna Krückmanns gewesen, und sie sicherte die Kontinuität und das alte Netzwerk ab. Besuche Anna Krückmanns beim Hausfrauenverein zeigten, dass die alten Rituale noch weiterwirkten. Sie war der unbestrittene Mittelpunkt der Versammlung.[582] Doch schon am Ende der Weimarer Republik war deutlich erkennbar, dass die Gründerinnengeneration generationell allmählich verschwand, und als Anna Krückmann ihr Grußwort für die wiederbelebte Hausfrauenzeitung 1951 schrieb, da war der Nekrolog länger als die Liste der Lebenden.[583] Als Unckell 1951 den Vorsitz niederlegte, stand also ein Generationswechsel endgültig an. Die Nachfolgerin an der Spitze des Vereins kam allerdings ebenfalls aus dem akademischen Bürgertum, die Rechtsanwältin Johanne Walhorn übernahm.[584] Sie erhielt für lange Jahre jetzt die Führung, und sie modernisierte den Verein grundlegend. Zwar gab es manche Aktion, die die Alten noch an die Krückmann-Jahre erinnern konnte, wenn etwa die Hausfrauen aus Protest keine Milch kaufen sollten, doch war dieser Käuferinnenstreik jetzt nicht mehr nationalistisch ausgerichtet, sondern gegen die Produzentenseite und deren Preisgestaltung. Das hätte Anna Krückmann völlig ferngelegen, ebenso wie die Tatsache, dass der Hausfrauenverein als Berufsorganisation der Hausfrauen nicht mehr die Position der Hausherrin im bürgerlichen Haus vertrat, sondern an der Seite des Deutschen Gewerkschaftsbundes Hausfrauentätigkeiten als Berufsbild formulierte. Wie ihre Vorgängerin Anna Krückmann zog auch Johanne Walhorn 1963 in den Rat der Stadt Münster ein, allerdings für die SPD. Zu einem Hort des katholi-

580 Westfälische Nachrichten 11.2.1955.

581 Münstersche Hausfrauenzeitung 5, 2 (Februar 1952).

582 Münstersche Hausfrauenzeitung 1, 1 (Oktober 1951).

583 Ebda.

584 Münstersche Hausfrauenzeitung 5, 2 (Februar 1952).

schen Milieus war der Hausfrauenverein noch immer nicht geworden, aber er war von der politischen Rechten in die linke Mitte gewechselt.

Dennoch bewahrte Walhorn die Erinnerung an die Gründerin oder eher an das, was Anna Krückmann erinnert haben wollte. Da sie selbst erst 1937 nach Münster gezogen war, hatte sie keine persönlichen Bezüge zur Vergangenheit des Hausfrauenvereins, sondern kannte wohl nur die Nachkriegserzählungen. Ob es Rücksicht auf die Loyalistinnen der älteren Generation war[585] oder eigene Überzeugung, konnte im Rahmen dieser Studie nicht abschließend geklärt werden: 1956 gründete Johanne Walhorn eine Familienbildungsstätte, als deren Namensgeberin sie ausgerechnet Anna Krückmann auswählte. Damit ehrte eine Sozialdemokratin eine Deutschnationale, als deren Verdienst man in der Nachkriegszeit die Schulung und Qualifizierung von Hausfrauen rühmte. Die historische Anna Krückmann aber hatte als Stadtverordnete 1929 gegen die Einrichtung hauswirtschaftlicher Bildungsgänge in städtischen Schulen votiert, und sogar noch 1934 war sie der feierlichen Eröffnung einer Klasse für hauswirtschaftliche Lehrlinge an der städtischen Gewerbeschule demonstrativ ferngeblieben und hatte sich vertreten lassen, obwohl sie in ihren NS-Funktionen eingeladen war.[586] Mit der Gründung der Familienbildungsstätte war aber der Ansatz einer Legende institutionalisiert, die Anna Krückmann als soziale Fürsorgerin und bürgerliche Vertreterin einer Frauenbewegung erinnerte und sie von ihrem tatsächlichen politischen Engagement weitgehend trennte. Die inhaltlichen Zielsetzungen des Hausfrauenvereins vor 1936 spielten an keiner Stelle mehr eine Rolle, weil ihre sozialkonservative, nationalistische und rassistische Ausrichtung nicht mehr zu der veränderten Sozialstruktur des Vereins und in die wiedergewonnene, nun aber mittelschichtsorientierte Bürgerlichkeit passen wollte. Die inhaltliche Kontinuität der Familienbildungsstätte zur historischen Anna Krückmann lag vor allem darin, dass es sich um eine überkonfessionelle und damit ausdrücklich nichtkatholische Einrichtung handelte, was im Münster der Nachkriegszeit bemerkenswert war und einen deutlichen Unterschied zu anderen Trägern vergleichbarer Einrichtungen darstellte. Diese fehlende konfessionelle Bindung und die Abgrenzung vom

585 Noch eine in StdAMS Deutscher Hausfrauenbund Nr. 32 erhaltene Mitgliederliste des Anna-Krückmann-Hauses aus dem Jahr 1972 zeigt, dass gleich drei Frauen aus Familien, die bereits zum Vorstand des Hausfrauenvereins in der Zeit des Ersten Weltkrieges gehört hatten, zwei Generationen später noch immer vom Hausfrauenbund in den Verein des Anna-Krückmann-Hauses entsandt wurden.

586 Münsterischer Anzeiger 84, 203 (3.5.1934).

katholischen Milieu der Stadt war der zentrale Punkt, der die Konzeptionen zweier Frauen an der Spitze des Hausfrauenvereins verknüpfte, die politisch ansonsten nichts verband. Eine führende Sozialdemokratin in der Nachkriegsgesellschaft hielt die Erinnerung an Anna Krückmann wach, weil sie nicht Teil des katholischen Milieus gewesen war. Das bewahrte durchaus einen relevanten Teil der Ausrichtung Anna Krückmanns, aber es blendete zugleich sehr Wesentliches aus. Sie war mehr und anderes gewesen als eine sozial engagierte Protestantin.

War der Rückgriff auf Anna Krückmann in der unmittelbaren Nachkriegszeit vielleicht auch mit Blick auf die Einbindung der älteren Loyalistinnen im Hausfrauenverein noch nachvollziehbar, ist es umso erstaunlicher, dass es eine Generation später zu einer Neuformation einer Krückmann-Legende kam, die nun von einer anderen politischen Seite forciert wurde. In den 1980er Jahren entwickelte sich eine neue Phase der Beschäftigung mit der jüngeren Vergangenheit in vielen deutschen Städten, die von zivilgesellschaftlichen Gruppen getragen wurde und sich ausdrücklich jenseits etablierter Institutionen der Geschichtswissenschaft verortete. Diese Initiativen waren oft auf die lokale Aufarbeitung der NS-Verbrechen ausgerichtet, verfolgten aber daneben auch das Ziel, marginalisierten Perspektiven zu einer Stimme zu verhelfen. In Münster bedeutete das unter anderem, dass es zu einer breit getragenen Beschäftigung mit der NS-Vergangenheit kam sowie zu einer Auseinandersetzung mit der Frauengeschichte. Der überparteiliche und überkonfessionelle Zusammenschluss Münsterscher Frauenorganisationen war eine durchsetzungsstarke und gut vernetzte Gruppe, die diese Forschungsarbeit vorantrieb.[587] Die seit Jahrzehnten dominierende, auf kommunale Institutionen und Mehrheiten gestützte kulturpolitische Deutungsmacht wurde im Vorfeld des Stadtjubiläums 1993 durch einen neuen Diskurs herausgefordert. Für die politische Kultur der Stadt in jener Zeit war es bemerkenswert, dass die Herausgeforderten sich der Debatte konstruktiv stellten. Die innerhalb der Frauenorganisationen stark engagierte christdemokratische Lokalpolitikerin Magdalena Gefroi ließ es sich seit Mitte der 1980er Jahre angelegen sein, auch eine bürgerliche Frauenbewegung in der Stadt aufzuspüren. Dabei fand sie ausgerechnet Anna Krückmann. Gefroi stellte umfangreiche Recherchen an, die sie aber ausweislich ihrer im Stadtarchiv Münster erhaltenen Unterlagen[588] nicht über die Berichte der Nach-

587 M. Böker/R.Link, FrauenLeben in Münster.

588 StdAMS Deutscher Hausfrauenbund Nr. 32.

kriegszeit über Anna Krückmann hinausführten. Als einzigen Quellenbestand, der teilweise Originale aus der Zeit vor 1945 enthielt, berücksichtigte sie die Personalakte Paul Krückmanns, die bezogen auf seine Frau nur deren Eingaben zur strittigen Witwenpension enthielt.[589] Auf dieser Basis erstellte sie eine Biographie Anna Krückmanns, die in zwei Fassungen aus den Jahren 1987 und 1993 erhalten ist.[590] Darin zeichnete Gefroi das Bild einer hochengagierten Frauen- und Sozialpolitikerin, die in unermüdlicher Arbeit für das Wohl der Frauen in Münster gewirkt habe. Gefroi, selbst später bis zu ihrem Tode langjähriges Mitglied des Rates der Stadt, war erkennbar fasziniert davon, dass Krückmann in den 1920er Jahren Stadtverordnete gewesen war. Sie war auf der Suche nach greifbaren Umsetzungserfolgen und fand sie in den Frauentoiletten am Domplatz, die sie auf Krückmanns Wirken zurückführte. Auch ein umfassendes sozialpolitisches Engagement schrieb die langjährige Vorsitzende des Sozialausschusses ihrer Protagonistin zu. Ausweislich ihrer Notizen hielt sich Gefroi nur kurz mit dem Umstand auf, dass Krückmann für die DNVP in der Stadtverordnetenversammlung gesessen hatte. Dies beeinträchtigte die hagiographische Tendenz nicht. Sie gestaltete Anna Krückmann zu der Protagonistin einer bürgerlichen Frauenbewegung, die sie sich wünschte: „Immer sozial engagiert - engagierte Wegbereiterin für Frauenbelange".[591] Im Ergebnis kanonisierte sie durch ihre Reproduktion und Kompilation der Nachkriegspressezeugnisse das Krückmann-Bild dieser Zeit und setzte es innerhalb der Frauenorganisationen durch.

Gestützt auf ihre Biographien ergriff Gefroi auch die Initiative zum Erhalt der Grabstätte des Ehepaares Krückmann auf dem Zentralfriedhof. In einem Schreiben an die Münsterschen Frauenorganisationen würdigte sie nicht nur Anna Krückmann – „'Was Frauen wissen und können, kommt ihren Familien zugute', war der Wahlspruch Anna Krückmanns"–,[592] sondern auch ihren Mann, der angeblich sogar „bei der Erstellung der italienischen Verfassung" mitgewirkt habe. „Die Eheleute Krückmann haben sich in großem Maße für die Belange der münsteraner [sic] Bürger und der Universität

589 UAMS Bestand 10, 4171.

590 StdAMS Deutscher Hausfrauenbund Nr. 32.

591 Überschrift eines von Gefroi verfassten Beitrags in der Münsterschen Zeitung vom 1.2.1993 zum 125. Geburtstag Krückmanns.

592 Die Authentizität dieses „Wahlspruchs" wurde nirgendwo belegt und konnte auch im Rahmen dieser Studie an den Quellen nicht verifiziert werden.

engagiert", fasste sie ihr Anliegen zusammen.[593] Die Grabstätte wurde saniert und wird bis heute gepflegt.

Nachdem die Sozialdemokratin Walhorn in den 1950er Jahren in Anna Krückmann eine jenseits des katholischen Milieus stehende Sozial- und Bildungspolitikerin gewürdigt hatte, gestaltete in den 1980er und 1990er Jahren eine Christdemokratin dieselbe Person zu einer Protagonistin einer bürgerlichen Frauenbewegung in der Stadt, die man den Frauen einer eher in der linken Mitte beheimateten Frauenbewegung an die Seite stellen konnte. So kam es in den 1990er Jahren nicht nur zu keiner kritischen Dekonstruktion der Nachkriegserzählungen über Anna Krückmann, sondern sogar zu ihrer Kanonisierung. Das hatte auch Auswirkungen auf die lokalhistorische Forschung. So arbeitete Gerd Krüger in seiner zur gleichen Zeit erstellten Dissertation über die Organisationen der politischen Rechten in Münster von 1887 bis 1929 zutreffend heraus, dass Anna Krückmann Mitglied des radikal antisemitischen deutsch-völkischen Schutz- und Trutzbundes gewesen war und belegte das korrekt an der archivalischen Überlieferung.[594] In seiner Einleitung aber stellte er fest: „Der Gerechtigkeit halber muß aber auch hervorgehoben werden, daß eine ganze Reihe der ursprünglich überzeugten Republikgegner ihre Anschauungen unter dem Eindruck der Verbrechen des nationalsozialistischen Regimes grundlegend wandelten. Stellvertretend für manche andere seien hier Pastor Martin Niemöller, Ferdinand Freiherr von Lüninck und Frau Anna Krückmann (...) aufgeführt."[595] Diese Aussage über Anna Krückmann blieb bezeichnenderweise unbelegt mit Quellenangaben. Anders als bei Niemöller, der Jahre in Konzentrationslagern verbrachte, und bei Lüninck, der bei der Verfolgung der Attentäter des 20. Juli ermordet wurde, kann bei Anna Krückmann nichts Vergleichbares gefunden werden. Sie verlor ihren Machtkampf mit dem NS-Frauenwerk nach drei Jahren und zog sich danach bei guter Versorgung ins Privatleben zurück und nahm öffentliche Glückwünsche der NS-Funktionärinnen zu ihren Geburtstagen entgegen,[596] während ihr Mann der Reichskanzlei Hinweise zur „Arisierung" jüdischen Eigentums gab. Bei den Arbeiten zu dieser Studie konnte kein Beleg für die Behauptung Krügers gefunden werden, so dass diese in den Kontext der zeitgleich in der Stadtgesellschaft betriebenen Krückmann-Legende

593 Undatiertes Schreiben an die Frauenorganisationen in StdAMS Deutscher Hausfrauenbund Nr. 32.

594 G. Krüger, Treudeutsch allewege, 145.

595 Ebda., 8.

596 Münsterischer Anzeiger 87, 51 (31.1.1938).

eingeordnet werden muss. Der Wille zur hagiographischen Betrachtung Anna Krückmanns wurde selbst durch eindeutige archivalische Zeugnisse nicht erschüttert. Sie hatte in ihren letzten Lebensjahren, gestützt auf ihre Anhängerinnen, ihre Deutung nachdrücklich etabliert und fand noch lange nach ihrem Tod politisch engagierte Frauen, die in ihr das sehen wollten, was Anna Krückmann in der Nachkriegszeit gewesen sein wollte. Ihr Charisma wirkte fort, und die „Gefolgschaft" hatte lange Dauer.

Immer sozial engagiert – Anna Krückmanns Geburtstag jährt sich heute zum 125. Mal

**Engagierte Wegbereiterin für Frauenbelange**

Von MAGDALENE GEFROI

**Münster.** Anna Krückmann war von 1915 – 1955 in Münster das Synonym für den Hausfrauenverein und engagierte Wegbereiterin für die Belange der Frauen. Ihr Geburtstag jährt sich am heutigen 1. Februar zum 125. Mal.

Mit ihrem Mann, Prof. Dr. jur. Paul Krückmann, kam sie 1902 nach Münster – in eine Zeit des Umbruchs in der städtischen und universitären Entwicklung. Anna Krückmann blieb nicht nur die Frau Professor und Geheimrat, sie nutzte ihre vielfältigen Beziehungen für Reformbestrebungen in der Hauswirtschaft und im sozialen Leben. Vor dem Ersten Weltkrieg sorgte sie sich um die Heimarbeiterinnen, deren Lebens- und Arbeitsbedingungen. Während des Kriegs galt ihr Einsatz den Verwundeten, den Kriegsgefangenen und den Hinterbliebenen und vor allem der Ernährungs- und Lebenssituation in Münster.

Nach dem Krieg half die engagierte Frau durch eine Tauschzentrale im Keller des Krameramtshauses, die Not der Inflationszeit und Arbeitslosigkeit zu lindern. Von 1924 – 1930 war Anna Krückmann Stadtverordnete. Im Stadtparlament setzte sie sich mit dem ihr eigenen klaren Menschenverstand und ihrer Tatkraft für die Umsetzung der volkswirtschaftlichen und sozialen Reformen ein. Ihre Ideen fanden Resonanz und ihr politisches Wirken wurde von allen Parteien anerkannt. Neben ihrem Engagement für die Volksgesundheit, dem Bildungswesen, der Lebensmittelversorgung und der Wohnungssituation in Münster, galt ihr Augenmerk dem stark verbreiteten Alkoholismus und der Sauberkeit der Stadt. So entstanden auf ihre Anregung Milchhäuser und die erste öffentliche Toilette in Münster.

Anna Krückmann war es wichtig, über Standes-, Konfessions- und Parteigrenzen hinweg Wohlfahrt da zu geben, wo sie erforderlich war und vor allen Dingen Hilfe zur Selbsthilfe anzuregen. Jahrzehntelanger tatkräftiger Einsatz erbrachte ihr die Wertschätzung der ganzen münsterschen Öffentlichkeit, aber auch die Liebe und Verehrung vieler münsterscher Hausfrauen und Familien.

Sie verstand es, den Hausfrauen neue volkswirtschaftliche Erkenntnisse in lebendiger und überaus anregender Form nahezubringen. Anna Krückmann war für Münster die Wegbereiterin der Idee einer an der Gesamtvolkswirtschaft orientierten Haushaltsführung und damit die Verfechterin eines modernisierten Haushalts.

Die immer schwieriger werdende Ernährungslage stellte 1915 die Hausfrauen vor Probleme, die einzeln nicht zu meistern waren und zur Berufsorganisation der Hausfrauen führten. Anna Krückmann erkannte, daß es nicht genügte, wenn Hausfrauen in Haushalt und Familie ihre Pflicht taten, sondern Frauenwirken darüber hinaus auch in der großen Staatsfamilie nötig war. Sie rief deshalb zur Gründung des münsterschen Hausfrauenvereins, der Berufsorganisation der Hausfrauen, auf. In regelmäßig durchgeführten Schulungen und Belehrungen, in Vorträgen und bei Betriebsbesichtigungen, in einer ausgezeichnet redigierten Hausfrauenzeitung, in drei großen münsterschen Ausstellungen und in einer hauswirtschaftlichen Beratungsstelle wurden die Probleme aus der Praxis der Hausfrau angepackt.

Dabei vergaßt Anna Krückmann nicht, daß die durch überalterte Betriebsmethoden im Haushalt überlasteten Hausfrauen dringend Entspannung brauchten und gab der Freude im Hausfrauenverein ihren Raum mit Veranstaltungen wie der „Altweiberfastnacht", Sommerausflügen und Theaterbesuchen. Ab 1930 diente ein Haus an der Werse in Handorf zur Erholung in der Sommerfrische. Die Arbeit von Anna Krückmann im Hausfrauenverein und das blühende Vereinsleben wurden abrupt durch die Ankündigung der Einvernahme in die NS-Frauenschaft und die Auflösung des Hausfrauenvereins beendet.

Heute scheint ihr Name fast vergessen, aber ihr Wirken lebt fort in der paritätischen Bildungsstätte in der Friedensstraße, dem Anna-Krückmann-Haus, im Deutschen Hausfrauenverein und in der Arbeitsgemeinschaft münsterscher Frauenorganisationen.

Dank zahlreicher Spenden konnte rechtzeitig zu ihrem 125. Geburtstag ihre Grabstätte im evangelischen Teil des Zentralfriedhofes neu hergerichtet werden.

Anna Krückmanns Geburtstag jährt sich zum 125. Mal.

Abbildung 9: In einem Zeitungsartikel griff Magdalene Gefroi 1993 ihre biographischen Forschungen zu Anna Krückmann auf, die im Wesentlichen auf den Nachkriegszeugnissen beruhten.

## XIV. Im Netz der Rechten. Die Krückmanns und die Stadtgesellschaft

Vor zwanzig Jahren hat Thomas Mergel die Frage aufgeworfen, ob die DNVP in der Weimarer Republik auch eine andere Entwicklung hätte nehmen können und etwa in Form eines „Tory-Konservatismus" zu einem Teil der republikanischen Kultur hätte werden können.[597] Gestützt auf die Regierungsbeteiligungen in den Bürgerblock-Kabinetten der 1920er Jahre und auf Personen wie Kuno Graf Westarp schien ihm eine solche Perspektive möglich, die erst mit der Wahl Alfred Hugenbergs zum Parteivorsitzenden abgebrochen worden sei. Damit stieß er auf grundsätzlichen Widerspruch: Die Wahl Hugenbergs zeige bereits, dass weite Teile der Partei eben diesen Kurs, der letztlich zu einer Integration in die Republik geführt habe, nicht unterstützt habe.[598] Maik Ohnezeit hat in seiner grundlegenden Arbeit zur Geschichte der DNVP letztlich auch die Entwicklungschancen, vor allem an Westarp orientiert, eher bestritten.[599]

Anna und Paul Krückmann waren neben Otto Hoffmann vom Anfang bis zum Ende der Republik entscheidende Figuren der DNVP in Münster, wo auch einer der vielen Landesverbände der Partei seinen Sitz hatte. Fragt man auf lokaler Ebene nach den Entwicklungsperspektiven, dann kann die Antwort nur eindeutig ausfallen: Die DNVP in Münster und ihre Protagonisten waren vom Anfang bis zum Ende entschiedene Gegner der Republik, und zu keinem Zeitpunkt stand eine positive Integration in die neue Ordnung jemals als Möglichkeit im Raum. Die enge Bindung an Hugenberg, die älter war als die Partei und noch in die Kriegszeit zurückreichte, und an dessen radikales Programm führte dazu, dass die DNVP-Führung in Münster auf der kommunalen Ebene 1930 lieber eine Spaltung und eine vernichtende Wahlniederlage in Kauf nahm, als sich dessen radikal republikfeindlichem Kurs zu verweigern. Was aber trieb die Krückmanns als führende Vertreter dieses Kurses an?

Im Kern ging es um das, was schon im Kaiserreich als Paul Krückmanns Programm deutlich erkennbar wird: Die Sicherung von Status und Reputation eines Bürgertums, das sich radikal nach unten abschloss. Der sich deut-

597 T. Mergel, Das Scheitern des deutschen Tory-Konservatismus.

598 M. Kittel, „Steigbügelhalter Hitlers" oder „stille Republikaner"?.

599 M. Ohnezeit, Zwischen „schärfster Opposition" und dem „Willen zur Macht", 449–461.

lich abzeichnende Wandel hin zu einer modernen Massengesellschaft stellte die überkommene Sozial- und Gesellschaftsordnung in Frage, und beide Krückmanns begriffen das als Bedrohung. Selbst die äußerst zaghaften Ansätze zu einer Bildungsexpansion in der Wilhelminischen Gesellschaft wurden schon als Verfallserscheinungen interpretiert, und die Idee einer „aristokratischen" bürgerlichen Bildungselite schloss folgerichtig alle Ansätze zu Demokratie und zur Mitbestimmung von Menschen aus, die dieser Elite nicht zugehörig waren. Was Paul Krückmann an der Universität missfiel, das sah Anna Krückmann durch den Verfall der überkommenen Herrschafts- und Gesindeordnung im bürgerlichen Haushalt bedroht. Die Angst vor der Relativierung dessen, was man selbst als wohlerworbenes Privileg erachtete, und das Gefühl, Status und Reputation nicht mehr anerkannt zu finden, das trieb beide zutiefst an. Es gab Menschen, die verkörperten persönlich und politisch das Gegenbild, und auf sie konzentrierte sich der Hass: Matthias Erzberger war das hervorstechendste Beispiel. Ein Volksschullehrer und Bildungsaufsteiger, der sich anmaßte, Friedensbedingungen zu formulieren, ein Parlamentarier, der den Experten die Entscheidungsmacht nahm, ein Katholik, der die protestantische Prärogative bedrohte – ein Mann, der Paul Krückmanns Alptraum war.

Mit dieser Haltung fanden sie weit über ihr eigenes engeres Milieu hinaus Anschluss an die Stadtgesellschaft. Schon Paul Krückmanns Vorgehen im Kaiserreich hatte gezeigt, dass auch in der stark katholisch geprägten Stadt Münster Eliten zu gewinnen waren, wenn man sozialkonservativ, antiliberal und national auftrat. Es gab einen weit über das protestantische akademische Bürgertum hinausreichenden, das Militär, den Adel und sehr maßgebliche Teile der katholischen Eliten umfassenden Konsens, dass die bestehende Sozial- und Gesellschaftsordnung zu erhalten und insbesondere gegen liberale und demokratische Bestrebungen zu verteidigen war. Die Krückmanns waren zu jedem Zeitpunkt ein Ehepaar, das bestens in die Stadtgesellschaft hinein vernetzt war und das mit den adeligen und bürgerlichen Eliten engen Austausch pflegte. Es gab in der Führung auch des politischen Katholizismus in der Stadt starke Kräfte, nicht zuletzt um die Oberbürgermeister Dieckmann und Sperlich gruppiert, die im Kern von denselben Überlegungen angetrieben wurden. Das hatten die Krückmanns früh erkannt, und Paul Krückmann hatte sich zum Ziel gesetzt, die Zentrumspartei, die er in wachsender Schärfe als politisches Hindernis zur Herstellung eines bürgerlichen Konsenses sah, „abzubröckeln" und in ihrer Bedeutung zu mindern. Die Zentrumspartei war als konfessionelle und nicht primär schichtengebundene Partei ein Hemmnis für das Ziel einer nationalen Integration des Bürgertums und des Adels. Eine Frontstellung gegen die Arbeiterbewegung und ihre Partizipationsansprüche war mit den Teilen der Zentrumspartei, die selbst Gewerkschaften organisierten, schwierig. Auch wenn dies schon vor 1917 erkannt worden war, veränderte die Friedensresolution alles. Eine Parlamentarisierung des Reiches, mit einer Mehrheit aus Zentrum, Linksliberalen und Sozialdemokratie zeichnete sich ab, und der Kampf dagegen begann im Sommer 1917. Die Aufgabe bestand jetzt darin, jene Teile des Zentrums, die dem Adel oder dem Bürgertum zuzuordnen waren, „abzubröckeln“ und in eine Sammlungsbewegung auf nationaler Basis zu integrieren. Nachdem das Zentrum sich als Partei auf der Reichsebene kooperations- und koalitionsfähig gezeigt hatten gegenüber bürgerlichen Demokraten und Sozialdemokratie, änderte sich die Strategie: Mit direkter politischer Agitation und neuen Formen schichtenübergreifender Vergesellschaftung sollte nun die Integration der Nation auf neuer Basis geschaffen werden. Das „Abbröckeln“ von Mitgliedern, Wählerschichten und Spitzenpersonal des Zentrums sollte die Integration unter „nationalen“ Vorzeichen bedeuten. Bei verschiedenen Projekten zeigte sich, dass insbesondere Teile des münsterländischen Adels diesen Weg zu gehen bereit waren. In der Stadt markierte der Wechsel des abgewählten Oberbürgermeisters Georg Sperlich zu den Deutschnationalen einen späten und nicht mehr politisch wirksamen Erfolg in dieser Richtung. Aber auch schon seit der späten Wilhelminischen Zeit hatte sich gezeigt, dass es in Münster und dem Münsterland durchaus Potential gab, Bündnispartner innerhalb des katholischen Milieus dafür zu finden.

Beide Krückmanns mussten aber erleben, dass ihrer Wirksamkeit Grenzen gesetzt waren. Zum einen war das katholisch geprägte Wirtschaftsbürgertum des Innenstadteinzelhandels nicht bereit, Anna Krückmann die Führung zu überlassen, wenn es um die Wahrung seiner existenziellen Interessen ging. Paul Krückmann stellte fest, dass ihm zwar professorale Reputation, aber nicht politische Wirksamkeit in den zentrumsdominierten Medien zugebilligt wurde. Hier wurden Grenzen erkennbar: Es gab zwar eine Bereitschaft der städtischen Eliten, mit einem Paar wie den Krückmanns gesellschaftlich zu verkehren, mit ihnen auch zusammenzuarbeiten, aber ihnen Macht zu überlassen, war eine andere Frage.

Angesichts dieser Herausforderungen entwickelten beide in ihren Wirkungskreisen unterschiedliche Strategien. Paul Krückmann versuchte, gestützt auf das erhoffte Geld der Schwerindustrie aus dem Ruhrgebiet und der rechten Agrarier aus dem Münsterland sowie auf das Militär, die Vormacht des Zentrums in der Stadt grundsätzlich anzugreifen, gewissermaßen also die nationale Integration zu erzwingen. Mit all seinen Projekten aber scheiterte er, vor allem aber mit demjenigen, die Medienmacht der Zentrumspresse in Frage zu stellen. Die These, man könne Meinung mit ausreichend viel Geld kaufen und so die erwünschte Lenkung der Massen erreichen, erwies sich als ebenso falsch wie die Vorstellung, das Staatsvolk sei ein passives Vorlesungsauditorium, das vom Professor-Politiker in Vorträgen belehrt und zur Einsicht in die bestehende Gesellschafts- und Sozialordnung gebracht werden könne. Dabei erwiesen sich die rheinisch-westfälische Schwerindustrie im Allgemeinen und Alfred Hugenberg im Besonderen als Partner, die Münster nach dem Weltkrieg kaum noch entscheidende Bedeutung zumaßen und sich aus Sicht der lokalen Akteure als wenig zuverlässig erwiesen. Die erhoffte strukturelle, auf Dauer ausgerichtete ökonomische und politische Stärkung der Rechten in Münster leisteten sie nur punktuell im Weltkrieg und im „Ruhrkampf". Deren Gelder und Einfluss aber konnten von den deutschnationalen Adeligen des Münsterlandes und einzelnen lokalen Wirtschaftsvertretern nicht kompensiert werden, wie sich rasch an verschiedenen Projekten und deren Scheitern zeigte.

Weitaus erfolgreicher in der Stadt war dagegen der Ansatz Anna Krückmanns, mit sozial-karitativer Attitüde die Menschen anzusprechen, ihnen Selbstwirksamkeit zu versprechen, wenn sie nur national bewusst im Alltag ihre eigenen Mittel klug einsetzen würden, und sich dabei dezidiert überkonfessionell zu geben. Dass es gelingen konnte, die Familien auch des katholischen Einzelhandels- und Wirtschaftsbürgertums hinter der eigenen Person zu einen, wenn man die Bereitschaft nachgewiesen hatte, deren wirtschaftliche Interessen angemessen zu vertreten, hatte Anna Krückmann besser realisiert als ihr Mann. Dass es ihr glückte, sogar die kommunale Führungsspitze der zentrumsdominierten Stadtverwaltung zu umgarnen und mit ihrem überkonfessionellen Verein auch in die zentrumsdominierten Medien vorzudringen, zeigte: Bei aller Gleichartigkeit der sozialkonservativen und antiliberalen Zielsetzungen war Anna Krückmann weitaus flexibler und methodisch moderner als ihr Mann. So gelang es ihr, die Ressource aufzubauen, die in der Politik der späten Republik unbedingt gebraucht wurde und die ihr Mann niemals besaß: Ihr wurde Charisma zugeschrieben. Paul Krückmann besaß Reputation in der Stadtgesellschaft, Anna Krückmann Anhängerinnen.

In ihrer Feindschaft der verhassten Republik gegenüber griffen beide Krückmanns zu Methoden, die mit der im wilhelminischen Kaiserreich als

Referenzepoche existierenden Gesellschaftsordnung nichts mehr zu tun hatten. Um die herrschende soziale Ordnung zu schützen und zu rekonstruieren, entwickelten beide Mittel, die geeignet waren, sie zu zerstören und zu delegitimieren. Die Bürgerlichkeit, die bewahrt werden sollte, verrohte. Der Juraprofessor rechtfertigte die physische Ausschaltung politischer Gegner als Mittel der politischen Auseinandersetzung und forderte Straflosigkeit für Mord. Seine Frau übte den Boykott als Mittel des politischen Kampfes alltagspraktisch ein und schuf Wohlfahrtsansätze, die sich nicht auf alle Bedürftigen richteten, sondern nur auf die der eigenen nationalen Gemeinschaft. Beide legten damit Grenzen nieder, die bisher gegolten hatten im Rechts-, Wirtschafts- und Zusammenleben, und sie schufen damit Bedingungen, die die Akzeptanz dessen, was kommen sollte, erleichterten.

Generationell waren beide zutiefst vom Kaiserreich geprägt und dadurch von den Kerngruppen der Nationalsozialisten getrennt. Dass Paul Krückmann sie aber als eine Art rechter Jugendbewegung sehen wollte und Anna Krückmann gar glaubte, ihre Führungsrolle bei den Frauen in der neuen Ordnung beibehalten zu können (und das auf der lokalen Ebene auch beinahe geschafft hätte), zeigt das Selbstverständnis: Man sah sich als Elite, deren Führungsanspruch selbstverständlich war. Man glaubte, ihn mit gewissen Anpassungen auch unter den Bedingungen des Nationalsozialismus transformieren zu können. So wie andere auf der Reichsebene auch mussten sie schmerzlich lernen, dass die Nationalsozialisten sie nicht mehr brauchten. Es war kein inhaltlicher Dissens, denn was die politischen Ziele wie den radikalen Antisemitismus betraf, bestand hohe Übereinstimmung. Es war eher eine generationelle Linie, die die beiden Krückmanns, die 1933 an der Grenze zum Pensionsalter standen, von den Nationalsozialisten trennte.

Diese Trennung immerhin ermöglichte ein erstaunliches Nachleben in der Stadtgesellschaft. Der Professor, der die Lupusstiftung gründet, und die soziale Fürsorgerin und bürgerliche Frauenaktivistin, das waren Bilder, die sich einprägen konnten. Was dabei verloren ging, war, was die beiden Krückmanns wirklich angetrieben hatte: radikaler Nationalismus, Demokratie- und Republikfeindschaft, Rassismus und Antisemitismus. Die alte Rechte stand im Schatten des Nationalsozialismus, aber sie schuf auch in der Stadtgesellschaft von Münster Akzeptanzbedingungen für seinen Aufstieg.

# XV. Quellen- und Literaturverzeichnis

## Gedruckte Quellen

### Zeitungen

Alldeutsche Blätter 1916
Altenaer Kreisblatt 94 (1927)
Amtliches Wittgensteiner Kreisblatt 68 (1919)
Arbeiter Zeitung Essen 1 (1907); 8 (1914)
Aufwärts 3 (1921); 10 (1928)
Bergische Volksstimme 13 (1917)
Bergisch Gladbacher Volkszeitung 29 (1918)
Berliner Tageblatt 1917
Bonner Zeitung 22 (1913); 28 (1919)
Castroper Zeitung 43 (1917)
Das Volk 31 (1919)
Der Gemeinnützige 45/46 (1914); 49 (1918)
Der Westfale 1 (1920)
Deutsche Reichszeitung 46 (1917)
Die Glocke 1913; 1917; 1918.
Dorstener Volkszeitung 71 (1923)
Dortmunder Zeitung 80 (1907); 87 (1914)
Dürener Zeitung 44 (1916)
Echo der Gegenwart 59 (1907)
General-Anzeiger für Dortmund und die Provinz Westfalen 27 (1914); 30 (1917); 31 (1918)
Generalanzeiger für Oberhausen, Sterkrade, Osterfeld und das nordwestliche Industriegebiet 23 (1928)
Gütersloher Zeitung 39 (1921)
Hörder Volksblatt 58 (1914)
Iserlohner Kreisanzeiger und Zeitung 76 (1918)
Kölner Lokalanzeiger 20 (1906)
Kölnische Volkszeitung 1912
Kölnische Zeitung 1907
Lengericher Zeitung 46 (1927)
Lippische Landeszeitung 36 (1931)
Lippische Post 84 (1931)
Lippische Tageszeitung 24 (1919)
Lüdenscheider Zeitung 51 (1918)
Minden-Lübbecker Kreisblatt 62 (1917)

Mülheimer Zeitung 43 (1916)
Münsterischer Anzeiger 52 (1903) – 87 (1937)
(Münstersche) Hausfrauenzeitung 2 (1928); 3 (1929); 4 (1930); 5 (1931); 7 (1933)
Münstersche Hausfrauenzeitung 1 (1951) – 5 (1955)
Münstersche Zeitung 31 (1911) – 54 (1934)
Münstersche Zeitung 1993
Neue Westfälische Volkszeitung 45 (1921)
Niederrheinisches Tageblatt 46 (1916); 47 (1917)
Ratinger Zeitung 38 (1909)
Rheinische Volksstimme 24 (1917)
Rhein- und Ruhrzeitung 64 (1911); 69 (1916)
Schalker Zeitung 43 (1916); 44 (1917)
Volkswacht 25 (1914); 29 (1918); 33 (1922)
Volkswille 1 (1919) – 14 (1932)
Vorwärts 1917
Westfälische Nachrichten 1952
Westfälische Neueste Nachrichten 20 (1919); 22 (1921)
Westfälischer Merkur 83 (1904) – 112 (1929)
Westfälische Tageszeitung 89 (1941) – 92 (1943)
Westfälische Zeitung 106 (1916); 107 (1917)
Westfalenspiegel 1 (1952)
Wittener Volkszeitung 17 (1912)
Westfälische Zeitung 113 (1923)
Wittener Volkszeitung 26 (1921)

## Schriften Paul Krückmanns

Der Adel der unehelichen Kinder, in: Das Recht 15, 22 (25.11.1911), 760f.
Der Boykott im Lohnkampf, zugleich eine Untersuchung über den Erpressungsbegriff. Leipzig 1918.
Die Freifahrkarte der Reichstagsabgeordneten, in: Das Recht 15, 18 (25.9.1911), 596–599.
Die verlängerte Immunität der Reichstagsabgeordneten, in: Das Recht 18, 14 (25.7.1914), 437–445.
Drittes Gutachten in Sachen des Fürsten Günther und der Fürstin Anna Luise zu Schwarzburg wider Land Thüringen und den Prinzen Friedrich-Günther zu Schwarzburg-Großbarthau. Münster o.J. (1927).
Einige kurze Bemerkungen, in: Juristische Wochenschrift (1924), 1219f.
Institutionen des Bürgerlichen Gesetzbuches. Göttingen [3]1901.
Juristenproletariat und Winkelgymnasien, in: Das Recht 13, 8 (25.4.1909), 257–265.

## Weitere gedruckte Quellen

Kaser, Max: Paul Krückmann +, in: Zeitschrift der Savigny-Stiftung für Rechtsgeschichte. Romanistische Abteilung 64 (1944), 476–483.

## Ungedruckte Quellen

*Bundesarchiv Berlin-Lichterfelde*
R 43/4085
R 3101/18739
R 8005/311
R 8034/III 255
R 8048/453
R 9361/VI-1659

*Bundesarchiv Koblenz*
N 1231/16; 18; 42

*Geheimes Staatsarchiv Preußischer Kulturbesitz Berlin*
I. HA Rep. 76, Va Sekt. 13 Tit. I Nr. 10
I. HA Rep. 89 , Nr. 32425
I. HA Rep. 92 Nachlass Wolfgang Kapp Nr. 483; 488; 489; 490
VI. HA Nachlass Friedrich Althoff, Nr. 811

*Landesarchiv Nordrhein-Westfalen, Abteilung Westfalen, Münster*
Gesamtarchiv von Romberg Nr. 1147; 1150
Nachlass Rudolf ten Hompel Nr. 12; 116; 197
Soldatenverbände Nr. 17

*Politisches Archiv des Auswärtigen Amtes, Berlin*
RZ 201/2115
RZ 201/21151

*Stadtarchiv Münster*
Deutscher Hausfrauenbund Nr. 2; 32
Nachlass Sperlich Nr. 78

*Universitätsarchiv Münster*
Bestand 4, 684
Bestand 4, 1033
Bestand 4, 1316
Bestand 4, 1329
Bestand 10, 4171
Bestand 183, 2

## Literatur

Arbeitskreis Frauengeschichte (Hg.): FrauenLeben in Münster. Ein historisches Lesebuch. Münster 1991. [zitiert als M. Bröker/R. Link (1991)].

Böhme, Klaus (Hg.): Aufrufe und Reden deutscher Professoren im Ersten Weltkrieg. Stuttgart 1975.

Breuer, Stefan: Die Völkischen in Deutschland. Kaiserreich und Weimarer Republik. Darmstadt [2]2010.

Conrad, Horst: Der lange Abschied von der Macht. Adel in Westfalen 1800–1970. Münster [2]2021.

Demiriz, Sara-Marie: Aus den „Ideen von 1914". Der Staatswissenschaftler Johann Plenge und seine Institute, in: Die Universität Münster im Nationalsozialismus. Kontinuitäten und Brüche zwischen 1920 und 1960 2016 (=Veröffentlichungen des Universitätsarchivs Münster 5.2), hg. von Hans-Ulrich Thamer, Daniel Droste und Sabine Happ, Münster 2012, Band 2, 1083–1112.

Döring, Herbert: Der Weimarer Kreis. Studien zum politischen Bewußtsein verfassungstreuer Hochschullehrer in der Weimarer Republik. Mensenheim 1975 (=Mannheimer Sozialwissenschaftliche Studien Band 10).

Felz, Sebastian: Im Geiste der Wahrheit? Die Münsterschen Rechtswissenschaftler von der Weimarer Republik bis in die frühe Bundesrepublik, in: Die Universität Münster im Nationalsozialismus. Kontinuitäten und Brüche zwischen 1920 und 1960 (=Veröffentlichungen des Universitätsarchivs Münster 5.2), hg. von Hans-Ulrich Thamer, Daniel Droste und Sabine Happ, Münster 2012, Band 1, 347–412.

Felz, Sebastian: Recht zwischen Wissenschaft und Politik. Die Rechts- und Staatswissenschaftliche Fakultät der Universität Münster 1902 bis 1952. Münster 2016 (=Veröffentlichungen des Universitätsarchivs Münster 10).

Felz, Sebastian: Staatsnothilfe und politischer Mord? Die Femeprozesse und der Gustloff-Prozess aus Sicht des Rechtsanwalts Friedrich Grimm (1888–1959), in: forum historiae iuris 20.7.2021, https://forhistiur.net/2021-07-felz/

Fischer, Fritz: Griff nach der Weltmacht. Die Kriegszielpolitik des kaiserlichen Deutschland 1914/18. Düsseldorf 1967.

Fraschka, Mark A.: Franz Pfeffer von Salomon. Hitlers vergessener Oberster SA-Führer. Göttingen 2016.

Grevelhörster, Ludger: Anfänge und Entwicklung der NSDAP in Münster bis zur ‚Machtergreifung', in: Quellen und Forschungen zur Geschichte der Stadt Münster. Beiträge zur Stadtgeschichte. Neue Folge, II. Band. Münster 1984, 155–195.

Grevelhörster, Ludger: Münster zu Anfang der Weimarer Republik. Gesellschaft, Wirtschaft und kommunalpolitisches Handeln in der westfälischen Provinzialhauptstadt 1918 bis 1924. Schernfeld 1993 (= Paderborner Historische Forschungen 4).

Guratzsch, Dankwart: Macht durch Organisation. Die Grundlagen des Hugenbergschen Presseimperiums. Düsseldorf 1974 (=Studien zur modernen Geschichte 7).

Hagenlücke, Heinz: Deutsche Vaterlandspartei. Die nationale Rechte am Ende des Kaiserreichs. Düsseldorf 1997 (= Beiträge zur Geschichte des Parlamentarismus und der politischen Parteien 108).

Haunfelder, Bernd: Die Rektoren, Kuratoren und Kanzler der Universität Münster 1826–2016. Ein biographisches Handbuch. Münster 2020 (=Veröffentlichungen des Universitätsarchivs Münster 14).

Hayashima, Akira: Die Illusion des Sonderfriedens. Deutsche Verständigungspolitik mit Japan im Ersten Weltkrieg. Berlin 2019.

Heinsohn, Kirsten: Das konservative Dilemma und die Frauen. Anmerkungen zum Scheitern eines republikanischen Konservatismus in Deutschland 1912 – 1930, in: „Ich bin der letzte Preuße." Der politische Lebensweg des konservativen Politikers Kuno Graf von Westarp (1864–1945). Köln/Weimar/Wien 2006. (=Stuttgarter historische Forschungen, Band 3), 77–107.

Hoeren, Thomas (Hg.): Münsteraner Juraprofessoren. Münster 2014.

Hoffstedt, Anke – Kühl, Richard: „Dead Man Walking". Der „Fememörder" Paul Schulz und seine „Erschießung" am 30. Juni 1934, in: Historical Social Research 34,4 (2009), 273–285.

Holzhauer, Heinz: Von der Sache zum Recht. Walter Erman (1904–1982), in: Münsteraner Juraprofessoren, hg. von Thomas Hoeren. Münster 2014, 146–161.

Jungcurt, Uta: Alldeutscher Extremismus in der Weimarer Republik. Denken und Handeln einer einflussreichen bürgerlichen Minderheit. Berlin 2016.

Kaiser, Jochen-Christoph: Vom Ende des Kulturkampfes bis zum Zusammenbruch 1918 – Aspekte der politischen Entwicklung, in: Geschichte der Stadt Münster, unter Mitwirkung von Thomas Küster hg. von Franz-Josef Jakobi. Band 2. Münster 1993, 167–217.

Kater, Michael H.: Die „Technische Nothilfe" im Spannungsfeld von Arbeiterunruhen, Unternehmerinteressen und Parteipolitik, in: Vierteljahreshefte für Zeitgeschichte 27 (1979), 30–78.

Kilian, Lothar: Die unbekannte Winterhilfe. Die großen Nothilfesammlungen in den Krisenjahren der Weimarer Republik. Paderborn 2013.

Kittel, Manfred: „Steigbügelhalter Hitlers" oder „stille Republikaner"? Die Deutschnationalen in neuerer politikwissenschaftlicher und kulturalistischer Perspektive, in: Geschichte der Politik. Alte und neue Wege, hg. von Hans-Christof Kraus und Thomas Nicklas. München 2007 (= Historische Zeitschrift Beihefte Neue Folge 44), 201–235.

Koller, Christian: Senegalschützen und Fremdenlegionäre. Französische Kolonialtruppen als Projektionsflächen des Weimarer Blicks nach Afrika, in: Weimar und die Welt. Globale Verflechtungen der ersten deutschen Republik, hg. von Christoph Cornelißen und Dirk van der Laak. Göttingen 2020, 107–129.

Koop, Volker: Hans-Heinrich Lammers. Der Chef von Hitlers Reichskanzlei. Bonn 2017.

Krüger, Gerd: ‚Treudeutsch allewege!' Gruppen, Vereine und Verbände der Rechten in Münster (1887–1929/30). Münster 1992. (= Quellen und Forschungen zur Geschichte der Stadt Münster, Neue Folge 16).

Krüger, Michael: Leibesübungen, Sport und Sportwissenschaft an der Universität Münster von den Anfängen bis in die 1960er Jahre, in: Die Universität Münster im Nationalsozialismus. Kontinuitäten und Brüche zwischen 1920 und 1960 (=Veröffentlichungen des Universitätsarchivs Münster 5.2), hg. von Hans-Ulrich Thamer, Daniel Droste und Sabine Happ. Münster 2012, Band 2, 903–926.

Kundrus, Birthe: Nach Versailles. Postkoloniale Phantasien und neokoloniale Realitäten, in: Weimar und die Welt. Globale Verflechtungen der ersten deutschen Republik, hg. von Christoph Cornelißen und Dirk van der Laak. Göttingen 2020, 89–106.

Leicht, Johannes: Heinrich Claß 1868–1953. Die politische Biographie eines Alldeutschen. Paderborn/München/Wien/Zürich 2012.

Leonhard, Jörn: Die Büchse der Pandora. Geschichte des Ersten Weltkrieges. München ³2014.

Link, Roswitha: „Mit ihrem sozial warm empfindenden Herzen". Die ersten Frauen in Münsters Stadtverordnetenkollegium, in: FrauenLeben in Münster. Ein historisches Lesebuch, hg. vom Arbeitskreis Frauengeschichte. Münster 1991, 34–66.

Malinowski, Stephan: Vom König zum Führer. Deutscher Adel und Nationalsozialismus. Frankfurt/M. ²2004.

Mergel, Thomas: Das Scheitern des deutschen Tory-Konservatismus. Die Umformung der DNVP zu einer rechtsradikalen Partei 1928–1932, in: Historische Zeitschrift 276 (2003), 323–268.

Ohnezeit, Maik: Zwischen „schärfster Opposition" und dem „Willen zur Macht". Die Deutschnationale Volkspartei in der Weimarer Republik 1918–1928. Düsseldorf 2011. (=Beiträge zur Geschichte des Parlamentarismus und der politischen Parteien, Band 158).

Olliges-Wieczorek, Ute: Politisches Leben in Münster – Parteien und Vereine im Kaiserreich 1871–1914. Münster 1995. (=Geschichtliche Arbeiten zur westfälischen Landesforschung, Wirtschafts- und sozialgeschichtliche Gruppe 9; Veröffentlichungen der Historischen Kommission für Westfalen XII A9).

Pöppinghege, Rainer: Absage an die Republik. Das politische Verhalten der Studentenschaft der Westfälischen Wilhelms-Universität Münster 1918–1935. Münster 1994.

Pünder, Tilman: Georg Sperlich. Oberbürgermeister von Münster in der Weimarer Republik. Münster 2006 (= Quellen und Forschungen zur Geschichte der Stadt Münster, Neue Folge 23).

Reininghaus, Wilfried: Friedrich Philippi. Historiker und Archivar in wilhelminischer Zeit. Eine Biographie. Münster 2014 (=Veröffentlichungen der Historischen Kommission für Westfalen. Neue Folge 15).

Reininghaus, Wilfried: Die Revolution 1918/19 in Westfalen und Lippe als Forschungsproblem. Quellen und offene Fragen. Mit einer Dokumentation zu den

Arbeiter-, Bauern- und Soldatenräten. Münster 2016 (=Veröffentlichungen der Historischen Kommission für Westfalen, Neue Folge 33).

Richter, Timm C.: „In jeder Weise volles Verständnis für die Belange der Wehrmacht". Das Verhältnis der Westfälischen Wilhelms-Universität zum Militär, in: Die Universität Münster im Nationalsozialismus. Kontinuitäten und Brüche zwischen 1920 und 1960 (=Veröffentlichungen des Universitätsarchivs Münster 5.1), hg. von Hans-Ulrich Thamer, Daniel Droste und Sabine Happ. Münster 2012, Band 1, 61–81.

Sauer, Bernhard: Schwarze Reichswehr und Fememorde. Eine Milieustudie zum Rechtsradikalismus in der Weimarer Republik. Berlin 2004 (=Dokumente, Texte, Materialien, veröffentlicht vom Zentrum für Antisemitismusforschung der Technischen Universität Berlin, Band 50).

Schäfer, Johannes: Eine wirkliche Landesuniversität schaffen. Die Gesellschaft zur Förderung der Westfälischen Wilhelms-Universität, in: Die Universität Münster im Nationalsozialismus. Kontinuitäten und Brüche zwischen 1920 und 1960 2016 (=Veröffentlichungen des Universitätsarchivs Münster 5.1), hg. von Hans-Ulrich Thamer, Daniel Droste und Sabine Happ. Münster 2012, Band 1, 63–111.

Scheck, Raffael: Der Kampf des Tirpitz-Kreises für den uneingeschränkten U-Boot-Krieg und einen politischen Kurswechsel im deutschen Kaiserreich, in: Militärgeschichtliche Mitteilungen 55 (1996), 69–91.

Schwabe, Klaus: Ursprung und Verbreitung des alldeutschen Annexionismus in der deutschen Professorenschaft im Ersten Weltkrieg (Zur Entstehung der Intellektuelleneingaben vom Sommer 1915), in: Vierteljahreshefte für Zeitgeschichte 14 (1966), 105–138.

Schwabe. Klaus: Wissenschaft und Kriegsmoral. Die deutschen Hochschullehrer und die politischen Grundfragen des Ersten Weltkrieges. Göttingen 1969.

Stegmann, Dirk: Die Erben Bismarcks. Parteien und Verbände in der Spätphase des Wilhelminischen Deutschlands. Sammlungspolitik 1897–1918. Köln/Berlin 1970.

Stegmann, Dirk: Vom Neokonservatismus zum Proto-Faschismus. Konservative Partei, Vereine und Verbände 1893 – 1920, in: Deutscher Konservatismus im 19. und 20. Jahrhundert. Festschrift für Fritz Fischer, hg. von Dirk Stegmann, Bernd-Jürgen Wendt, Peter-Christian Witt. Bonn 1983, 199–230.

Steveling, Lieselotte: Juristen in Münster. Ein Beitrag zur Geschichte der Rechts- und Staatswissenschaftlichen Fakultät der Westfälischen Wilhelms-Universität Münster/Westf. Münster 1999 (=Beiträge zur Geschichte der Soziologie 10).

Teppe, Karl: Johannes Gronowski (1874–1958), in: Westfälische Zeitschrift 129 (1979), 117–144.

Thamer, Hans-Ulrich: Stadtentwicklung und politische Kultur während der Weimarer Republik, in: Geschichte der Stadt Münster, unter Mitwirkung von Thomas Küster hg. von Franz-Josef Jakobi. Band 2. Münster 1993, 219–284.

Weber, Hellmuth: Ludendorff und die Monopole. Deutsche Kriegspolitik 1915–1918. [Ost-]Berlin 1966 (= Deutsche Akademie der Wissenschaften zu Berlin, Schriften des Instituts für Geschichte, Reihe 1, 28).

Ziemann, Benjamin: Martin Niemöller als völkisch-nationaler Studentenpolitiker in Münster 1919 bis 1923, in: Vierteljahreshefte für Zeitgeschichte 67,2 (2019), 209–234.

# Dank

Am Ende einer jeden Veröffentlichung steht eine ebenso angenehme wie notwendige Pflicht, nämlich die der Danksagung an all jene Menschen, die diese Publikation bei ihrer Entstehung unterstützt haben. Der erste Dank geht an Peter Worm und Philipp Erdmann vom Stadtarchiv Münster, die die Arbeit über Paul und Anna Krückmann nicht nur in die Reihe der Kleinen Schriften des Stadtarchivs aufgenommen haben, sondern auch das Manuskript durchgesehen und mit manch wertvollem Ratschlag zu verbessern geholfen haben.

Darüber hinaus haben viele Archive mitgeholfen, die weit verstreuten Zeugnisse von Paul und Anna Krückmann aufzufinden. Ich habe neben dem Stadtarchiv Münster für freundliche Hilfe und Unterstützung vor allem den Mitarbeiterinnen und Mitarbeitern des Bundesarchivs in Berlin-Lichterfelde und des Geheimen Staatsarchivs in Berlin-Dahlem zu danken, daneben auch im Landesarchiv NRW Abteilung Westfalen in Münster, im Universitätsarchiv in Münster und im Bundesarchiv in Koblenz.

Gar nicht möglich gewesen wäre diese Arbeit ohne das umfassende Digitalisierungsprojekt von „Zeitpunkt.nrw“, das die vielfältigen Aktivitäten der Krückmanns auch in der Region überhaupt erst wieder sichtbar gemacht hat: Ohne dieses Projekt wären zentrale Erkenntnisse dieser Studie niemals gewonnen worden.

Aber nicht nur digitalisierte Quellen, sondern auch mehrere Menschen haben mich in unterschiedlichen Phasen dieser Arbeit immer wieder mit Ratschlägen, Hilfen und auch mit Korrekturlesen unterstützt, und so möchte ich mich an dieser Stelle auch bei Wolfhart Beck, Thomas Bremer, Gundula Caspary und Marcus Stumpf bedanken. Für großes Verständnis bedanke ich mich bei jenen Polen-Reisenden des letzten Sommers, die zu ihrer Überraschung plötzlich auch Paul und Anna Krückmann kennenlernten.

Münster, den 1.2.2024 Michael Jung

# Abbildungsverzeichnis